JN260447

考古学リーダー13

埴輪の風景
～構造と機能～

東北・関東前方後円墳研究会 編

六一書房

はじめに

　東北・関東前方後円墳研究会第12回研究大会としてシンポジウム「埴輪の構造と機能」が昨年の２月、群馬大学荒牧キャンパス・ミューズホールで開催されました。そのシンポジウムの記録が六一書房の考古学リーダー13『埴輪の風景――構造と機能』としてまとめられました。
　開催が２巡目となる群馬県は、古墳が多いことで知られ、約10,000基の古墳が存在するといわれています。このうち2,000基以上の古墳に埴輪が樹立され、質・量ともに埴輪の宝庫といわれています。近年の史跡整備に伴う発掘調査により保渡田八幡塚古墳や綿貫観音山古墳をはじめとする前方後円墳から小円墳までの全容が徐々にわかるようになってきました。このような状況を踏まえ、今までの研究大会とは異なり古墳の構成要素の一つである「埴輪」に目を向けました。
　今回のシンポジウムは、その埴輪を読み解くことにより、そこから見えてくる古墳の在り方を探ろうとするものです。発表者の方が今回のテーマである「埴輪の構造と機能」をどう受け取るかによって、それぞれ埴輪の解釈の仕方も異なり、発表の内容も多様なものとなりました。討論では多くの研究者が参加され熱気にあふれた議論が進められました。討論は大きく３つのテーマに絞って行っています。最初に「埴輪のフィクショナリティ」と題して、文献史学の立場と考古学の立場からそれぞれの主張を述べ議論が展開されました。次に「人物埴輪の情景」ですが、最初に女子埴輪に見られる袈裟状衣について見解が述べられましたが、「意須比」と「肩巾」の解釈について文献史料を取り込んだ議論がされています。また、人物埴輪の出現、設置、解釈では、殯説、儀礼説など各先生方の自説があり、各種の意見が出され解釈論の難しさを痛感させています。最後に「部分から全体へ」と題して、円筒埴輪、人物埴輪、動物埴輪、家形埴輪、器財埴輪、さまざまな埴輪を対象に議論が展開されました。議論にあたり、赤土山古墳や宝塚１号墳、今城塚古墳など、近年の発掘調査で注目された資料も検討材料にあげられて

i

います。

　最後に、事例発表、基調報告を発表された先生方、開催にあたり会場を提供された群馬大学、全面的な協力をいただいた群馬県古墳時代研究会の諸氏、本書を刊行していただいた六一書房に感謝申し上げます。また、本書の企画から編集まで担当した車崎正彦氏には大変お世話になりました。そして、このシンポジウムをまとめた本書が、一人でも多くの研究者・愛好者に読まれることを願って刊行の挨拶といたします。

　　　　　　　　　　　　　　　　　第12回研究大会実行委員会事務局
　　　　　　　　　　　　　　　　　　　　志　村　　　哲

目　次

はじめに ………………………………………………… 志村　哲　i
例　言
開会挨拶 ………………………………………………… 甘粕　健　3
開会挨拶 ………………………………………………… 松島　榮治　4
趣旨説明 ………………………………………………… 車崎　正彦　7

第一部　さまざまな解読——基調報告および事例報告

基調報告　埴輪祭式と顕事・幽事 ……………………… 森田　悌　13
基調報告　埴輪の構造と機能——「他界の王宮」創造 … 辰巳　和弘　25
基調報告　人物埴輪の表現・情景そして効果場面 ……… 杉山　晋作　45
基調報告　形象埴輪祭祀の構造と機能——狩猟表現埴輪を中心として
　　　　　　　　　　　　　　　　　　　　　　　　　　若松　良一　57
基調報告　人物埴輪の構造と意味 ………………………… 塚田　良道　75
基調報告　家・器財埴輪から知る墳丘の思想 …………… 高橋　克壽　95
基調報告　円筒埴輪の論理 ………………………………… 犬木　努　109
事例報告　群馬県吉井町中原Ⅱ遺跡１号古墳の調査 …… 小根澤雪絵　131

第二部　仕掛けとしての埴輪——共同討議

1．埴輪のフィクショナリティ …………………………………… 147
2．人物埴輪の情景 ………………………………………………… 165
3．部分から全体へ ………………………………………………… 182

第三部　新たな課題——付論

シンポジウムその後 ……………………………………… 森田　悌　207
形象埴輪「列状配置」についての補遺 ………………… 犬木　努　215
形象埴輪研究の今後 ……………………………………… 塚田　良道　221
魚形埴輪の出現背景 ……………………………………… 若松　良一　225

シンポジウムを終えて …………………………………… 車崎　正彦　233

例　言

1. 本書は、2007年2月17・18日に、群馬大学荒牧キャンパスのミューズホールで行われた、東北・関東前方後円墳研究会第12回研究大会のシンポジウム「埴輪の構造と機能」の記録である。書名は『埴輪の風景』と改めてシンポジウムの報告と討議の内容を象徴的に表現することにしたが、もともとのテーマの「構造と機能」も副題として残した。
2. 本書は、当日の報告・討議の録音テープから起こした草稿を太田博之・日高慎・山田俊輔・加藤一郎・城倉正祥・米澤雅美・車崎正彦が作り、それにもとづいて各発表者が加筆修正して作成された原稿をもって、車崎正彦が構成・編集した。
3. 本書は、第一部「さまざまな解読」を当日の基調報告と事例報告によって、また第二部「仕掛けとしての埴輪」を討議によって、さらに第三部「新たな課題」をシンポジウム後に各発表者に寄稿いただいた原稿によって、それぞれ構成した。
4. 仮名遣いは、現代仮名遣いを基本とした。また用語等の表記法は、第二部についてはできるだけ統一をとったが、第一部と第三部については統一をとっていない。さらに一部の用語については、発表者によって定義・用法が異なっているが、あえて統一をはからず各発表者の意見を尊重することにした。
5. 本書の編集は車崎正彦が担当したが、上記の諸氏の他、当日の大会実行委員会のメンバーをはじめ多くの方々に協力いただいた。また、こおろ社の小迫俊一氏には編集実務を担当していただいた。さらに、六一書房の八木環一社長には出版を引き受けていただいた。お世話になった皆さんに感謝します。

埴輪の風景

―― 構造と機能 ――

東北・関東前方後円墳研究会　第12回研究大会
シンポジウム「埴輪の構造と機能」

2007年2月17〜18日
群馬大学　荒牧キャンパス　大学会館ミューズホール

第12回研究大会実行委員会
松島榮治（委員長）　志村哲（事務局）　小根澤雪絵　加部二生　島田孝雄
　　　　長井正欣　新山保和　横澤真一　井上裕一　太田博之　小澤重雄
　　　　　　菊地芳朗　車崎正彦　小泉玲子　澤田秀実　広井造　藤沢敦

開会挨拶

代表幹事挨拶

甘 粕 　 健

　代表幹事をおおせつかっていながら、なにもしない甘粕ですが、年の功ということでしょうか、開会のご挨拶を述べさせていただきます。

　月日のたつのは早いものだと思いますけれども、この会も今回が12回と、毎年かかさず非常に闊達な報告と議論を積み上げてまいりました。そういう点では、日本のこれからの古墳研究のなかで、我々の会は、大きな役割を果たすことになると思います。

　私は埴輪のない越後からまいりましたが、本当にどうして越後には埴輪がないのだろうということを考えながら、今回のシンポジウムで勉強させていただきたいと思います。関東と東北における埴輪研究の深化というものが、地域の王権のありようというものに迫ったものにだんだんなっていくということを期待しております。

　群馬の方々には今回は2回目だと思いますが、このようにたびたび大会を受け入れていただきました。今回いろいろな方々、また幹事の方々にたいへんお世話になりまして、このような立派な会がもてるようになりましたことを、心からお礼を申し上げたいと思います。ありがとうございます。

開会挨拶

大会実行委員長挨拶

松島　榮治

　今回の研究会のテーマは「埴輪の構造と機能」ということになっておるわけです。当地、群馬において埴輪が意識されたのは、今から二百数十年前のことではないかと思います。伊勢崎藩の学者でありました關重嶷（せきしげたか）という人が『発墳暦』（はっぷんれき）という書物を著しておりまして、その中で埴輪のことを取り上げているわけです。關重嶷は埴輪とは言っていない。土偶人と言っています。そして、土偶人について塚と、古墳とですね、関係があるらしい。さらに、土偶人には、尊い姿と、そうでない一般の人の姿があるらしい、ということまで触れています。したがって埴輪についての構造や機能につきましては、もう二百年前から、いろいろ語られてきているのかなあ、と思います。

　そうした経過がありまして、最近、埴輪や、埴輪の機能や構造について、いろいろ先生方が問題にして取り上げていまして、それなりに大きな成果があがってきています。これは確かです。しかし、現時点で、埴輪の構造なり機能がまったく解決しているということではないだろうと思います。

　そんな時、本大会が開かれることになったわけですが、私も多少、埴輪のことについてかかわりをもってきました。それはどういうことかと申しますと、昭和44年、45年に、前橋天神山古墳という古墳を発掘する機会がございました。それは、団地造成にかかる、遺蹟の破壊というような形で始まったわけです。全長が126m、後円部の径は76m、高さが9.5mという大きな古墳でした。その古墳が調査もされないままに破壊されるということになりまして、それは大変だということで事前調査を実施することになったわけです。調査してみますと、後円部から大きな墓坑が出てきました。墓坑の大きさは、長辺が22m以上、短辺が17m、深さが3mくらいの大きな噴火口み

たいな感じの墓坑が出てきました。その墓坑の底に、巨大な粘土槨が出てきたわけです。粘土槨の大きさは外周で測りますと、長さが8m、幅が3.3mもある、とても大きな粘土槨でありました。もちろん盗掘はされていませんで、完全に遺っていたわけです。その前橋天神山古墳から副葬品として、どういうものが出てきたかと言いますと、三角縁神獣鏡などの鏡、大刀などの武器、鉄製の農具や工具、さらに紡錘車など、合わせて15品目115点の副葬品があったわけです。

　この前橋天神山古墳が、いつ頃のものであるか、よく調べてみましたら、古墳の構築面、古墳を造った時の作業面に、浅間山の噴火の軽石が堆積している。それをよく検討してみますと、これは4世紀の後半、それもそんなに遅くない時期の軽石であるということになり、したがって前橋天神山古墳は4世紀の後半に造られたのであろう、と私は考えたわけです。

　古墳については以上ですが、実はこの古墳の墳頂部に、私が提案しました石田川式土器と、南関東の方では当時は前野町式土器と言われていたもの、弥生時代から古墳時代に移る時期の土器と言われていますが、北関東では石田川式土器と呼ばせていただいた。その石田川式土器の壺に、非常に特徴があり、口縁部が二重になっている複合口縁、そういう複合口縁土器の底部に孔を開けたものが配列されている。他に坩だとか高杯のようなもの、実際に使っているのではなく、儀器化されたものが混ざって配列してあった。私はこれをみまして、前橋天神山古墳の土器の配列は、埴輪の配列にさきがけるものだろうと推定をしたわけです。

　こうなってまいりますと、前橋天神山古墳が、どういう社会的な背景で、どうしてこういうものが造られたかということが改めて問題になるわけですが、そのことにつきましてはまだ私としましては十分に結論に達していないわけです。こういうなかで本日から明日にかけて、埴輪のことがいろいろと討議されることは、群馬の古墳文化の成立ということにも深くかかわることではないかと思いまして、今回のこの大会に非常に期待をかけておるものでございます。どうか今回の大会が稔り豊かな大会になることを望みまして、挨拶にさせていただきたいと思います。ご静聴ありがとうございました。

趣旨説明

埴輪の構造と機能

車崎　正彦

　趣旨説明になるかどうかわかりませんが、今回の話題について考える時にポイントになりそうな概念についてちょっと話すことにします。

　まず、何か物事を考える時に大事なのは＜意識＞です。思考の対象について新しい視点から見直そうとする場合、素朴な思い込みをいったんやめて、意識の場面にたちもどって、意識を覗き込むと、新たな＜世界風景＞があらわれてくる。こういう現象学的な方法は、文学や絵画の分析では一般だろうと思います。しかし考古学の場合は、意識を覗き込む分析概念をまだ十分に整備できていないのではないか、そんな気がします。あるいは杞憂かもしれませんが、考古学は、分析概念と分析対象を区別するという学問の出発点のような事柄について、案外、無頓着だったように思います。

　また、＜空間＞とか＜場＞という概念も重要です。ただ、物理学や幾何学のフィジカルな空間と違って、メルロ＝ポンティの「人間学的な空間」とかポアンカレの「表象的空間」といったように何らかの意味をもった、意識のなかの空間は、何かしら答えを準備しないと説明しにくい概念です。

　資料集にも少し書きました、＜形＞と＜構造＞と＜機能＞、＜標準語＞と＜方言＞、＜全体＞と＜部分＞、＜デザイン＞、こういった基礎的な概念はかなり広い意味に解釈することができます。だから議論をする時、ちょっとしたキーワードとして使えないだろうかという提案の気分もあって、資料集にも、こうした基礎的な概念をずいぶん列挙しました。

　考古学は、きわめて具体的な事物を扱っていて、きわめて具体性があると思われがちです。しかし本当は、具体的な事物から、具体性をずいぶん抜き取って、かなり抽象化された＜形＞を扱っています。形とはすなわち形式の

ことです。形は抽象的な存在であって、可視的になっていません。でも、形のもとをただせば、一般に考古資料と呼ばれている目に見える具体的な事物です。形の基本的な要素は、具体的な事物に繰り返しあらわれている要素、共通している要素です。

比喩的にいえば、抽象的な形は＜標準語＞ですし、考古資料という具体的な事物はいわば＜方言＞です。あたりまえですが、標準語と方言をまぜこぜにして考えてしまうと、問題は不明瞭になってしまいます。

今回のテーマは「埴輪の構造と機能」です。もっと普通の「埴輪の配列」というふうな題にしてもよかったのですが、ちょっと含みをもたせる気分で「埴輪の構造と機能」にしました。しかし、かえって堅苦しい印象を与えてしまったかもしれません。

埴輪をならべる古墳は、ここ群馬だけで1,000基以上あります。その埴輪の配列は一つ一つ違っています。それぞれの古墳において可視化されている埴輪の配列は、どれも一つ一つが方言です。方言の詳細にこだわる見方は、もちろん大事です。しかし方言だけに注目していると、扱うべきことが無限にでてきて、際限がなくなってしまいます。今回はむしろ、標準語の存在を明確にしようとする立場から議論していただきたいと思っています。

私たちの目の前に与えられている考古資料としての具体的な埴輪は、それぞれの要素の＜差異＞と＜類似＞によって方言として可視化されています。それぞれの要素には差異があるけれど、しかし類似のネットワークも張られています。その類似のネットワークを手懸りにして、何らかの見方によって標準語を見い出すことになります。見方はいわば主観だから、あまり厳密な客観性はありません。さまざまな見方があっていいと思います。それぞれの見方によって、標準語は、さまざまな見え方をすることになると思います。今回は、結論だけにこだわらないようにしたいし、むしろさまざまな見方が大事な問題になるように思います。

埴輪の問題はさまざまです。遺物論としての問題は、数年前の埋蔵文化財研究集会でずいぶん議論が深まりました。生産と流通の問題も、活発に議論されています。遺物論も、生産・流通論も、とても大事な問題です。でも、

趣旨説明

　大事な問題はそれだけではありません。どうして埴輪がならべられたのか。埴輪にはどんな＜意味＞があったのか。古墳という＜全体＞の中で際立った＜部分＞としての埴輪について、遺構論として埴輪について考えてみたい、というのが今回のひとつの大きな眼目です。

　今回のシンポジウムで考えようとしている埴輪の配列は、古墳の＜空間＞との関係において決定されているはずです。だから、埴輪の配列をつきつめて考えていくと、おそらく古墳の空間を問わなくてはならなくなると思います。古墳の空間とか場について、ご発表の方々もたぶん説明されるでしょうし、明日の討論でも少し議論したいと思っています。今回のテーマは、埴輪について考えるだけでなく、埴輪という部分から古墳という全体についても考えていくことになると思います。

　考古学の＜対象＞は、同時に＜前提＞です。埴輪の配列は、なるべくしてそうなっている、できあがった形として存在しています。そこで考えるべき問題は、なぜそういう形なのかではなく、どのようにして形ができあがってきたのか、形の由来について具体的に説明することです。ある埴輪の配列という形ができあがったことには、何かしら意味があるはずです。その由来が説明できれば、埴輪の意味もおのずと見えてくると思います。楽観的すぎるかもしれませんが、そう思っています。

　形には＜構造＞と＜機能＞があります。構造とは目に見える＜つくり＞、形態、いわばモノです。機能とは目に見えない＜はたらき＞、意味、いわばコトです。ソシュール風に言い換えるならば、形はシーニュ、記号ですし、構造はシニフィアン、意味するモノ、機能はシニフィエ、意味されるコト、と言い換えられると思います。

　構造というシニフィアンのつくりと機能というシニフィエのはたらきは、形というシーニュの二つの側面です。当然のことながら、形の構造と機能は相互に依存しあっているし、密接に関連しあっています。

　今回の「埴輪の構造と機能」というテーマは、おそらく埴輪の配列という形の解読になると思います。解読の方法は、構造から機能を読み解き、また機能から構造を説明する、それを繰り返すことが検証の方法です。

形を読む場合、重要な概念は＜全体＞と＜部分＞です。部分とは何らかの意味ある部分です。全体とはあらゆる意味ある部分の集合です。こんなふうに定義すると、まず一つ一つの埴輪はもちろん部分です。また、円筒埴輪、家形埴輪、器財埴輪、動物埴輪、人物埴輪、等々、言葉で指し示せるかぎりすべて部分です。さらに、部分と部分の組合せ、部分集合もまた部分です。たとえば、馬と馬を曳く人とか、埴輪群像のように、ある空間に配列された埴輪群、そういう空間と空間の組合せ、そうした部分集合も部分です。そう考えると、通常にいう全体というのは部分の組合せのことですから、これも一つの部分集合、一つの部分にすぎません。

　したがって、全体とは、あらゆる意味ある部分がすこぶる複雑に絡みあっている集合です。こういう全体という概念を説明しようとすれば、あらゆる部分の説明の集合として説明するしかないわけです。その場合、基本になる方針は、部分から全体へ、と要約できると思います。しかし、そういう関係になっている部分と全体は、全体は部分によって意味づけられ、部分は全体によって意味づけられているはずです。ひるがえっていえば、全体と部分、たとえば古墳と埴輪は、こういった構造的な特性にもとづいて＜デザイン＞されているはずです。

　デザインとは、大きな＜構想＞です。大きな＜仕掛け＞です。とすれば、今回のテーマは、埴輪というデザイン、古墳というデザイン、そういう古墳時代の人々によって構想されたデザインを解読することになると思います。埴輪のデザイン、埴輪の配列という形は、あるいは＜埴輪の風景＞と言った方がわかりやすかったかもしれません。

　あたりまえといえばあたりまえのことばかりで失礼いたしましたが、私は前座です。これから真打のご登場です。何れ劣らぬ一家言をもっておられる先生方のご発表では、きわめて含蓄ある＜埴輪の世界風景＞のすこぶる興味深いお話を聴かせていただくことになります。これから明日まで、じっくりと、埴輪の物語、埴輪の風景を、皆さまとご一緒に堪能したいと思います。

　また、明日の午後の討論は、臨機応変に、スリリングに進めたいと思っていますので、ご協力の程、よろしくお願いいたします。

第一部
さまざまな解読
──基調報告および事例報告──

基調報告

埴輪祭式と顕事・幽事

森　田　悌

1．諸説の検討

　森田でございます。私は「埴輪祭式と顕事・幽事」というテーマでお話しさせていただくことになっておりますが、実を申しますと、考古学とは全然関係ない立場の人間でして、時代的には同じころを扱っておりましても、古代史、つまり文献の方にもっぱら臨んでいる立場の人間で、こういったところでお話をしていいものか、はなはだ疑問に思うわけです。とはいえ、埴輪は文献を読んでいる立場の人間にとりましても、具体的な古代の人々のあり方を像でもって示しているという面がありますから、私共にとりましても、非常に面白く思われるわけです。そこで、私も門外漢ながら、ここでお話しさせていただこうということになったわけです。

　私の関心はそういうことですので、埴輪の具体的な形態がどうであるとか、埴輪の作り方がどうであるとかいうことにつきましては、私の議論できるテーマではありません。埴輪に関して私の関心の持てる面ということになりますと、人物が出てきまして、その人物がある群を成し、何かをやっているように読み取れるところがある、それについてどういう具合に考えることができるだろうか、ということに尽き、それについて報告してみたいと思います。

　このテーマについては既にいろいろな方が議論されているわけでして、人物埴輪は葬列を表しているとか、あるいは、現世における王権継承儀礼を表すなど、いろいろな説があり、それぞれに説得性があるといえばある、と言ってよろしいと思います。しかし、いずれも暫く前に出てきた議論でして、

第一部　さまざまな解読―基調報告および事例報告

　今日見えている塚田良道さんの論文が出てから、状況が大きく変わったと認識しております。塚田さんの論文は、皆さんお読みになっていると思いますが、塚田さんはその中で、葬列説から始めて、従前の学説をすべて思い付きの学説である、学問的に論評しうるものではない、と非常にはっきりおっしゃっています。私も塚田さんの論文を読みました時に、ちょっと言葉が激しいなと思いましたが、塚田さんのおっしゃっていることは説得的である、と感じたわけです。確かに、塚田さんのおっしゃるように、葬列説をはじめとして、諸説は思い付きとしか言えない説と言ってよい、と思われるわけです。塚田さんは従前の学説をそのように批判したうえで、構造的な分析をしっかりしなくてはいけないと主張されまして、皆さんご存知のように、人物埴輪の配置が、第1ゾーンから第2、3、4、5ゾーンという具合に捉え得るということ、そして第1から第3ゾーンまでを内区、第4、5ゾーンを外区とみることができること、さらに内区には主人公がいて、その主人公に対して女性がそばに立って杯を差し出すような仕草をして、一種の供献というのでしょうか、お酒や食物を差し出して奉仕している姿を写している、ということを主張されたわけです。これは私にとっては非常に明快で分かり易い議論でありまして、私はこの考えに非常に納得したわけです。従前の学説は確かに思い付きと言ってよく、対して塚田さんの研究は構造をとらえているという点に一番のメリットがある、といってよろしいと考えています。そうなりますと、以後の研究では、塚田さんの説を丁寧に吟味するとどういうことになるか、ということが問題になります。弁証法的発展という言葉がありますが、やはり学問はそういう具合に進むべきものです。塚田さんが以前の学説を越えるような学説をだし、その次には塚田さんの学説自体が吟味されなくてはならない、ということになろうかと思います。そういう目でみていきますと、塚田さんの構造的な把握は納得できるわけなのですが、次にその解釈の部分に至りましては、私は別に考えないといけないのではないか、と考えています。私も何十年か古代史をやっておりまして、古代人の考えというものはこのようなものだ、という認識をもっているわけなのですが、それに照らし合わせてみると、どうも違うところがあるのではないか、という感

じがするわけです。そういう思いを含めまして、私、皆さんの手許の発表資料の中に、今日の報告の内容を書いておいたわけです。

　まず、第一に塚田さんの説に対して疑問に思ったのは、塚田さんは第1から第5のゾーンを設定されたわけですが、多くの事例の中にはそれに合わないような、ゾーンが欠けている場合があるわけです。その欠けている例についてどのように考えることができるかという点について、塚田さんは省略という形で捉えています。しかし、私にはこの省略という考え方だけで済むのだろうか、という思いがあります。はっきり申しまして、主人公が真ん中にいて、そして女性が奉仕するというあり方が中心ということになるならば、そういう中心部分が欠けている人物群像については、やはり別なものになっていると捉えざるを得ないのではないか、と考えるわけです。やはり、中心部分があるかないかで、人物群像のコンセプトが変わっている、つまり、酒宴・酒盛りを中心にして捉える場合、例えば武人埴輪がないといったことなら、それは周辺部ですから、省略とみてもいいと思いますが、しかし酒宴を中心とする人物群像という捉え方をしたならば、その中心部が欠けているとしたら、それは省略では済まないということです。中心部分が省略されているのであれば、それはコンセプトが変わっていると考えなければなりません。その点において、私は塚田さんの捉え方に疑問を感じるわけです。

　議論はやや脇にそれますが、ついでに言いますと、供献している女性の衣服については、よく袈裟状の着物と言われています。塚田さんはそれを割烹着様の衣服と言われています。古い説ですと、これを意須比（オスヒ）とみていますが、それに対しまして、最近、服装史の増田美子さんが否定的な見解を述べています。しかし、私は賛成できません。後藤守一さん以来の意須比でよいと考えます。これについては、明日あたり議論になると思いますので、その場で議論させていただくとして、まず第一点に関しては、酒宴を中心にするコンセプトでは捉えられない事例があるのではないかということが、塚田さんの御説に対して疑問に思う点であります。

　第二点は、埴輪の人物群像は死者の世界を示しているのだ、という捉え方です。この点、塚田さんははっきりとおっしゃっていますし、塚田さん以外

にも同様の意見をお持ちの方が多数いらっしゃると思います。この考えによれば、人物群像は、つまり死者ですから、冥界あるいは他界、いろいろ表現はありますが、現世の人間の世界ではない、という捉え方をされていることになります。そういうなかで、塚田さんも同様の説をお述べになっている。ですから、とくに塚田さん独自の説というわけではありませんが、その点について私は疑問を抱くわけです。どういうことかと言いますと、私の見る限り、我が日本の古代社会におきましては、古代人は、人間が死んだ後の世界について、つまり我々がいう冥界について、概念・観念をもっていなかったというふうに捉えるべきだ、という結論になります。そうなりますと、自動的に、論理的に、この埴輪群像は死者の世界を表す、ということにはなりえないわけです。

2．古代人の死後観

これについてもう少し詳しく言えば、『日本書紀』を読んでいきますと、死者の世界を描写している、あるいは死者の世界に思いを馳せているという箇処はほとんど無いわけです。私の言っていることは、皆さんが『日本書紀』の内容を思い浮かべて、考えてみてくだされば納得していただけると思いますが、我が日本人は死者の世界について非常に冷淡だと言ってよろしい。実際、葬式の話だって、『日本書紀』の中にはほんの少ししかありません。例のアメワカヒコが亡くなって鳥が出てきまして、それがお葬式をするという、その程度が神話あるいは非常に古い段階の『日本書紀』の世界における死者を扱っている記事でしかありません。ということは、当時の人々は死者の世界に対して冷淡というか、あまり観念を持っていなかった、ということになろうかと思うのです。それをよく示しますのが、中国で死者の世界を指す黄泉（コウセン）です。皆さんご存知のように、黄色の泉と書きまして黄泉といいます。その黄泉が我が日本に入ってきましたときに、これを「ヨミ」と訓んでおります。「ヨミ」はなにかといいますと、闇（ヤミ）であります。これは国語研究の分野で常識化していることといってよろしいかと

思いますが、「ヨミ」は闇であります。つまり何も見えないのですね。即ち死後の世界は見えないもの、というのが古代人の捉え方であります。何も見えないから闇ということなので、死者の世界は見えない世界ということになります。見えないから古代人は死者の世界をイメージするなんてことを、殆んどやってはおらないわけなのですね。そうは言っても、8・9世紀になればやっているじゃないか、とおっしゃるかもしれませんが、それは当然のことでして、早ければ推古朝あたりからと考えてよいのですけれど、古代社会もある時期以降になりますと、中国思想を取り入れ、あるいは仏教思想を取り入れます。中国思想あるいは仏教思想におきましては、これは死者の世界を構想しているわけですね。中国思想の世界となりますと、中国人は伝統的に死者の世界を非常に壮大なものとして想定しています。まさに中国人の黄泉の世界であります。私、専攻外ですので余りよく知りませんが、地下に泉があって、そこに行くのが死んだ人で鬼になります。古来中国人は鬼の世界が地下にあって、鬼となった現世の人間は、そこで現世の人間と同じ様に生活をしているのだ、という具合に考えることをやってきています。よく中国人の世界では祖先崇拝が盛んである、ということを申しますが、祖先はずっと生き延びて、地下で、つまり黄泉で生き延びているという捉え方をしているわけですね。これは非常に大昔からやっています。それから仏教思想もそうで、地獄・極楽を知っているわけです。インドで始まった仏教は、初期の段階ではもっぱら修業を行うことが教理ですから、地獄・極楽という発想はなかったわけなのですが、西アジアを回って中国、日本に来る間に地獄・極楽の思想を持つようになってきますので、当然死者の世界を構想しているわけです。そのような中国思想や仏教が入ってきたことによって、我が日本人も死者の世界を構想するようになるわけです。私のみるところ確実な事例として一番早いのが、聖徳太子が亡くなった後、「天寿国曼荼羅繍帳」の中で聖徳太子が天寿国に生まれ変わるというのがあります。あれはまさに天寿国で聖徳太子が活動しているというわけですから、死者の世界を構想し、図化しているわけです。このあたりが最初だと思いますし、その頃から、文献には七世父母（シチセフボ）という言葉が出てきまして、自分の先祖が霊とし

て存在しているのだ、という認識を持つようになると理解されます。縄文時代はわかりませんが、弥生時代から、少なくとも『日本書紀』に記されているような古代人の世界においては、死者の世界を構想するということは、殆んどなかったと考えるべきだと思います。それは、今申しましたように、黄泉という言葉でもって証明することができると思います。

　あるいはまた、鬼の場合もそうですね。鬼すなわち「キ」という言葉は死者の霊魂ですから、中国人にとっては非常に明快なものとしてイメージできるわけです。しかし、「鬼」という言葉が入って来た時に、我が日本では伝統的に死者の世界を構想していませんから、死者の霊魂などというものにイメージをもてないわけです。そのため、「鬼」という言葉について、すぐには和訓ができないわけです。そこでどういう工夫をして和訓を作ったかというと、これを「オニ」、すなわちオン（隠）としたわけです。つまり、死者の世界、霊魂というのは見えないですし、わからないからなのですね。見えないから、まさにオンなので、鬼にこの「オン」という訓をつけたんです。中国人は、鬼という音で表される死者の霊魂が、現世の人間と同じように生きている者として非常に明快な形でもってイメージできるわけなんですね。秦漢以降の中国の皇帝や大貴族の墓を調査すると、しばしば俑という人形が出てきます。俑は、死者が死者の世界で安楽に、あるいは生きている時と同じように生活できるように、という思いで作っているわけですね。中国人は「キ」という言葉に明確な概念があるので、そのようなことになるわけです。しかし、我が日本ではそういう概念がありませんから、鬼は言葉そのものとしては非常に明快ですけれども、全然意味がわからないので、仕方なしに見えないもの、オン・オニ、つまり隠れるという意味の訓をつけて使う、という特殊な用法をとらざるをえなかったのです。

　私はこのように考えておりまして、従って古墳の上に樹立されている人物埴輪の世界は、どうみても死者の世界をかたどっているという説は到底とりえない、と考えるわけです。古代人は死者の世界のイメージを持っていないわけですから、自ずとこうなります。そんなことはないだろうという具合に、皆さんの中には思う方もいらっしゃるかもしれませんが、人間の精神史

の発達というのはそういうものなのです。我々にとっては常識的であっても、古代人にとってはイメージできないものがあるわけですね。むしろ、我々現代人のあり方をみましても、死者の世界に対しては冷淡という具合に認識してよろしいと考えています。私は時々大学での授業中、学生に聞くことがあります。君たちのご先祖様の名前を言えるか、おじいちゃん、おばあちゃんは四人いますが、四人の名前を言えるか、ということを聞いたりします。すると、まず答えられる学生はいませんね。ということはつまり、ご先祖様に我々日本人は冷淡といってよろしいわけであります。考古学の方の中には、朝鮮考古学を研究されて、儒教をはじめとする朝鮮の精神史の一端に認識を持っている方がいらっしゃると思いますけれども、朝鮮の人たちと話しをしていると、日本のようなわけにいきませんよね。彼らは非常にご先祖様を大切にするし、記憶しているわけです。我々はそうではありません。

　ということはつまり、現代人まで含めて、我々の日本社会には、死者の世界に対して非常に冷淡なものがある、と結論してよろしい、と私は思うのです。このように考えますので、私は古墳の上に並べられる、あるいは古墳の周辺に並べられる人物群像は現世のあり方を示している、と断定せざるを得ない、と思うわけです。最初に申しましたように、この人物群像を、他界でありますとか、死者の世界を表していると考える説がままあるわけですが、そういう説を唱える人は、私が今申したようなことを踏まえた上で、議論していただかなければ、到底納得できなくなるわけです。

　結局、死者の世界を構想していなかったという点に、我が日本の古代人のみならず、現代人にも通じる精神構造の特徴があるわけです。そこで、埴輪人物群像について、第一におさえるべき点は、現世の、つまり生きている人間の姿を象っているということであります。私は「埴輪祭式と顕事・幽事」という題を掲げたわけですが、顕事というのは、現世の見える世界です。これに対して、幽事というのは、「カクリゴト」とか「カクリヨ」と言うわけですが、隠れていて目にみえない世界です。目に見えない世界をかたどることはできません。対して、埴輪人物群像は人物を象っているわけですから、現世ということ、すなわち「ウツシヨ」あるいは「ウツシゴト」ということ

になるわけです。これは『日本書紀』ですとか、関連する古典の中に出てくる言葉ですが、こういう言葉がひろえるわけですから、まずそうした言葉を出発点にすえて見ていかなければいけない、と考えるわけです。

　私は古代人の精神のあり方からまず考えなくてはいけない、という考えを申しあげたのですが、それを例証する資料として面白いと思うのは、筑紫国造磐井の墓とされる岩戸山古墳（福岡県八女市）の石人像です。皆さんご存知のとおり、岩戸山古墳は『筑後国風土記』の中に記述がございまして、猪または豚を盗んだ人間を裁判する様を象っている、とされているわけですが、『風土記』には「生ける人」と書いてあるのです。「生」と書いてあります。生ける人が猪・豚を盗んだので、それを裁判する場面なのだと説明しています。つまり、生きている人の活動の場面を形象化しているのだと書いているわけで、この記述は埴輪人物群像を私のように理解する場合に、有力な根拠になろうと思うわけです。石で作った石人と、土で作った人物埴輪は違うのではないか、という意見もあるかと思いますが、私は同じ古墳の上に立て並べられるものとして、同性格と考えてよいと思います。その点からみて、『風土記』の記述は、私のさきの結論を論証していると考えているわけです。

3．埴輪祭式とトヨノアカリ

　次に、人物埴輪群像が生きている人間の社会あるいは活動を映しているのだということになるとしたら、それでは具体的にどういう場面を現しているのかということが、次に問題になるわけです。塚田さんは第1から第5ゾーンまで抽出しました。その中心においてはお酒を注ぐような女性が側にいて、酒宴を行っている場面がでてくることが非常に多いわけです。塚田さんはそれを死者の世界と捉えられたわけですけれども、私は生者の世界の好ましい状況をうつしたのが人物埴輪群像の中心部分で表されている場面であろう、と考えるわけです。当時の言葉に「トヨノアカリ」という言葉があります。これは宴会をやることです。宴会のことを「トヨノアカリ」と言いま

す。その「トヨノアカリ」をうつしているのが、第1ゾーンから第5ゾーンまで揃っている典型的なモデルに該当するだろう、と思うのです。では、何故その「トヨノアカリ」を墳墓のそばでやるのか、という問題になりますが、生者が寿墓として古墳を生前に作る場合を考えれば、よく理解できると考えるわけです。寿墓については史料もありますし、考古学でもそうした説がかなり有力ですね。寿墓として生者が古墳を作り、実際にそこへ人形を並べるということになりましたら、やはり人間社会の一番望ましい状況・状態をうつすというのは自然なものではないか、と思います。「トヨノアカリ」というのは、お酒を飲んで楽しむという酒宴です。『延喜式』の中には、お祭りや、神様を祭るときの祝詞がでてきます。その祝詞をみますと、美味しいお酒をたくさん並べて、それを飲み干して楽しむこと、つまり「トヨノアカリ」ですが、それが非常に望ましいものとしてしばしば語られているわけです。そういう例を見ますと、「トヨノアカリ」は人間社会の望ましい在り方を示している、と見てよいと考えられるわけです。

　ただし、「トヨノアカリ」を示すのは、5世紀段階までの古墳に並べられている埴輪群像が多いようです。それが6世紀に入りますと、次第に消失するようです。先程見せていただいた吉井町の中原Ⅱ遺跡の1号古墳の埴輪の例でもそうですが、酒宴ではなくて、ただ適当に男女の像が並んでいる、というものが出てきます。酒宴の情景があるかないかでコンセプトの違いを認めるべきだと言うことを、私は先程申しましたが、横穴式石室が展開するちょうどその時期あたりから、コンセプトが変わってきていると考えます。横穴式石室の時代には死体を眺める機会が多いわけですよね。竪穴式石室の場合はいったん埋めてしまえば、死体は見られないわけですが、横穴式石室の場合には、何度も中に入るようなケースがあるわけですから、死体を見ることがあるわけです。有名な話ですが、イザナギがイザナミを黄泉の国へ来訪して見てくる、という話がありますよね。そういうことが横穴式石室では当然起こりうるわけでして、そういう状況下で日本人の死者あるいは葬式・送葬に対する観念も徐々に変わってきて、酒宴とは別の情景を構想し、それを示す埴輪群を古墳に並べるようになったのではないか、と考え直せばよいと

考えるわけです。群馬県の古墳では、埴輪の並べ方のひとつに、全部の人物埴輪が石室入口の方に向いていて、死者を送っている状況を表したように解釈できる例がある、ということを聞きます。そうした事例を念頭に置きますと、その段階のものには、死者を送る、つまり送葬の観念が発達し、その儀礼を形象化して並べている、と考えることができるのではないかと思います。あるいは、送るだけでなく、琴を弾く男の像がありますが、それを見ると死者を慰めるという観念も出てきている、と見てよいのではないかと思います。横穴式石室の時代の6世紀になりますと、仏教もそろそろ入ってきますし、儒教などの中国的な発想も入ってくる時代でもありますから、それらと関係して、中国的な送葬観念、あるいは黄泉の観念もでてくるわけで、そういうあらたな思想的変化を背景に、埴輪の並べ方も変わってきているのではないかと考えます。

　しかし、それ以前の古い段階では、我が日本においては、死者の世界、他界、冥界などといったものを構想するということを殆どやっていないのですね。そのような構想は古代のある時期から行うようになるわけで、それを念頭において人物埴輪群像を解釈すべきではないか、ということであるわけです。私は今回のシンポジウムで報告しませんかと言われ、その準備をするなかで、たまたま今日お見えになっている辰巳先生の『黄泉の国の考古学』を興味深く読みまして、我が意を得たりという箇所がありました。辰巳先生は古墳壁画などの資料に表される馬でありますとか、鳥でありますとか、船といったものを、霊魂を運ぶものとしてお考えです。しかし、そこには確かに死者の霊魂を運ぶものは出てきますが、死者の霊魂自体は描かれていないという事実があります。辰巳先生がそうした資料をどう評価されているかはわかりませんが、死者の霊魂を運んだそれから先のことは出てきていないのですね。それがどういうことかというと、私は死者の霊魂があるということまでは古代人は知っている、しかし、その次にその霊魂がどこへ行って何をするかということについてはイメージを持っていない、ということを示すのではないかと思うわけです。そのことについては、先程、現代人も古代人同様に死者の世界に対して冷淡だということを申したわけですが、これにかか

わる考え方に、柳田国男の民俗学のキーワードである祖霊信仰があります。言葉はいかにも祖先を大切にし、崇拝するという内容に感じられますが、実態は、柳田は「死者が亡くなったあと霊魂はしばらく生身の人間の個性というものを持っている。そして、その個性をなくしてしまったのが祖霊である」と非常にはっきりと言っています。個性をなくしてしまったそんなものが祖先の霊か、ということになりますが、柳田の議論は祖先崇拝と全く背馳した内容になっています。柳田には、日本人が祖先を大切にして、家を大切にしている、といっている部分があるのですが、冷静に読んでいくと、意図は兎も角、日本人は祖先を崇拝したり、大切にするという発想を持っていない、ということを祖霊信仰という言葉が非常に露わに示しています。だいたい、祖先を崇拝していたら、その祖先というのはしっかりした個性を持っていなければおかしいわけです。しかし、実際のところ我々は七回忌かせいぜい三十三回忌くらいまでやりますと、おじいちゃん、おばあちゃんはもう出てこなくていいよ、と言ってしまうわけですね。これが我々の伝統的精神なのです。私が今日ここでお話した人物埴輪群像についての理解は、皆さんには違和感があるかもしれませんが、伝統的な日本人の祖先に対する意識に照らして考えてみますと、私のお話したところも納得されるのではないかと思います。

　以上で私の話を終わります。

■基調報告

埴輪の構造と機能
―― 「他界の王宮」創造 ――

辰巳　和弘

1．古墳と埴輪―― "埴輪祭祀" は存在するか？

　私は「古墳は死者を葬るための装置」と考えます。それは、時の流れや地域性、また被葬者の社会的位置づけ等による差異はあるものの、死者を納める棺を主体に、槨室・封土・葺石・濠などの構築物に、副葬品や墳丘に立てられる埴輪のほか、葬送に使用された器物など、さまざまな考古事象から構成されます。個々の事象の研究が行きつくさきは、それを生み出した社会と文化の解明ということになるでしょう。しかし、上述した個々の事象は、あくまでも墓である古墳総体に規制されるのであって、それを踏まえた考古学的研究がなされなければなりません。

　古墳研究の世界では、しばしば「埴輪祭祀」や「埴輪のまつり」という用語が聞かれます。それを直截に解釈すれば、「さまざまな埴輪を立て並べる行為をもって実修される祭祀行為」とか、「立て並べた埴輪を、祭祀の対象としてまつる行為」という意味になるでしょう。とりわけこの用語は人物埴輪出現以降の段階の埴輪研究の分野で頻繁に使用されます。ところが、そこでは「人物埴輪を中心とした形象埴輪群に表現される往時の儀式」や、「埴輪を立てた際に、其処で行われた儀式」といった概念で使用されるのが実態です。研究者の概念と用語のうえに隔たりが存在するように思うのは私だけでしょうか。

　そもそも「祭祀」とは、己や己が所属する集団の意思や力のみでは達成が困難と思われる実態を克服し、解決するため、「人知を超越した霊力をもつ隠れたモノ」＝「神」の存在を信じ、その霊威に働きかける行為を言い、神

が顕現すると思念される場を同じくして繰り返し（その時間的な間隔はさまざま）反復される行為を指します。民俗用語に「祖先祭祀」という言葉がありますが、これも繰り返される祭儀行為であることは言を待ちません。しかし被葬者を埋葬した後、その古墳に対する祭祀が長期にわたり定期的に繰り返し行われた具体的な考古学上の事例を私は知りません。私は「古墳祭祀」は存在しないと考えます。古墳の築造にかかわって「祭祀」という言葉を用いる研究者は、そこにみる「祭祀」という言葉と、民俗事象一般がもつ「祭祀」の語との異同を明確にすべきです。さまざまの学問領域において、使われる言葉は共通した認識のもとに使用されるべきであることは言うまでもありません。考古学もまたしかり。

　たとえば前期古墳での竪穴式石槨や粘土槨を構築する過程や、槨を封土内に埋め込む過程での赤色顔料の散布行為や、壺形土器の破砕行為など、個々の呪術的な儀礼（それは墓としての古墳を築くひとつの工程です）を「祭祀」とする事例にしばしば出会います。私たちは「祭祀」という語を安易に、また恣意的に使ってはいないでしょうか。

2．象徴と結界

　古墳に埴輪を立てる行為は、弥生後期の墳丘墓上に底部を穿孔した二重口縁壺や加飾壺、また加飾器台などを据えるところに始まり、段階を追って個々の現象と配置にデフォルメと誇張が加えられます。したがって初期古墳の段階では、壺と器台に起源する"形"をもった土製品が主流を占め、それが墳丘上や墳丘裾、段築をもつ墳丘にあってはそれぞれの段のテラス面を囲繞します。壺形や円筒形、さらには両者を合体させた朝顔形が大半で、円筒埴輪や朝顔形埴輪の体部には鰭が付けられ、隙間なく墳丘を巡る事例も見られます。そこに、墳丘への侵入を拒み、墳丘を外なる世界から結界しようとする強い意志の反映が認識できるではありませんか。そうした思惟は、その埴輪列に盾形埴輪を加え、外なる世界から内なる世界（古墳）を守護するようになり、さらなる強固な意志の存在を顕現させます。

五色塚古墳（兵庫県神戸市）では4～11本の鰭付円筒埴輪を間に鰭付朝顔形埴輪が立てられます。それは隣り合う埴輪の鰭と鰭が接するように隙間なく並び立ち、内なる世界を3重（3段）に仕切ります〔第1図〕。そのさまは「八雲立つ　出雲八重垣　妻隠みに　八重垣作る　その八重垣を」という古代歌謡を想起させます。また黄金塚2号墳（京都府京都市）では、大型の盾形埴輪と朝顔形埴輪が4本の円筒埴輪を間にして交互に立てられます。くわえて盾形埴輪のひとつには、邪霊退散の意味をもって反閇の呪作をなす人物像が描かれ、埴輪列がもつ結界の意味を重ねて主張します〔第2図〕。さらに宝塚1号墳（三重県松阪市）で、墳丘裾のくびれ部屈曲点や造出しを巡る埴輪列の中央など、墳丘平面の要所と認識できる地点に盾形埴輪が立てられる点にも同じ意味が指摘されます。

　五色塚古墳における3重埴輪垣の最上段は、主丘（後円部）墳頂を方形に巡ります。それは主丘の封土内に営まれた埋葬施設の位置を明示し、結界します。石山古墳（三重県伊賀市）では円形の主丘頂に主軸に沿う方向に長辺をもつ矩形の壇があって、その周囲に長辺19本、短辺22本の鰭付円筒埴輪が近接して立て巡らされてます。円筒埴輪には小型の衣笠埴輪が載せられていたらしく、貴人の在所であることが言挙げされます。

　磐余の王墓として知られるメスリ山古墳（奈良県桜井市）では、壺形墳丘の主丘頂に巨大円筒埴輪が隙間なく矩形平面、かつ2重に立て巡らされます。〔第6図〕。内側埴輪列のうち、短辺中央の円筒埴輪は直径が約90cm、高さが240cm余の大きさです。ともに並ぶ円筒埴輪の直径が45～60cmであるのと比べると、その巨大さがわかるでしょう。2重の円筒埴輪列の間には、長辺に等間隔で直径が80cm弱、高さが2mばかりの、これも巨大な円筒がそれぞれ5本ずつ立てられます。石野博信さんは、その巨大埴輪の配置に、妻側中央に棟持柱を立てた桁行4間、梁間2間の建物の柱位置と壁の表徴をみてとり、墓上に建物が観念されたと考えました。（石野2001）。完璧に結界された巨大円筒埴輪をもって見立てられた建物が被葬者のための施設であることは明らかです。

　メスリ山古墳に先行する桜井茶臼山古墳（奈良県桜井市）でも、主丘頂に

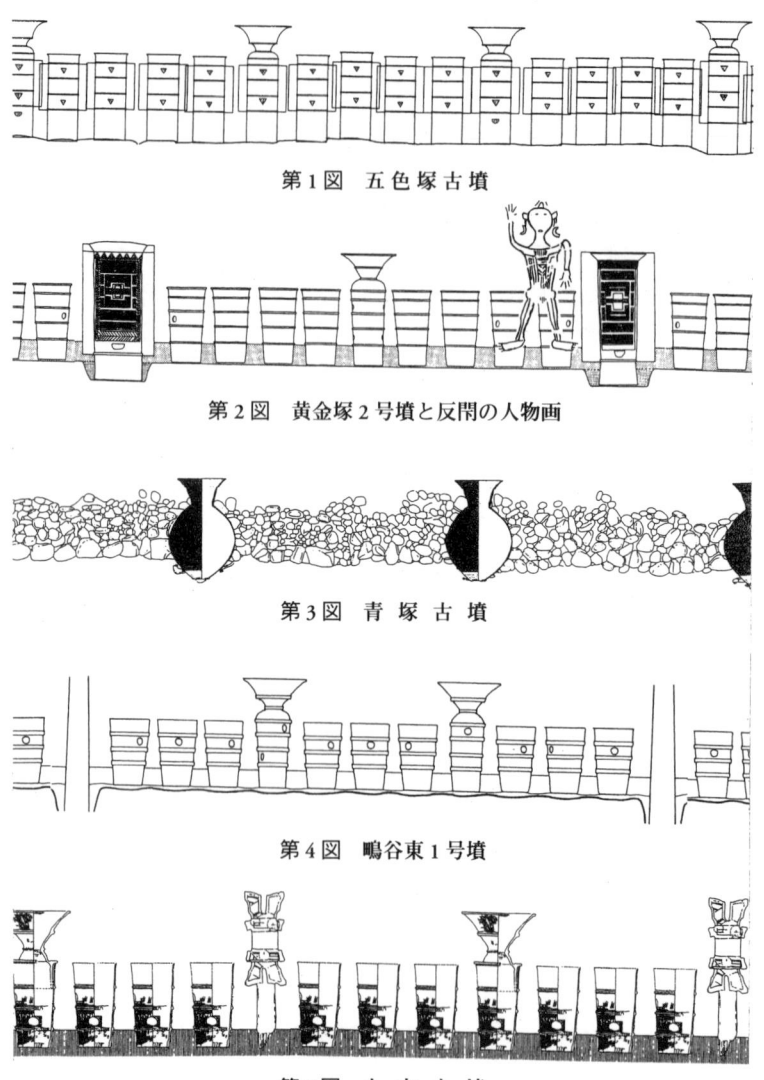

第一部 さまざまな解読―基調報告および事例報告

第1図 五色塚古墳

第2図 黄金塚2号墳と反閇の人物画

第3図 青塚古墳

第4図 鳴谷東1号墳

第5図 小立古墳

埴輪の構造と機能

第6図 メスリ山古墳

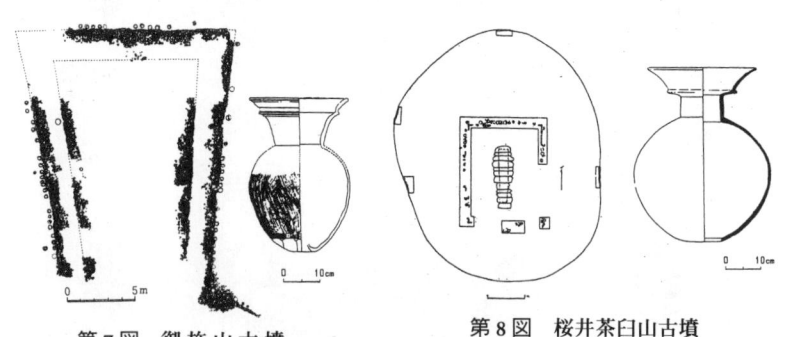

第7図 御旅山古墳

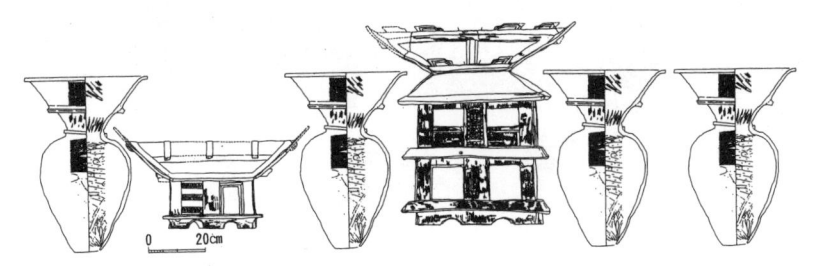

第8図 桜井茶臼山古墳

第9図 美園古墳

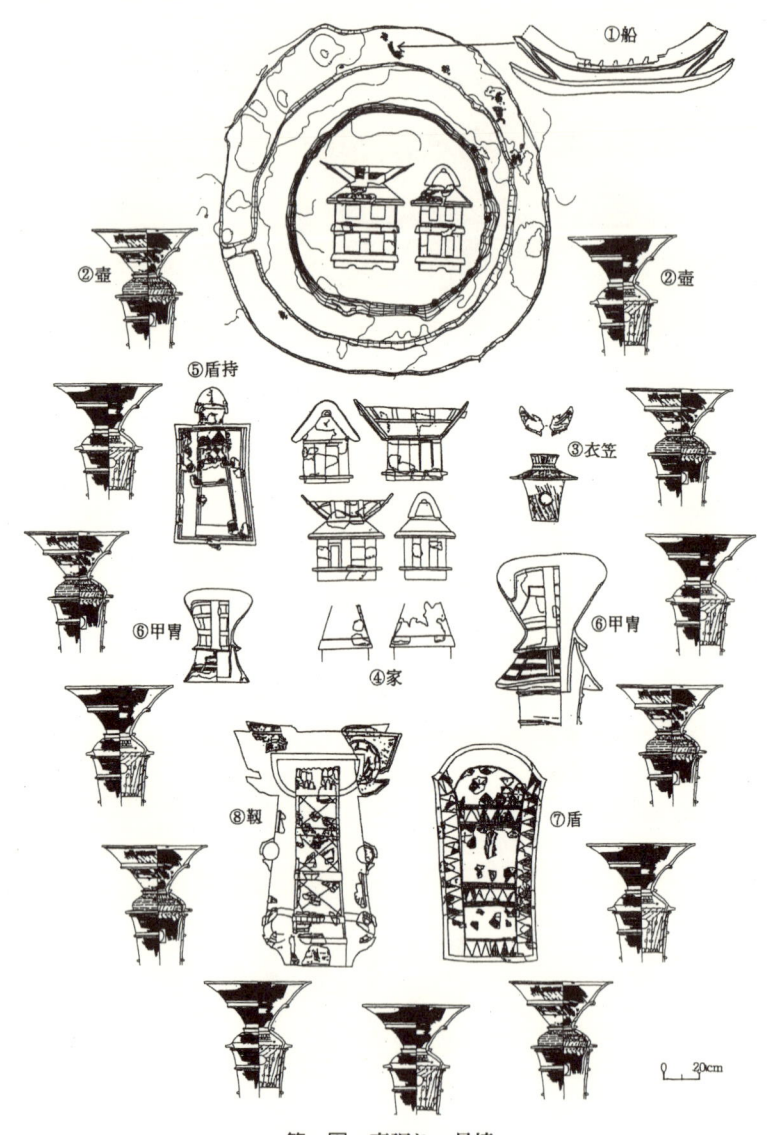

第一部　さまざまな解読―基調報告および事例報告

第10図　高廻り2号墳

埴輪の構造と機能

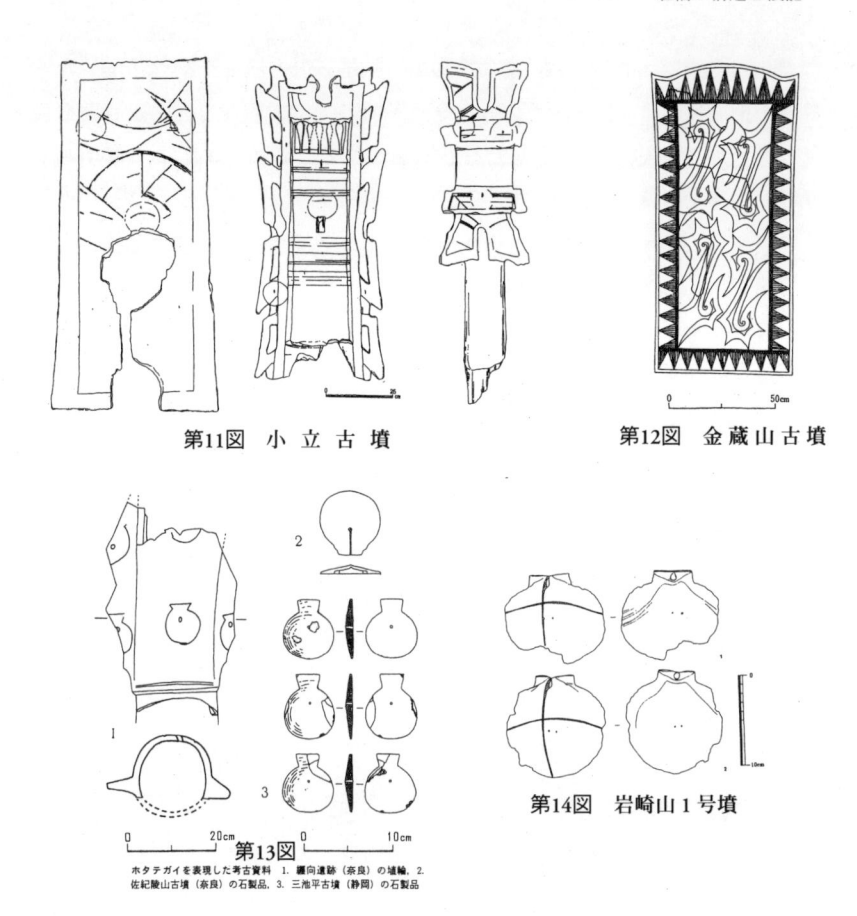

第11図 小立古墳

第12図 金蔵山古墳

第13図 ホタテガイを表現した考古資料 1. 纒向遺跡（奈良）の埴輪、2. 佐紀陵山古墳（奈良）の石製品、3. 三池平古墳（静岡）の石製品

第14図 岩崎山1号墳

壇上施設が築かれます。壇の縁辺には東西10m余、南北13m前後の矩形に、二重口縁壺を形象した壺形埴輪（従来は「壺形土器」と呼ばれてきたが、当該の壺形品は製品の当初から墳丘に配置されるために製作されたものである点を重視すれば、これも「埴輪」の範疇で理解されるべきです）が隙間なく並べられます〔第8図〕。矩形の短辺（北辺）で24〜25個、長辺（南辺）で29〜30個、総数110余個の数が推定できます。また老司古墳（福岡県福岡市）で、主丘の最上段に壺形埴輪が隙間なく並べられるのも、他界「結界」と「象徴」を壺形埴輪をもって表象させようと意図した結果とみなすことができます。

一方、壺形埴輪を壺形墳丘の裾やテラスに並べた事例も、壺井御旅山古墳

（大阪府羽曳野市）・青塚古墳（愛知県犬山市）・尾ノ上古墳（広島県福山市）など数多く指摘されます。全長が123mの壺形墳の青塚古墳でも、一段目と二段目のテラスに、約2mの間隔で壺形埴輪が配置されていました〔第3図〕。壺形の墳丘を加飾し、象徴する道具立てと認識されます。

さらに一辺7m余の古墳、美園古墳（大阪府八尾市）では25点を超える壺形埴輪が出土しています。せいぜい4m四方程度と想定される墳丘上面の縁辺に沿うように、各辺に7〜8個の壺形埴輪が立つ勘定になります。大きく開く口縁先端が径40cm前後であることを考慮すると、壺形埴輪が墳頂を垣のように巡るさまが想像できます〔第9図〕。

また墳丘頂にさまざまな形象埴輪を配置していた直径約20mの円墳、高廻り2号墳（大阪府大阪市）では、一段目のテラスに壺形埴輪をめぐらせていました〔第10図〕。古墳は「壺」に象徴される世界として観念されたことが理解されるでしょう。壺形をなす墳丘（前方後円）はその極まりに顕現する造形と認識されるではありませんか。

3．見えざる造形・失われた造形

〔1〕埴輪形の木製品

鴫谷東1号墳（京都府与謝野町）は直径約54mの円墳で、墳丘を巡る円筒埴輪列で3段に結界されます。なかでも中段と下段の円筒埴輪列には、一定の間隔で朝顔形埴輪とともに木柱が立てられたとみられる柱穴が検出されました〔第4図〕。柱の上にいかなる造形（笠形や衣笠、鳥形などの木製品）が組み合されていたのかは不明だが、墳丘を巡る仕掛けが埴輪だけではないことが了承される事例でした。五色塚古墳の隙間なく並ぶ中段埴輪列の外側にも、それに近接して一定の間隔で柱穴が検出されたのも同様に注目されます。さらに小立古墳（奈良県桜井市）では、円筒埴輪・壺形埴輪を載せた円筒埴輪・石見型木製品からなる結界の仕掛けが壺型墳の裾を囲繞して検出されました〔第5図〕。そこに首長権を象徴する"形"である石見型が含まれることは、埴輪列に囲繞された空間＝古墳の属性を語りかけてくれます。

埴輪と同じ意図をもって墳丘に木柱を立て巡らす事例が、今里車塚古墳（京都府長岡京市）で明らかにされて以来（高橋1988）、いまや各地で類例が報告されるようになりました。今里車塚古墳では大小2種の木柱が交互に立てられ、それに笠形木製品が装着されたことが想定されました。白米山古墳（京都府与謝野町）では、主丘頂を1m余の間隔で円形（直径約20m）に巡る柱穴列が検出され、その内側の主体部上には約12m×8.5mの矩形に巡る細い柱穴列が検出され、木柱を立て巡らせたことは確かです。

〔2〕埴輪などに取り付けられた貝製品

さきの小立古墳では石見型木製品のほか、靫・盾・大刀などを形象した木製品が墳丘に立てられていましたが、それらには随所に円形の品を取り付けた痕跡と、それを取り付けるための釘穴がありました〔第11図〕。表面に取り付けられた品は腐朽して依存しないものの、その実態が纒向遺跡（奈良県桜井市）出土の石見型埴輪からうかがい知れます〔第13図－左〕。その表面にはホタテ貝の形が幾つも線刻され、中に小さな円が刻まれています。同じ形状の石製品は三池平古墳（静岡市）などからも出土し、中央に小さな穿孔があって、何かに取り付けられたものであったことがわかります〔第13図－右〕。鶴山古墳（群馬県太田市）からは木製黒漆塗りの盾に取り付けられた月日貝が8枚出土し、岩崎山1号墳（香川県さぬき市）や赤妻古墳（山口県山口市）などから出土したホタテ貝やハマグリ（？）などを利用した貝製装飾品も参考となります〔第14図〕。小立古墳例でも貝製装飾が装着されていた可能性が高く、その痕跡が円形を呈する点に、イモ貝の螺頭部を丸く研磨した品なども考慮されるべきでしょう。この考察は金蔵山古墳（岡山県岡山市）・保津岩田古墳（奈良県田原本町）・亀塚古墳（大分県大分市）出土の盾形埴輪〔第12図〕に刻まれた水字貝をデフォルメした図文の理解にも一考をうながします。すなわち盾に水字貝を装着した可能性もあるのではないでしょうか。それは盾や石見型、また家形などの形象埴輪に散見される小穴の性格を考える参考となると思われます。

〔3〕埴輪に取り付けられた木製の部品

埴輪に他の素材で作られた部品を装着した可能性を考えさせる有力な資料

が、宝塚１号墳のくびれ部に置かれていた船形埴輪です〔第19図〕。大きくせりあがる舳艫をもつ船底や甲板に開けられた穴には、別作りの大刀・衣笠・石見型の土製形代が挿入されます。大刀形と衣笠形の両側には、随所に鰭形装飾を付けたハート形の板が立てられ、首長を象徴する"形"を守護するかのようです。ほぼ完全に近く復元することができた船形埴輪でしたが、ただひとつ船底中央に開けられた穴に挿入されていたはずのパーツが見つかりませんでした。それが腐朽し去った有機質の素材で製作されていたがゆえと考えられ、私はそこに旗をひるがえした竿が差し込まれていたことを主張してきました（辰巳2002）。さらに舷側上縁には、左右それぞれ３本ずつ、櫂を挿し込む穴（ローロック）が斜め後ろの方向から開けられています。穴は１ｃｍ近い直径で、そこに木製の櫂のミニチュアが挿し込まれていたことは間違いないと考えられます。東殿塚古墳（奈良県天理市）の鰭付円筒埴輪に描かれた船画がそれを傍証してくれます〔第17図〕。埴土を素材として製作された埴輪にも、他の素材で作られた部品が組み合わされている可能性を考慮する必要があるのです。

　船形埴輪の事例をもうひとつ。高廻り２号墳の船形埴輪〔第18図〕には右舷の舷側板上部と、艫寄りの右舷の上位突帯に径２ｍｍの小孔が穿たれます。報告書にはその「意図は不明」と記述されるのみです。「形あるところ心あり」、意味のない造形など存在しません。そこに見る小穴も、船形埴輪に意味をもっていたはずです。再度、東殿塚古墳の船画を見ると、そこに描かれた３つの船画とも、舷側に並ぶ櫂の列とは別に、艫寄りに一本の大きな櫂が描かれるではありませんか。操舵櫂です。船形埴輪の小穴に紐を通して、木製操舵櫂を結わえつけたとみることができます。舷側上部に突出した４本のローロックにも推進具としてのミニチュアの櫂が添えられていたことは上述したことです。一方の舷側に小穴を空けた事例は、宝塚１号墳の船形埴輪でも指摘されます。

　埴輪に木製の付属品が取り付けられた可能性が高いもうひとつの資料が、美園古墳の高殿形埴輪です〔第15図〕。入母屋の高床建物を形象した当該の資料は、床下部と高床部を境する部分に巡る小屋根状突帯の一カ所に小穴が

埴輪の構造と機能

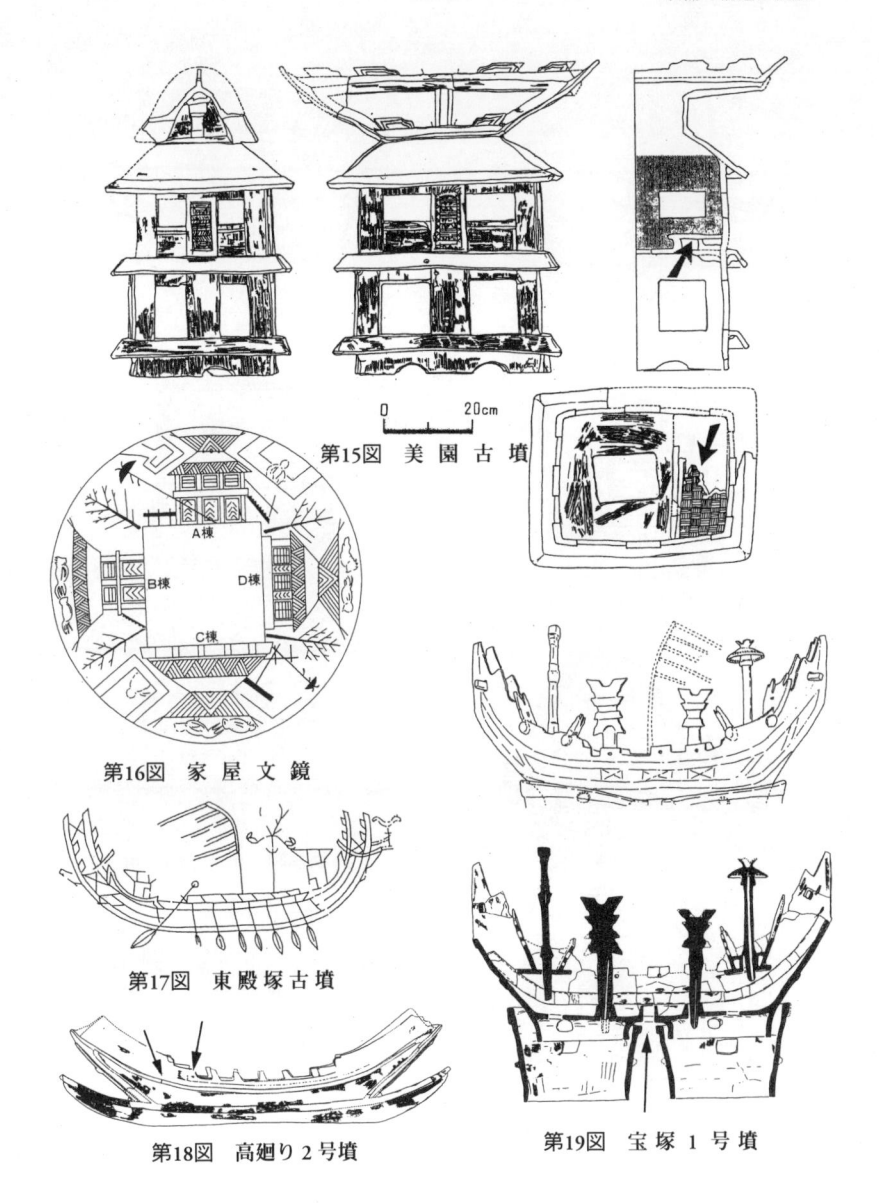

第15図　美園古墳

第16図　家屋文鏡

第17図　東殿塚古墳

第18図　高廻り2号墳

第19図　宝塚1号墳

35

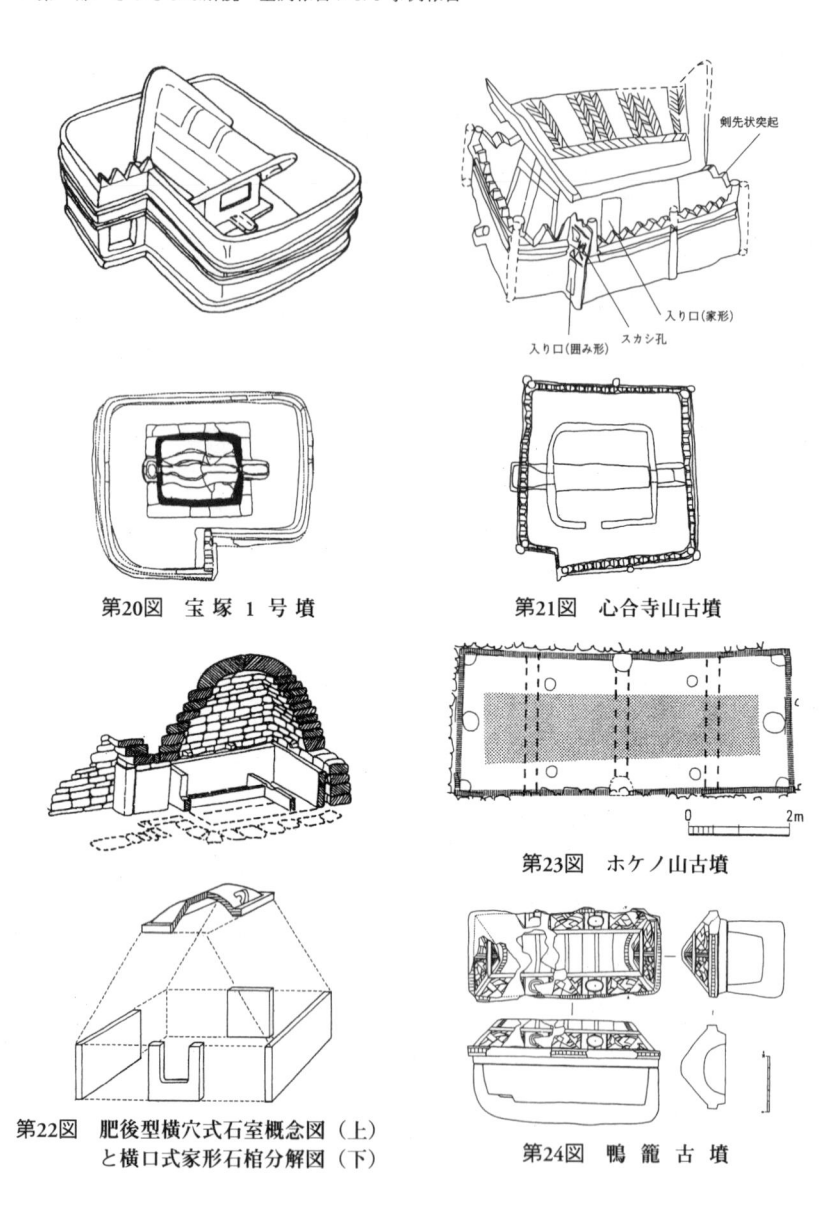

第一部　さまざまな解読―基調報告および事例報告

剣先状突起
入り口(家形)
入り口(囲み形)　スカシ孔

第20図　宝塚1号墳

第21図　心合寺山古墳

第23図　ホケノ山古墳

第22図　肥後型横穴式石室概念図（上）
　　　　と横口式家形石棺分解図（下）

第24図　鴨籠古墳

穿たれます。佐味田宝塚古墳（奈良県河合町）出土の家屋文鏡〔第16図〕に鋳出された同じ建築様式の建物にさしかけられた衣笠を思い出せば、美園古墳の高殿形埴輪の小穴にも、布帛と木で製作された衣笠のミニチュアを結わえつけるためという役割を付与させることができます。

〔4〕見えない造形

　美園古墳の高殿埴輪では、高床部分に床が張られ、屋内には一方の妻側壁に添って網代文様を刻んだ牀（とこ）が作られました。しかも屋内は赤彩され、そこが聖処であることが主張される。私はかねてから、この牀が記紀にみる「神牀」であると主張してきました（辰巳1990）。注意したいのは、埴輪の窓に顔を寄せ付けない限り、屋内の造作を視認することが難しいという点です。この家形埴輪は、壺形埴輪を囲繞した墳頂の中央に置かれていたと推察され、周濠を隔てた墳丘外から、屋内にある牀の存在を確かめることは不可能で、それは見えない造形ということになります。それが被葬者のための仕掛けとして造形されたものと理解できます。埴輪の属性をよく語る事例でした。

　同様の事例をもうひとつあげておきましょう。宝塚1号墳の、囲形埴輪内に置かれた家形埴輪がそれです〔第20図〕。切妻平屋建物を形象した埴輪の屋内には床が張られ、そこにいわゆる浄水施設が造り出されています。両方の妻壁には穴が開けられ、外側の一方には水を受けて屋内へ流し込む槽が、他方には排水の仕掛けである樋が造り出されます。その形象は南郷大東遺跡（奈良県御所市）で発掘された水の祭場を彷彿させました。注目したいのは、囲形埴輪のなかに据えられた家形埴輪の屋内にある浄水祭祀の仕掛けを外部から視認することは困難だという点です。見られることを意識して形あるものは作られるというのが、現代人の思惟。しかし古代人の造形感覚は違うことがわかります。その建物の中に浄水祭祀の装置がなければならなかったのです。人に見せるために造形するものではないのです。「見える」とか、「見えない」という問題ではなく、それは被葬者のためになくてはならない施設だと認識すべきなのです。それは形象埴輪に表出される世界が被葬者の来世空間であることを強く主張しています。

〔5〕「再び失われた造形」

　宝塚1号墳に置かれていた浄水祭祀施設の形象埴輪は、心合寺山古墳（大阪府八尾市）のくびれ部にも置かれていました〔第21図〕。囲形と家形が一枚の粘土板の上に一体で造形されたその埴輪には、建物の両妻壁の下に開けられた小さな穴と塀側に開けられた穴がつながるように溝が造形されます。屋内にも宝塚1号墳例同様に床が張ってあるものの、その中央、妻側の両壁に開けられた穴をつなぐ部分には溝の造形がなく、その部分が逆に切り抜かれ、長方形の穴が開いている状態でした。浄水祭祀のための槽形を造形した木製品がそこにはめ込まれていたと考えないと、当該の埴輪の形は完成しないと私は考えます。

　また狼塚古墳（大阪府藤井寺市）では囲形埴輪のなかに、土製の浄水祭祀の槽形品が置かれていました。上述の考察から敷衍して、それは木製の建物のなかに置かれていたと認識できます。腐朽し去った造形があまりにも多いことを念頭に埴輪研究は進められなければなりません。

4．形象から"古墳"を思索する──無意味な「舟葬と家葬」論

　壺形埴輪を囲繞させた高廻り2号墳では、墳頂に10個体以上の家形埴輪のほか、1〜2個体の衣笠・靫・盾・甲冑形の埴輪が配置され、船形埴輪だけが周濠の底に置かれていました〔第10図〕。高殿をはじめとするさまざまな様式をもつ家形埴輪の個体数からみて、被葬者が住むための屋敷を表出したことは明らかです。他の形象埴輪は被葬者が貴人であることを象徴する器財や、埴輪が立つ空間を守護することを主張する形。墳丘は周濠と壺形埴輪列によって二重に結界されたのです。被葬者の世界と「この世」を区別する仕掛けであることは言うまでもありません。では周濠底に置かれた船形埴輪は何を運ぼうというのでしょうか。被葬者の霊魂を古墳へと導く乗り物と理解するほかありません。墳丘は他界空間と認識されたのであり、そこに並ぶ多数の家形埴輪が配置された情景に「他界の王宮」が観念されたのです。

　高廻り2号墳にみる墳頂における埴輪配置の思惟は、メスリ山古墳におけ

る巨大円筒埴輪に込められた家形の空間観念につながることを認識させるだけでなく、初期の壺形墳であるホケノ山古墳(奈良県桜井市)の埋葬施設との関連を考えさせます。ホケノ山古墳では木棺を納めた木槨が、棟持柱と6本の柱からなる切妻屋根をもつ家形に築かれていました〔第23図〕。くわえてその木槨上には壺形土器を囲繞させていました。「家形の葬送空間」であり、「他界の王宮」にほかなりません。

家形の葬送空間は、中期に始まる家形の蓋をもつ石棺や、それを墓室空間に展開させた肥後型横穴式石室を経て、後期まで連綿と営まれます〔第22図〕。横穴や横穴式木室は明らかにその墓室空間を家形に造形します。とくに横穴では、軒を表現する事例が普通で、棟木や垂木、さらに棟木を支える束柱まで表出する例がみられます。また出雲地方の横穴や石室では閂を通した扉を陽刻する閉塞石まで出現、遠江地方の横穴式木室では棟持柱をもつ切妻の建物構造が確認されています。横穴式石室もまた、家形の墓室を指向した造形とみなすべきでしょう。また鴨籠古墳(熊本県宇城市)の家形石棺の蓋が、大棟や棟押さえ、さらには軒を造形し、家形埴輪を彷彿させる造形である点に目を注ぐべきだと考えます〔第24図〕。

建物の図形は銅鏡にも鋳出されます。大半の三角縁神獣鏡と同じ面径をもつ家屋文鏡では、神獣を表出する内区の文様に代えて、建築様式を異にする4棟の建物が鋳出されます〔第16図〕。神仙と霊獣が坐す神仙界の図文に代えて表出された建物群に、被葬者が住む神仙界(他界)が観念されたと考えられます。家屋文鏡の図文は、主丘上に配置される家形埴輪群の風景につながることを認知すべきです。

一方、高廻り2号墳の壕底に置かれた船形埴輪は、大寺山洞穴(千葉県館山市)での丸木舟形木棺(5～7世紀前半)の出土状況に目を向けさせます。そこでは出土木棺12隻すべてが舳先を洞穴の口、すなわち海に向けて置かれていました。もちろん封土はありません。死者を乗せた船は海の彼方へ漕ぎ出して行くと念じられたことでしょう。もちろん人々がその彼方に他界があると信じていたことは間違いありません。(辰巳1996)。

丸木舟形木棺は既に埼玉稲荷山古墳(埼玉県行田市)をはじめ若王子古墳12

号墳（静岡県藤枝市）・森北1号墳（福島県会津坂下町）・塩津山4号墳（島根県安来市）等、類例が増加しつつあります。熊本地方の横穴に造り出された船形屍床は、死者を乗せる船を観念したところに生み出された造形に違いなく、既上の丸木舟形木棺の系譜上にある形です。なかでも岩原 I –14号横穴（熊本県山鹿市）の船形屍床に造り出された櫂座（ローロック）は、そこに木製の櫂が添えられたことを語りかけてくれます。〔第26図〕。ここにも「失われた造形」があることを見逃すべきではありません。

櫂を添えた船形屍床の存在は、鳥船塚古墳・珍敷塚古墳（福岡県うきは市）や、「人物の窟」（大阪府柏原市）等の壁画に描かれた、船を操る人物の姿を連想させます。〔第29〜31図〕。その人物像こそ、船を操って他界への路をたどる被葬者自身です。前二者では舳艫に鳥がとまる点にも注目しておきましょう。その造形思惟は、林遺跡（大阪府藤井寺市）出土の、カラスとおぼしき鳥を舳先にとまらせた船形埴輪〔第27図〕に遡るし、殿村遺跡（長野県飯田市）出土の船を操る人物を乗せた船形埴輪〔第28図〕につながります。さきに高廻り2号墳や宝塚1号墳の船形埴輪の舷側に空けられた小穴が、操舵櫂の木製ミニチュアを取り付けるための紐を通す用途をもつことを指摘しましたが、それは岩原 I –14号と同じ造形思惟にたつもので、そこに船に乗る被葬者が観念されていました。

宝塚1号墳の船形埴輪に取り付けられていた大刀・衣笠・石見型等の形代は貴人の存在を象徴する形であり、被葬者の魂の乗り物として、当時にあって最も足の長い船が観念されたところに創出されたものです。その目的地はもちろん他界（常世）ということになります。古代人は他界を海の彼方にだけみたわけではない。いかなる距離を往けばよいのか不確定な、模糊とした彼方に観想される他界にたどり着くため、もっとも足の長い乗り物として船が考えられたのです。五郎山古墳（福岡県筑紫野市）の壁画にみる、棺を乗せた船が星空を渡り往く情景は、船の形が意味したものをよく語っています。そうした他界観は「舟葬」と呼ばれてきました。

そして船に乗る魂が渡り往く他界に、死者の魂が新たな生を得る場としての建物＝王宮が思念され、家形の葬送空間（他界の王宮）としての棺・槨

埴輪の構造と機能

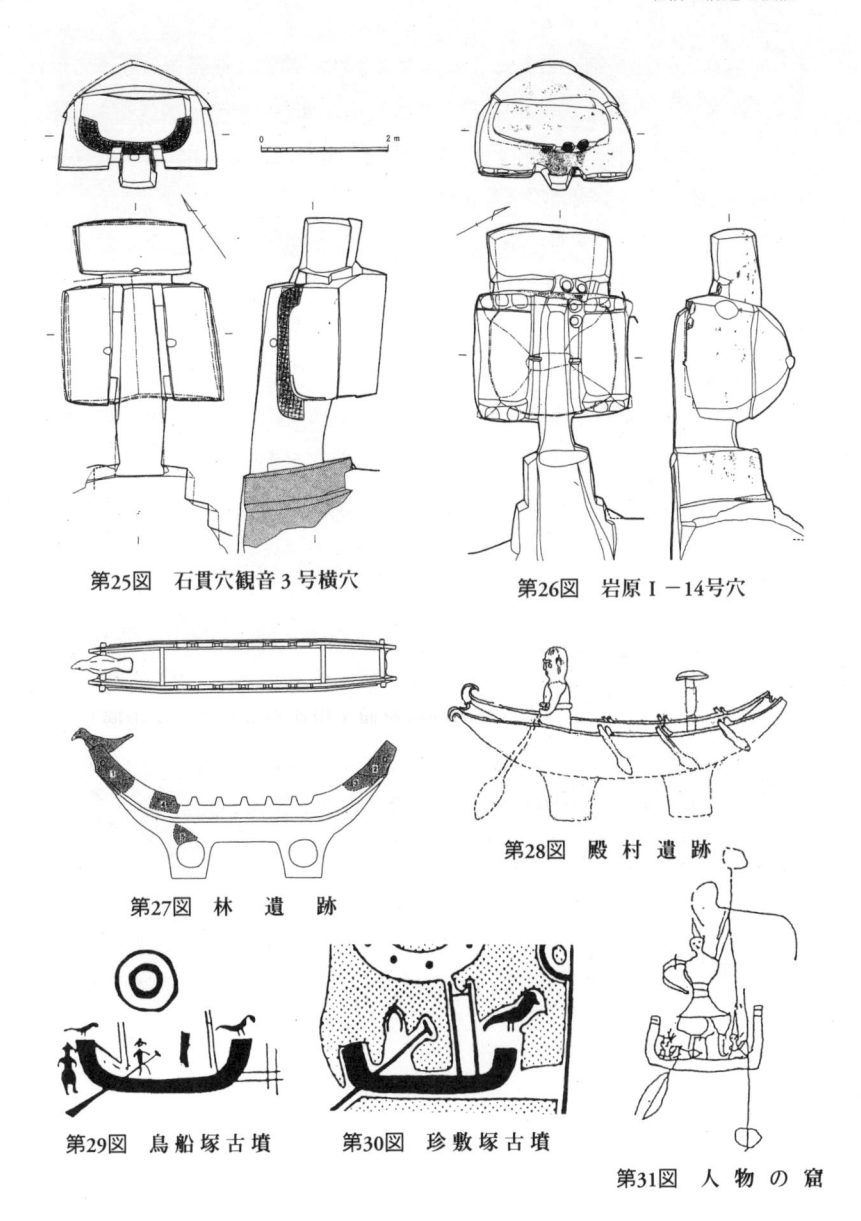

第25図 石貫穴観音3号横穴

第26図 岩原Ⅰ-14号穴

第27図 林遺跡

第28図 殿村遺跡

第29図 鳥船塚古墳

第30図 珍敷塚古墳

第31図 人物の窟

41

室・埴輪などの形が創出されることになります。建物は他界を象徴する形なのです。従来、古墳時代の後半期に家形石棺が盛行することから、「舟葬」に対する「家葬」観念の存在がしばしば論じられてきましたが、「舟葬」と「家葬」は対比される観念でありません。

さきに岩原Ⅰ-14号横穴が櫂座を造り出した船形屍床をもつことを紹介しましたが、この横穴の玄室は寄せ棟屋根をもつ家形の空間に造形されている点にも留意しなければなりません。同様に、船形屍床をもつ石貫穴観音3号横穴（熊本県玉名市）でも、玄室が切妻屋根の形に造形されます〔第25図〕。「人物の窟」がある高井田横穴群でも、大半の横穴には軒が表現され、天井は丸みをもった屋根に造形されます。乱暴な物言いをすれば、それは高廻り2号墳にみるような、家（家形埴輪）と船（船形埴輪）を、玄室という墓室空間に取り込んだところに創出された形と理解されます。

本章では、古墳時代という時間幅のなかで、「家」と「船」という「形」に焦点をあてて、古墳という場を同じくしてさまざまな造形が出現する思惟を論じてきました。かつて小林行雄先生は舟葬を否定され、家形石棺の出現に家葬の風習が指摘されることを強く論じられました（小林1944・1951）。しかしその後に各地で検出された丸木舟形木棺の事例等は、小林説に再検討を迫っています。私は今回の発表で、古墳という葬送の装置が誕生の当初から、同じ他界観念のもとに営まれたことを述べてきました。棺や槨室の形と構造は時代とともに変化するものの、古墳という墓制の基層にある他界観は変らなかったことを確認しておきます。

既上に述べたことの詳細と整合的な考察は、（辰巳2002・2006）を参照願います。

文 献 一 覧

石野博信　2001　『邪馬台国の考古学』吉川弘文館
小林行雄　1944　「日本古代の舟葬説について」『西宮』第3号　西宮史談会
小林行雄　1951　「家形石棺」『古代学研究』第4・5号　古代学研究会
高橋美久二　1988　「『木製の埴輪』再論」『京都考古』第49号　京都考古刊行会

辰巳和弘　1990　『高殿の古代学――豪族の居館と王権祭儀』白水社
辰巳和弘　1996　『「黄泉の国」の考古学』講談社現代新書
辰巳和弘　2002　『古墳の思想――象徴のアルケオロジー―』白水社
辰巳和弘　2006　『新古代学の視点――「かたち」から考える日本の「こころ」』小学館

挿図出典一覧

第1図　神戸市教育委員会　2006　『史跡　五色塚古墳　小壺古墳』
第2図　花園大学黄金塚2号墳発掘調査団　1997『黄金塚2号墳の研究』より作図
第3図　犬山市教育委員会　2001　『史跡　青塚古墳調査報告書』
第4図　立命館大学文学部　1989　『立命館大学文学部学芸員課程研究報告』第2冊（鴫谷東1号墳第2次発掘調査概報）より作図
第5図　桜井市文化財協会　2002　『磐余遺跡群発掘調査概報　Ⅰ』（小立古墳・八重ヶ谷古墳群の調査）より作図
第6図　奈良県立橿原考古学研究所附属博物館・京都大学ほか　2000『大古墳展』（図録）
第7図　大阪府教育委員会　1968　『羽曳野市壺井御旅山前方後円墳発掘調査概報』
　　　埋蔵文化財研究会　1989　『古墳時代前半期の古墳出土土器の検討』
第8図　奈良県教育委員会　1961　『桜井茶臼山古墳　附櫛山古墳』
第9図　大阪文化財センター　1985　『美園』より作図
第10図　大阪市文化財協会　1991　『長原遺跡発掘調査報告　Ⅳ』より作図
第11図　第5図に同じ
第12図　倉敷考古館　1959　『金蔵山古墳』
第13図　桜井市教育委員会　1976　『纒向』　庵原村教育委員会　1961　『三池平古墳』
　　　石田茂輔　1967　「日葉酢媛命御陵の資料について」『書陵部紀要』19号　宮内庁書陵部
第14図　津田町教育委員会　2002　『岩崎山第4号墳発掘調査報告書』
第15図　第9図に同じ
第16図　辰巳和弘　1992　『埴輪と絵画の古代学』白水社
第17図　天理市教育委員会　2000　『西殿塚古墳　東殿塚古墳』

第一部　さまざまな解読―基調報告および事例報告

第18図　第9図に同じ
第19図　松阪市教育委員会　2005　『史跡　宝塚古墳』
第20図　第19図に同じ
第21図　八尾市教育委員会　2001　『史跡心合寺山古墳発掘調査概要報告書』
第22図　大竹弘之　1999「九州型横口式家形石棺のゆくえ」『考古学に学ぶ』同志
　　　　社大学考古学シリーズ刊行会
第23図　岡林孝作　2000　「ホケノ山古墳の調査」『第17回橿原考古学研究所公開
　　　　講演会資料』
第24図～26図　熊本県教育委員会　1984　『熊本県装飾古墳総合調査報告書』
第27図　藤井寺市教育委員会　1994　『石川流域遺跡群発掘調査報告　Ⅸ』
第28図　飯田市教育委員会提供
第29図　森貞次郎　1964　「鳥船塚古墳」『装飾古墳』平凡社
第30図　森貞次郎　1964　「珍敷塚古墳」『装飾古墳』平凡社
第31図　斎藤忠　1973　『日本装飾古墳の研究』講談社

基調報告

人物埴輪の表現・情景そして効果場面

杉山　晋作

　埴輪の中でも人物埴輪群像を考える場合に考えなければいけない4点を指摘しておきたいと思います。1点目は、人物埴輪像で特殊に表現されたものが存在することを考えると、造形に際してモデルがいたのかいなかったのか、を検討しなければならないということであります。2点目は、人物埴輪を寄せ集めた群像でもって、どういう情景を表現しようとしたのかを考えねばならないことです。先に森田先生が紹介されたように、諸説があります。その適否を検討すべきと思います。3点目は、埴輪はほとんどが古墳に立てられていますので、古墳に立つ中で、あるいは葬送儀礼の中で人物埴輪群像の樹立が最も効果を発揮する場面は、いつの時点の何であったのかを検討しなければならないことです。4点目は、その古墳の葬送が終わっても、人物埴輪群像が古墳に残り続けることに、どういう意味があったのかも考えなければならないことです。

　私の考えはこれまで発言してきたことと同じですので、簡単に紹介をしたいと思います（杉山1996・2006）。

1．人物埴輪群像における特殊な表現の存在

　古墳に樹立された男性像あるいは女性像を中心とする人物群像、中には動物も含みますけれども、これがいくつかのグループに分類されます。塚田さんはゾーンという用語でそれらを分け、各々の古墳でもそのグループが共通して存在すると指摘された点は、最近の注目すべき成果だろうと言われています（塚田1996）。しかし、グループ分けされた人物像の表現には、各地の埴

第一部 さまざまな解読―基調報告および事例報告

7世紀 高さ各90.0cm

7世紀 高さ(男)71.0cm／(女)68.0cm
第1図 木戸前1号墳出土の埴輪群（千葉県芝山はにわ博物館）

人物埴輪の表現・情景そして効果場面

輪造形集団だけが持つ固有の技法による特徴的な姿以外に、同じグループ内の共通要素から外れた極めて個性的な姿をした人物像を見ることもあります。そういう事例は、モデルとなる人物がいたと考えた方がいいのではないかと私は考えています。埴輪造形者の独断で、また、埴輪造形者が空想で造形したのではなく、葬送主体者の意思に沿って、特殊な事例を製作したと考えるべきでしょう。

第1図は、千葉県芝山町の木戸前1号墳の前方後円墳のくびれ部に並べられていた男女の人物像です。数体あった人物像のうち、同じような作りをしながら、何故か男女各1体ずつが他の像より大きく作られています。同じ造形法を用いながら、なぜこの2体だけを大きくしなければならなかったのかということを考えなければいけないと思います。造形者の動作の背後に発注者の意思が存在していたと見るべきでしょう。

この大刀を背負った埴輪〔第2図〕は、千葉県横芝光町の姫塚古墳の埴輪ですが、これも今までになかった姿です。

第3図は、群馬県太田市の塚廻り4号墳の女性像です。帆立貝形前方後円墳の前方部に並べられていた人物埴輪群像の中に頭椎大刀を手に持つ女性像がありました。この人物像がこの人物埴輪群像の中心人物であったかどうかの議論は別にして、埴輪造形者が独断で特異な像を案出したとは考え難いのです。埴輪造形者がこういう像を作る背後には、発注者の意思があったと考えたほうがいいでしょう。

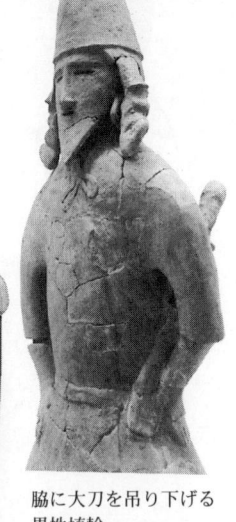

把が背にまわる頭椎大刀　脇に大刀を吊り下げる男性埴輪　（千葉県・姫塚古墳出土）

第2図　大刀を背負った埴輪

第一部　さまざまな解読―基調報告および事例報告

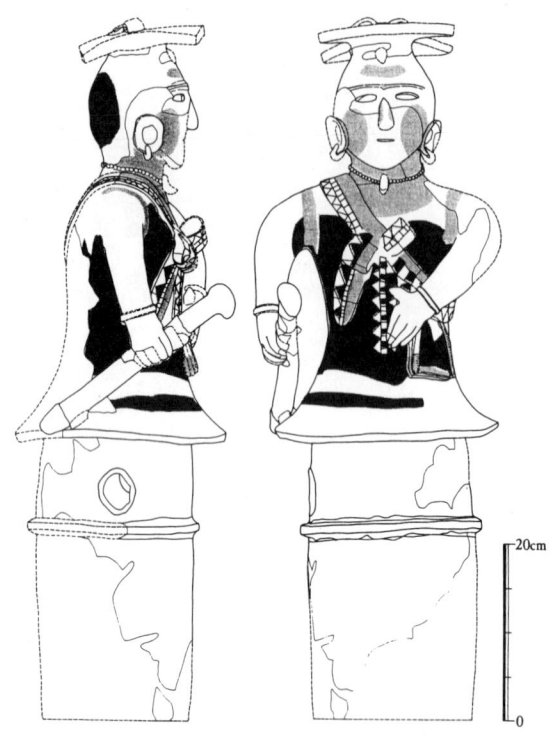

第3図　大刀を手に持つ女性埴輪（群馬県・塚廻り4号墳出土）

第4図は、性器を表現した女性像であります。西日本の例〔第4図−1〕は衣服を表現して、その内側に性器を表現します。東日本の例〔第4図−2〕は、おそらく土以外の有機質の衣服で装飾した人物像であって、本体の土の身体に女性器を表現していると考えたほうがいいものです。これらも特殊な人物像でして、埴輪造形者の勝手な意思で作られたと考えないほうがいいのは、理解いただけると思います。

　最近、和歌山県和歌山市の大日山35号墳で出土した後頭部にも顔面のある人物埴輪が報道されました。これなどもそれなりの理由があって作られたと考えたほうがよいでしょう。

　ただし、これらの特殊な人物像は特別に意識して製作されたものの、その人物群像の中心人物であると認められるのかは定かでありません。持ち物に特殊な表現を加えた人物像も多く見られることを考慮すれば、モデルとなる人物がいたと想起できても、このような人物像が人物群像中で如何なる役割を担っていたのか、また、群像情景の中心になる人物が誰かは個々の古墳における埴輪の樹立状況をよく分析してみて初めて指摘できることであります。それ故、まず、個々の古墳における人物埴輪群像樹立状態の検討が重要

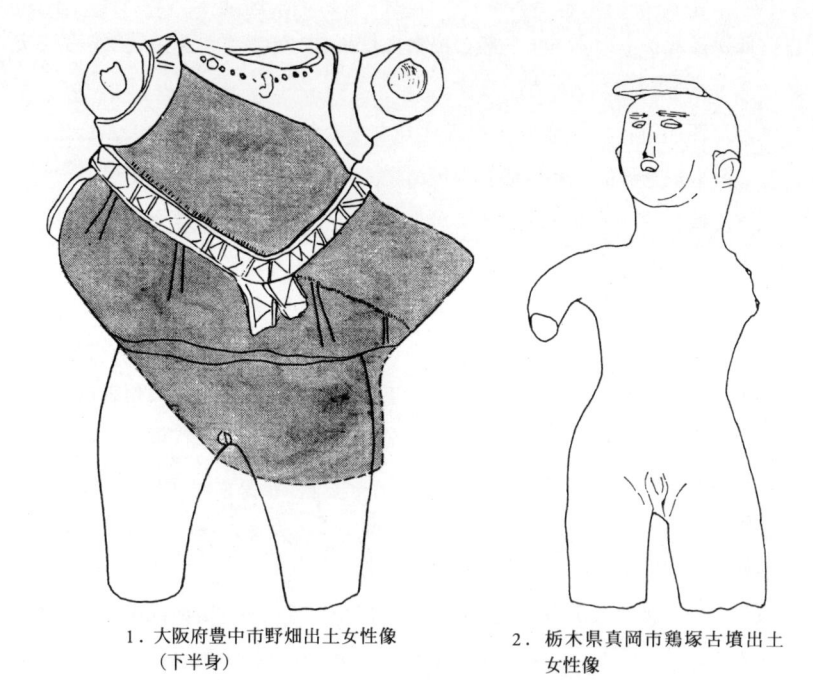

人物埴輪の表現・情景そして効果場面

1．大阪府豊中市野畑出土女性像
　（下半身）

2．栃木県真岡市鶏塚古墳出土
　女性像

第4図　西と東の性器を表現した女性像

となるのです。

2．人物埴輪群像で示そうとした情景

　その情景に関しては、いろいろな説が出されていますので、もう一度触れておきます。
　葬列の情景を示そうとしたのであるという説がありました。その説の場合、人物群像はその葬送儀礼が終わってからでないと作れなかったことになります。さきほど申しましたように、人物埴輪にはモデルがいなければならなかったのであれば、そのモデルは葬儀に参列して死者や後継者に敬意を表した人物達であったのであって、葬送儀礼が終わってからでないと製作できなかったことになります。したがって、その人物埴輪群像が立てられた意図

は、葬送儀礼をそのあとで一般の民衆に見せるため、また、後世に伝えるためであったということになります。

また、葬送儀礼の一部である殯（もがり）儀礼を示したという説もありました。やはりこれも記念碑的に葬送儀礼の後に立てたことになるだろうと思います。若松さんは、葬送儀礼が終わってから立てる理由については死者の魂の一部が生者に害を及ぼすのを防ぐことにあって、殯が適切に実施されたのだということを死者に示すために、あるいは一般の人々に示すために並べたという解釈をされていました。これは当時の人々の心情も汲んで、樹立の意味を解釈しようとした興味深いものだと思っております。若松さんは死者自身は埴輪に表現されていないと考えていますが、殯では、死者の代理である尸者（ものまさ）と呼ばれる人物がいて、殯儀礼がとりおこなわれているという見解がある（和田1973）ので、その人物像が表されていると考えるならば、人物埴輪群像は殯儀礼の表現であったととらえてもよいことになります。

最近では、継体大王の墓ではないかと言われている大阪府高槻市の今城塚古墳の人物埴輪群像についても殯儀礼を表現したという解釈が出されております。中堤の一画に造りだしを設けて、そこに人物埴輪群像などが立てられていたもので、他にはないものと思います〔第5図上〕。いくつか区画があって、死者は人物像が全くない一画におかれており、その前面にあたる区画で殯儀礼を行っているというのが、高槻市教育委員会の森田克行さんなどの見解です。この図では人物群像がどちらを向いているか示していませんが、現地説明会の資料等を参考にしますと、人物埴輪群像は死者が安置されているという奥の一画に背を向けています。死者に対する儀礼としては不自然な向きであるため、この人物埴輪群像などが殯儀礼の表現であったとする解釈に、私は疑問を感じざるを得ません。

首長の継承儀礼あるいは即位儀礼を表現したという説があります。かつて水野正好先生が提唱された時は、その儀礼の場面というのは、生きている、つまり葬送儀礼をおこなっている首長が即位している場面であると説明されました。したがって、人物埴輪群像樹立は、死者ではなくてその後継者である生者の権威を民衆に示すことに目的があったことになります。私は、旧首

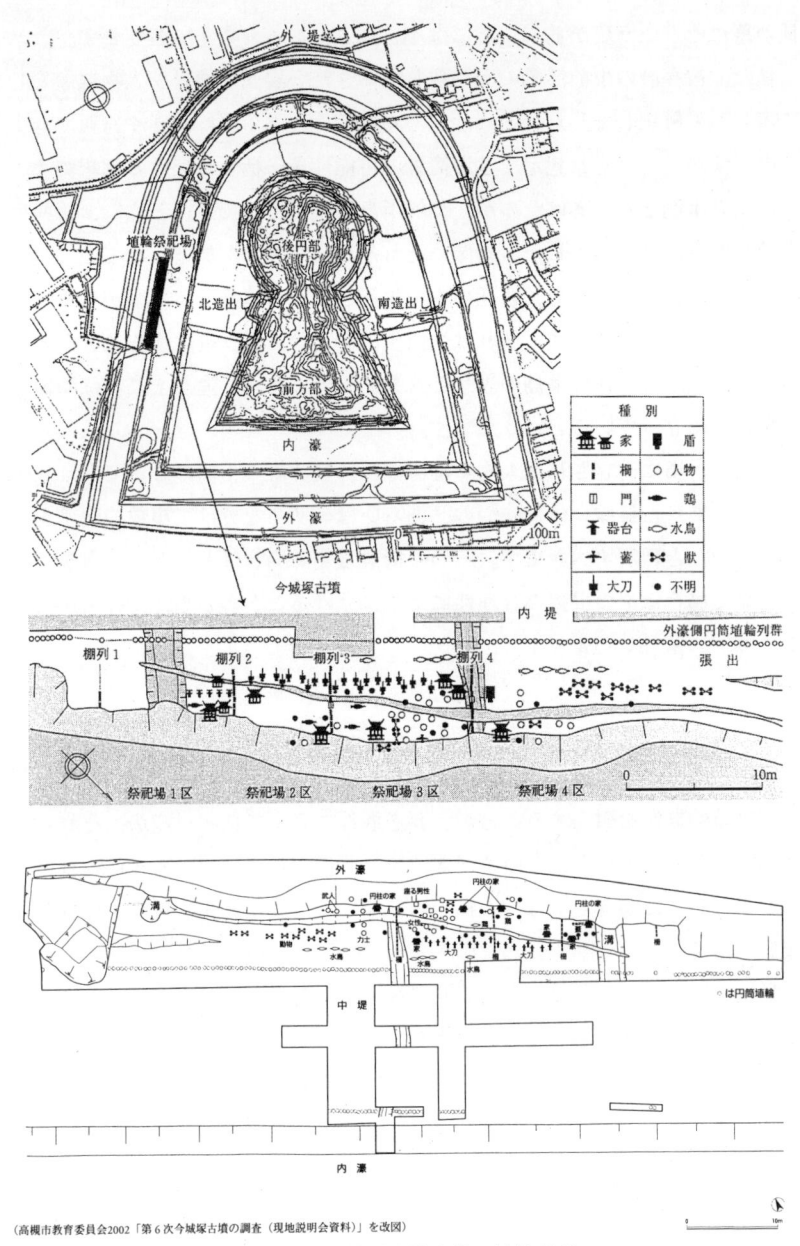

人物埴輪の表現・情景そして効果場面

第5図　今城塚古墳中堤の埴輪配列
（高槻市教育委員会2002「第6次今城塚古墳の調査（現地説明会資料）」を改図）

長の墓にそういう姿が並ぶことには不自然さがあると考えております。

私は、被葬者の生前活動のうち残しておきたい場面や情景を人物群像として表したと解釈しました。これはいろんな儀礼、あるいは酒宴や狩猟でもよいのですが、それぞれ想定できる情景の可能性を一括しただけの解釈です。その参考事例としてあげたのが、朝鮮半島の壁画古墳です。とくに、徳興里古墳の壁画には、描かれた人物像にそれぞれ文字説明が加えられていて、古墳の主たる被葬者の像も、宮廷の中で生活している情景も、外国からやってきた使者の姿もあります。これは生前生活が死の世界へ継続することを願った、中国大陸とか朝鮮半島の思想とも共通しています。違うところは埴輪は墳丘の上に立っているという点です。

一つの古墳に樹立された人物埴輪群像は、被葬者の生前のことであれ死後のことであれ、群像全体で一つの、あるいはエリアを分けて複数の情景を示そうとしたと理解すべきです。一つの情景と見る場合はともかく、複数の情景と見る場合はその根拠の合理性により、分けることの妥当性に優劣が生じますので、留意が必要です。

3. 人物埴輪群像の樹立状況がもっとも効果を発揮する場面

人物埴輪群像を樹立することが、葬送儀礼に必要であったのか、それとも必要でなかったのかも、考慮すべきです。葬送儀礼に必要であった場合と、必要でなかった場合とでは、人物埴輪群像に託された意味に対する理解が異なるからです。

私は、墳丘に並んでいる人物埴輪群像が最も効果を発揮する場面とはいったいどの時期の何であったのだろうか、と考えました。諸説では、埋葬までの一連の葬送儀礼のうち、どの過程において人物埴輪群像が有効に機能していたと考えられるのでしょうか。

葬儀の情景を表現したとする説では、人物埴輪群像は、少なくとも死者を送る葬送儀礼に関与するものでなかった、つまり、葬送儀礼に用いるために人物埴輪群像が樹立されたのではなかったことになります。埴輪製作では、

焼成に耐えうるまで乾燥させるには少なくても2～3カ月は必要でありますので、発注後直ちに埴輪が納入されず、葬儀終了までに埴輪を樹立できないからです。

殯儀礼表現説も同様です。死者のよみがえりを切願する殯行事はすでに終了し死は確定していたのですから、埋葬終了後の墳丘上に殯儀礼を再現した人物埴輪群像をたて残す必然的理由がないとする指摘（春成1983）には耳を傾けねばなりません。

つまり、人物埴輪群像は葬儀の情景や殯儀礼の情景などを表現したものであると考える場合、少なくともその葬送儀礼の間は、人物埴輪は全く効果を発揮しません。その間は古墳に立てられていなかったと考えざるを得ないからです。

人物埴輪群像は生前生活を表したと考える説では、まだ、葬送儀礼の間で効果を発揮する場面があると認められます。

第6図は、二重の周溝を持つ円墳（千葉県成田市南羽鳥正福寺1号墳）であり、外側の周溝と内側の周溝とでは掘り残しの部分がずれています。外から墳丘の中に入る、つまり死者が葬られているところまで行く間の中堤に立てば、その墳丘側に人物埴輪群像が見えるという古墳です。

第4図上は外濠の外から中堤の人物埴輪群像を見る立場で作図されていますが、今城塚古墳の人物埴輪は比較的小さいので、それらが何をしているか外濠の外からはおそらく見えないと思います。今城塚古墳の埴輪群像を生前生活の一場面であるとする考えでは、第4図下のように中堤から埴輪を見る立場での作図が適しています。中堤上に立てば、すぐ隣に埴輪群像が見えるからです。今城塚古墳の埋葬施設である横穴式石室は後円部に存在し、入口はこの図では上にあると言われています。その場所へ行くには、中堤を通らなければなりません。葬儀の参列者が途中で人物埴輪群像を見ることによって、亡くなった被葬者の生前の姿を偲ぶという場面で、人物埴輪群像は最も効果を発揮したのではないかと考えています。

追葬と人物埴輪群像の関連を意識した場合、追葬の度に墓室へ送りこまれる被葬者を生身の人間に代わって人物埴輪群像が見送っていたと解釈すれ

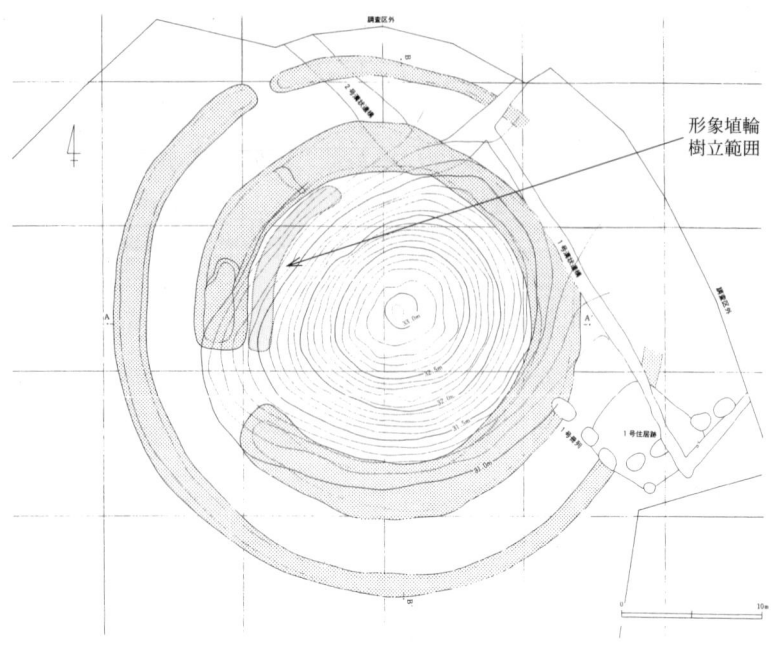

第一部　さまざまな解読―基調報告および事例報告

第6図　南羽鳥正福寺1号墳の二重周溝

ば、その人物埴輪群像が発揮する効果的な場面は複数回あったということになります。ただしその場合、埴輪のモデルになった人物たちが同じでよかったのかが問題になります。見送りをした人たちにこういう人物たちがいた、つまり、モデルがあって人物埴輪の造形が行われ、立て並べられていたことを前提にするのであれば、追葬の時には葬送者に交代があり、先に立て並べられていた人物埴輪では不都合が生じたことも想定できるからです。

　生前生活を表現したとする説でも、人物埴輪群像に顕彰碑的意味を持たせただけでは古墳に樹立しなければならない必然性が乏しいのです。古墳とは別の地に樹立してもその意図が達せられるからです。しかし、誄を奏上することがまだ古墳で行われていたならば、古墳に樹立された人物埴輪群像は誄奏上の場面で視覚的補助効果を発揮したはずであり、あるいは、埋葬の場所へ向かう列の待機状態で故人を偲ばせる効果もあったと想定できます。今城塚古墳の人物埴輪群像樹立位置が中堤の一画であったことについて、中

堤が後円部に存在する埋葬施設へ向かう通路としての役割を担っていたとできるならば、その位置設定もまた考慮されていたと言えるでしょう。

　生前生活を表現したとする説を除いた他説、つまり、死者を悼む儀式やその後の継承者の就任式を埴輪に表現したとする説では人物埴輪群像は葬送儀礼において効果を発揮する場面がなかったと考えねばなりません。しかし、死者の最終の場である古墳に樹立された人物埴輪群像が記念碑として見られるしかなかったという意味では、生前生活表現説もまた同じところがあります。

4．人物埴輪群像が古墳に残された意味

　人物埴輪群像が壊されずあるいは撤去されずに古墳に残ったのは何故かということも考えなければなりません。生前生活を顕彰するために人物埴輪群像が古墳に置かれたのであれば、埋葬終了後も古墳に残ることは、故人の過去を偲ばせるという意味では同じであるから、差し障りは生じなかったでしょう。しかし、人物埴輪群像が古墳に残ることはあくまでも結果であって当初の目的ではなかったのではないでしょうか。

　東アジア世界の流れにのって、死者が死の世界でも生前と同じ生活を営めるように望み、現世に残る者が死者に奉仕する代償として人物埴輪群像を作ったと考えるのであれば、それも矛盾はしないでしょう。

　冒頭に司会の車崎さんが部分と全体の話をされましたが、ここで言うと、部分は個々の古墳における埴輪の樹立の分析であり、全体は各地のあるいは列島全域の人物埴輪群像の樹立の意味ということになると思います。いずれにしても、以上の4つの視点から合理的に説明できなければ、人物埴輪群像に対する解釈が成り立たないと思います。全体的に一貫した解釈であるためには、人物埴輪群像にモデルがいたと考え得るかどうかが大きな分かれ目になるのではないかと思っています。

第一部　さまざまな解読—基調報告および事例報告

引用文献

杉山晋作　1996　「東国の人物埴輪群像と死者儀礼」『国立歴史民俗博物館研究報告』第68集　国立歴史民俗博物館

杉山晋作　2006　『東国の埴輪と古墳時代後期の社会』六一書房

塚田良道　1996　「人物埴輪の形式分類」『考古学雑誌』第81巻第3号　日本考古学会

春成秀爾　1983　「埴輪」『考古資料の見方〈遺物編〉』柏書房

和田　萃　1973　「殯の基礎的考察」『論集　終末期古墳』塙書房

挿図出典一覧

第1図　小林行雄　1974　『埴輪』陶磁大系3　平凡社

第2図　杉山晋作　2006　『東国の埴輪と古墳時代後期の社会』六一書房

第3図　石塚久則ほか　1980　『塚廻り古墳群』群馬県教育委員会

第4図-1　藤沢一夫　1960　「野畑落ヵ谷発見の埴輪巫女土偶」『豊中市史』資料編1

第4図-2　若松良一　1992　「人物・動物埴輪」『古墳時代の研究』9　雄山閣出版

第5図　鐘ヶ江一朗ほか　2004　『発掘された埴輪群と今城塚古墳』高槻市立しろあと歴史館　国立歴史民俗博物館　2003　『はにわ——形と心』朝日新聞社

第6図　宇田敦司　1996　『千葉県成田市南羽鳥遺跡群Ⅰ』財団法人印旛郡市文化財センター発掘調査報告書第112集

基調報告

形象埴輪祭祀の構造と機能
——狩猟表現埴輪を中心として——

若松　良一

はじめに

　こんにちは、埼玉県立さきたま史跡の博物館の若松でございます。

　さて、今日お話しすることは、埴輪の世界の中でも、猪や犬がセットになって狩りの模様を再現していると思われる場面についてです。私はこの狩りの場面が埴輪の機能、本来的な意味を知る上で、とても大きなカギを握っているのではないかと考えております。そこで、実態、つまり構造がどうなっているかを客観的に明らかにしていって、最終的にはその意味についても話を及ばせたいと考えております。

狩猟表現埴輪の分布・階層性・組合せの類型化

　まず、発掘調査で明らかになった猪の埴輪は、我が国に29例あります。また、鹿の場合、26例あります。その分布、出土古墳の大きさ、墳形について分析していきます。実数ですが、猪も鹿も関東地方が一番多くて、関西や九州がこれに次いでいます。分布の上で意外だったのが、鹿の埴輪が東北地方にないことで、分布圏に偏りがあることがわかりました。

　もっと面白いのは、狩猟表現保有古墳の階層性の検討結果です。次のページに三角グラフ〔第1表〕がありますのでご覧ください。狩猟表現保有古墳の墳形別割合は、大型の前方後円墳が27.3％で割合が高い。しかし、小さい円墳や中くらいの方墳にも一定の割合があり、猪や鹿の埴輪は必ずしも大型の前方後円墳の専有物ではなく、かなり小さい10m級の古墳からも出土す

第1表 狩猟表現保有古墳の墳形別割合

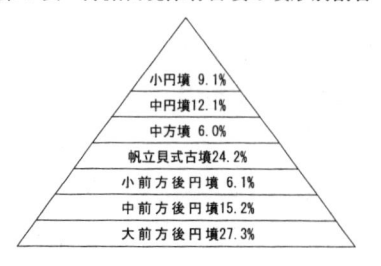

```
           小円墳 9.1%
          中円墳 12.1%
          中方墳 6.0%
        帆立貝式古墳 24.2%
        小前方後円墳 6.1%
       中前方後円墳 15.2%
      大前方後円墳 27.3%
```

る例が往々にしてあるということがまず分かるわけです。

この時点での問題提起としては、狩猟がなんのために表現されたのかを考える時に、王権儀礼であるというような考え方はあまりなじまないだろうと思います。もっと普遍性のある意味を考えられなければならないということです。

次に組合せですが、狩猟表現の分類基準〔第2表〕が示してあります。大分類は狩人の有無、小分類は狩猟対象獣の種類となります。このなかで狩人の埴輪は少ないですが、保渡田八幡塚古墳（群馬県高崎市）や保渡田Ⅶ遺跡（群馬県高崎市）などから出土していて、弓を持っていたり、腰に小さい猪をぶら下げていたりします。このように狩人の表現があるものをA類とします。それから、狩人の助手である犬によって挟み撃ちをしたり、追跡したりして、狩りを表現するものをB類とします。それから狩人も犬も伴わず、猪だけ、または鹿だけ、あるいは猪と鹿の双方が存在するものがあるわけです。これをC類とします。大分類のA・B・Cと小分類の1・2・3で、3×3＝9通り、9分類になります。該当する古墳を表にして掲げてあります〔第3表〕。関東地方にはこの類型が全部あります。ところが関西地方では類型が偏っています。特に、C分類の井辺八幡山古墳（和歌山県和歌山市）のような大型前方後円墳の中に猪だけがあって、狩人や犬の表現がなかったこと

第2表 狩猟表現の分類基準

大分類	A	狩人と犬を伴うもの。
	B	狩人は伴わず、犬を伴うもの。
	C	狩人も犬も伴わないもの。
小分類	1	狩猟対象が猪であるもの。
	2	狩猟対象が鹿であるもの。
	3	狩猟対象が猪と鹿の両方であるもの。

第3表　狩猟表現の類型と該当古墳＊は牛を伴う

類　型	近畿地方	東北・関東地方	九州地方
A1	昼神車塚	井出二子山（前108）	
		保渡田Ⅶ（帆40＋）	
A2		瓦塚（前74）	
A3		八幡塚（前96）	
B1	荒蒔（帆30）	天王壇（円38）	石人山（前110）
	古村積神社（帆30）	芳賀M－6（円13.25）	
		剛志天神山（前100）	
		埼玉稲荷山（前120）	
		殿塚＊（前88）	
B2		富士見塚（前78）	
		若宮八幡北（帆46.3）	
B3	大賀世2号（不明）	新屋敷15号（円14.3）	
	四条（方38）	小沼耕地（帆39）	
	梶2号＊（帆37）	竜角寺101号（円24.1）	
C1	青山4号（方20）	小林1号＊（円17）	立山山8号（円30）
C2	石見（帆36.8）	小川台5号（円31）	
C3	井辺八幡山（前88）	女塚2号（円21）	
		御蓙目浅間神社（帆30.5）	

は、不思議に思われました。果たしてこれは、狩人や犬を省略したものであるのかどうか、簡単には言い切れないと感じました。井辺八幡山古墳の報告書を作られた森浩一先生は、この頃から猪の飼育なども始まっている可能性が非常に強いとお考えですから、一概に全部が狩猟表現と言い切れるかどうか、慎重に考える必要があると考えています。

形式変化と編年

次に編年をやっていくわけですが、今日は細かい話をする時間がないので大要をお話しします。猪の場合、編年に有効なのは脚部の製作手法です。

① 脚部の製作手法
　　A　粘土を貼り足して蹄が二股に割れている表現を伴うもの。抉りを伴うものあり。
　　B　基底部を円錐台形に広げ、前方に抉りを入れるもの。
　　C　円筒形で蹄の表現を全く欠くもの。
　　D　円筒形で背面に切り込みを入れるもの。抉りは逆U形と三角形とがある。
　　E　小型の中実品。
　　F　前後2脚とするもの。

第一部　さまざまな解読―基調報告および事例報告

第1図　動物埴輪トレース図・実測図（縮尺不同）

60

第1図に猪の実測図、トレース図が掲げてありますので、これに従って説明します。このなかでは、大阪府藤井寺市青山1号墳の猪〔第1図-1〕は非常に古い特徴をもっています。足に注目してみますと、偶蹄類の特徴である足先の二又の分かれとか、後ろの蹴爪状の突起とか、そういうのをしっかり表現しております。頭部の作り方も、猪の最大特徴である鼻の形態を巧みに表現し、かつ上顎と下顎が分かれるように口をヘラで切り取って表現するという特徴を持っています。これに比べて、奈良県天理市荒蒔古墳の猪〔第1図-2〕は、すでに足の蹄の表現が消失しています。このようなものは相対的に時期が新しいといえます。また地域性の問題も同時に存在しています。例えば、福島県本宮市天王壇古墳から出た犬の埴輪〔第1図-3〕は、写実性が高く、巻尾ですとか、立っている耳ですとか、踏ん張る足ですとか、非常に生き生きと表現されております。このように写実性の高いものは古いとみて誤りないでしょう。したがって、初期のものは畿内のものと地域差が少ないといえそうです。ところが、時期が下がると、地方ごとの独自な作り方が見られる場合があります。千葉県成田市竜角寺101号墳から出た鹿〔第1図-5〕は、普通4本なければならない脚が、前後に一本ずつ太い円筒を用いる形式です。千葉県横芝光町姫塚古墳から出た犬の埴輪〔第1図-4〕も同様の脚部を採用しています。

　私は、猪と犬と鹿の三通りの型式分類と編年をやってみたのですが、今日は時間がないので、結論だけ申し上げます。その三者の中では猪の埴輪が一番早く、5世紀前葉に出現し、大阪府藤井寺市野中宮山古墳に実例があります〔第4表〕。この古墳には犬が伴っているかどうかは残念

第4表　猪形埴輪編年表

時期		近畿地方		東北・関東地方
I	1	野中宮山		
II	2	平塚2号		
	3	青山4号	4	天王壇
			5	(井出二子山)
III	6	大賀世2号	9	角塚
	7	四条	10	保渡田VII
	8	鳴神	11	保渡田八幡塚
			12	芳賀M-6
			13	稲荷山
IV	14	梶2号	17	女塚2号
	15	昼神車塚	18	新屋敷15号
	16	井辺八幡山	19	御蔵目浅間神社
V	20	荒蒔	21	剛志天神山
			22	竜角寺101号
			23	小林1号
VI			24	小沼耕地
			25	殿塚

第5表　犬形埴輪編年表

時期	近畿・東海地方		東北・関東地方	
Ⅱ	1	大山	3	天王壇
	2	百舌鳥梅町窯		
Ⅲ	4	四条	6	保渡田Ⅶ
	5	大賀世2号	7	若宮八幡北
			8	稲荷山
			9	芳賀M−6
Ⅳ	10	梶2号	13	新屋敷15号
	11	昼神車塚	14	富士見塚
	12	古村積神社		
Ⅴ	15	荒蒔	16	剛志天神山
			17	瓦塚
			18	竜角寺101号1
			19	竜角寺101号2
Ⅵ			20	小沼耕地1号
			21	殿塚

第6表　鹿形埴輪編年表

時期	近畿地方		東北・関東地方	
Ⅲ	1	大賀世2号	3	若宮八幡北
	2	四条	4	保渡田八幡塚
Ⅳ	5	梶2号	8	富士見塚
	6	石見	9	三昧塚
	7	井辺八幡山	10	新屋敷15号
			11	女塚2号
			12	御薬目浅間神社
			13	小川台5号
Ⅴ			14	瓦塚
			15	愛宕山
			16	竜角寺101号
Ⅵ			17	小沼耕地1号

　ながらわかっておりませんが、犬もおそらくは同時に出現〔第5表〕するのだろうと推測しています。ちなみに編年表の年代の目安は第Ⅰ期が5世紀前葉、Ⅱ期が5世紀中葉、Ⅲ期が5世紀後葉、Ⅳ期が6世紀前葉、Ⅴ期が6世紀中葉、Ⅵ期が6世紀後葉です。

　いっぽう、鹿の埴輪は大分出現が遅れる〔第6表〕ことがわかりました。さらに、このことは、鹿や猪の獲物としての価値という問題を考える上で重要です。鹿の出現は遅れ、さらに初期段階には雌の割合が非常に多くて、角のある雄の鹿は出現が遅れるということも編年作業の中でわかってきました。ですから、鹿の獲物としての価値の中に、鹿の角、鹿茸があり、これらを対象とする薬狩が古くから盛んに行われたとする有力な仮説があるのですが、考古学的には否定材料が提出されたことになります。私の行った動物埴輪（猪・鹿・犬）編年は、増田逸郎氏追悼論文集『幸魂』という本に詳細に記し、全ての実測図を掲載しておりますので、興味のある方は御参照願います（若松2003）。

古墳での配置法

つぎに、動物埴輪の配置の方法に何かヒントがあるのではないかということで、配置図〔第2図〕を掲げて検討してみます。たとえば保渡田八幡塚古墳〔第2図-11〕は、今のところ我が国では一番狩猟場面のウエイトが高く、また種類の豊富な例だろうと思います。塚田さんの提唱されているゾーンの中心に相当するのはⅠ群です（塚田1996）。お酒を勧める女性とこれを飲む男性が集団で坐っています。その右側には鳥がたくさん並んでいるⅡ群があります。また、Ⅳ群の中には魚をくわえた鵜の埴輪があって、ここで鵜飼いの表現がされています。これは川漁の一種ですね。Ⅲ群では20番と19番が四つ足の動物の表現をしているわけですが、猪と犬が向かい合っている。18番は狩人の埴輪で、狩猟の模様が再現されていたことがわかります。

第2図-1は保渡田Ⅶ遺跡から出土した狩人の埴輪です。これは半身像で弓を引いている姿です。残念ながら弓が欠落してしまっています。腰のところには小さい猪がぶら下がっていますので、獲った獲物をひとつ腰に下げている状況です。保渡田八幡塚古墳と同じ古墳群に属する帆立貝式古墳に八幡塚古墳と相似形の埴輪表現があったということになります。第2図-2は腰の部分に鏃が当たって血が流れている表現のある猪ですね。具象的に狩猟を表現した埴輪は非常に少ないのですが、これとよく似たものが、保渡田八幡塚古墳の中にも再現されていたと考えられるわけです。八幡塚古墳の場合には猪の他に鹿の埴輪も配置されていたことがわかっています。また、第2図-12は埼玉古墳群（埼玉県行田市）の瓦塚古墳の形象埴輪の配置復原図です。左手の方に家の埴輪ですとか、祭式行為をする、私は巫女とみているのですが、そのような埴輪がかたまっているところがあって、これが中枢部分とみられます。これに対して、中間に少し空間を置いてから、右手の方に馬や馬子の列がございますが、その中ほどに犬が2頭と鹿が1頭配置されていたようです。濠の中に転落した状態で、破片が出土しています。犬の埴輪はかなり復元ができて、常設展示に出しています。このように鹿狩をする表示もあるわけです。

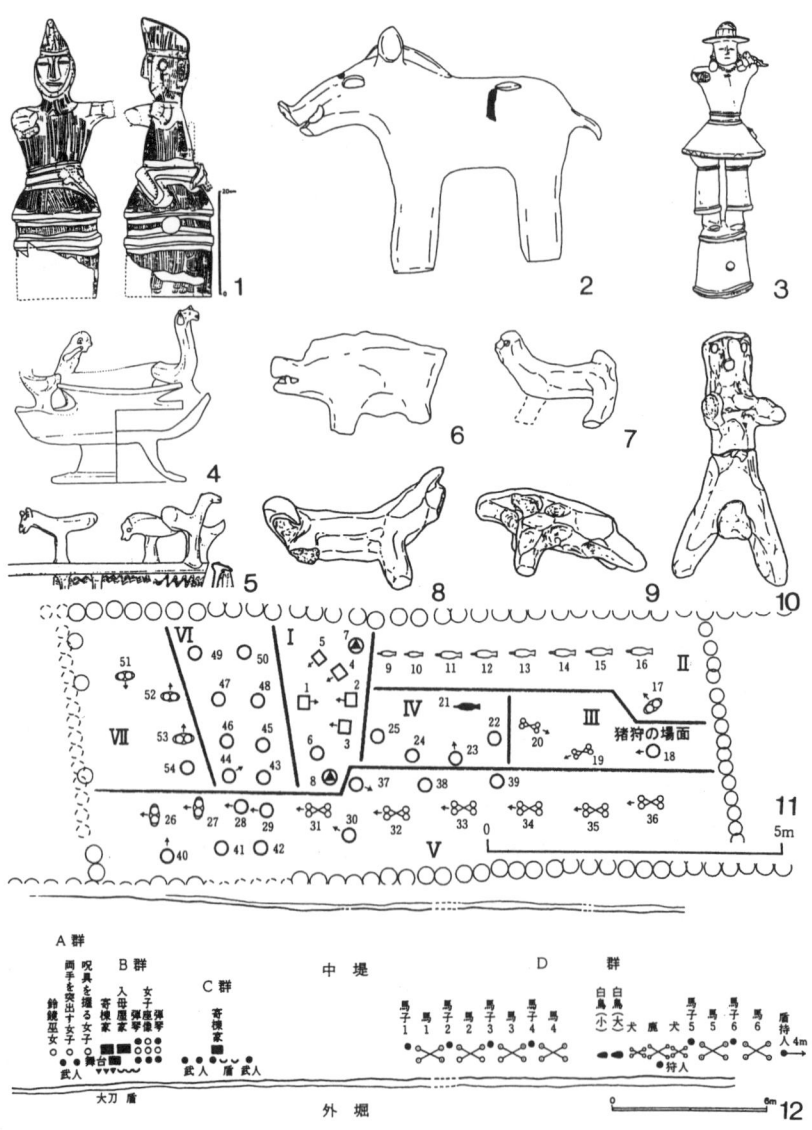

第一部　さまざまな解読―基調報告および事例報告

1　保渡田Ⅶ遺跡出土弓を引く狩人埴輪（1:12）　2　保渡田Ⅶ遺跡出土鏃の刺さった猪埴輪（1:12）
3　オクマン山古墳出土鷹狩りをする人物埴輪（1:28）　4・5　井辺八幡山古墳出土装飾付須恵器（1:6）
6・7　蛭子山1号墳出土土製猪・犬（1:3）　8・9・10　草山遺跡出土土製犬・猪・人形（1:2）
11　保渡田八幡塚古墳形象埴輪配置復原図　12　瓦塚古墳形象埴輪配置復原図

第2図　猪・犬・狩人の埴輪と猪・犬の土製品実測図および埴輪配置復原図

形象埴輪祭祀の構造と機能

　第3図は井辺八幡山古墳の、造出部の形象埴輪配置復原図です。円筒埴輪がカマボコ形に囲んでおり、その中の左側に家や女子像があって、力士像も配置されています。右側に寄ったところに、鷹を飼う人の埴輪1体と、猪や、馬の埴輪が並んでいたようです。弓を引く狩人の埴輪とか犬の埴輪は伴っていなかったようです。

　いくつか例を挙げた中にも様々な存在形態がありますが、こうした配置の中から何がいえるのかと

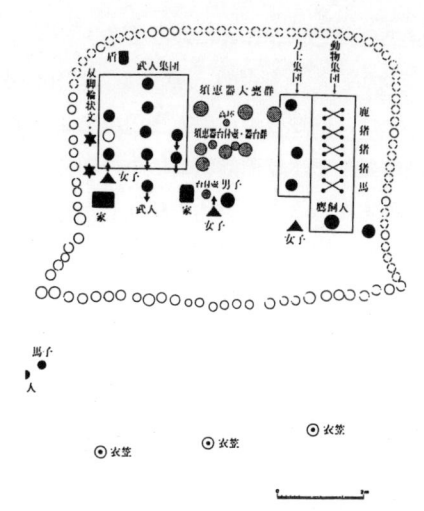

第3図　井辺八幡山古墳形象埴輪配置復原図

いうと、やはり中枢部から離れた所に狩りの場面が設営されていて、時空の離れていることを示しているということは認めてもよかろうと思われます。

狩猟を表現した土製品の存在

　次に狩猟表現の起源についてですが、すでに述べたように5世紀の前半には、猪の埴輪が現れています。しかし、埴輪として表現される以前から猪と犬は土製品（ミニチュア）の組み合せで、古墳の上に置くことが行われていたことが分かっているのです。第2図－6が猪の土製品、7が犬の土製品です。蛭子山1号墳（京都府加悦町）という4世紀後半の前方後円墳の墳頂部から出たものです。大きさは10cmぐらいしかありません。ですから、先程までのお話の、杉山先生のご指摘とか、辰巳先生のご指摘とも関係するのですが、こうした土製品のあり方は埴輪が誰のためにあるのかを考える手がかりとなります。墳頂部の土製品はそこに立ち入れる人以外は認識することができない。本当にささやかな表示です。したがって、埴輪祭祀の本当の対象者は死者だったのではないでしょうか。つまり次世代の首長や共同体の人々

65

は二の次ということになります。

　こうした土製品は、発表要旨に10例を掲げましたが、一番古いのは今申し上げた前期後半の前方後円墳です。そして、中期から後期に及んでも土製品は残ります。円筒埴輪の口の部分にミニチュアを貼り付けたりする方式で表現するものと、単体で独立したものとがあります。ですから大きな埴輪とは別に土製品の世界もあったということになります。そうすると、お墓の上に狩りの模様を再現すること自体は、歴史が遡るわけですが、鹿形の土製品はほとんどないことから、やはり古い時期の狩りの主流は猪を対象とするものであったようです。鹿を表現し始めるのは、5世紀の後半くらいであり、前期にはほとんど確かな例がありません。

東西古代文化における狩猟の意味と解釈の諸相

　次に、東西の古代文化における狩りとか供犠の意味を考えていきましょう。私は、動物を犠牲として捧げる意味について、中近東やインド、あるいは中国、朝鮮の文献をひもといてみました。その結果、基層文化としての供犠が世界に広く分布し、葬送儀礼や死者の供養と密接な関係を有している事例の少なくないことを知りました。また、わが国の古代史や古代学研究者の分析も多数参考にさせていただきました。今日は、このことについて述べる時間がありませんので、国内の考古学研究者の代表的な論説を紹介しながら、狩猟の意味について探っていきたいと思います。

　まず、考古学分野においては、森浩一先生が井辺八幡山古墳報告書の中で述べられたことは、紀記の分析、あるいはその他の出土遺物の分析から導き出した、古墳時代から我が国で猪の飼養が始まるという大胆な推論です。私は埴輪は主に狩猟を表現したと考えていますが、動物飼養の問題、これは猪や鹿、場合によると牛なども含めて考えていいのですが、これらの一部が古墳時代に始まることも配慮すべきことを教わりました。（森1972）。

　いっぽう、須藤宏さんは、狩猟の場面を祈狩（ウケイガリ）の関係で説明されたことがあります。これは、古代に特有な占いで、狩りをする前に良い

獲物が得られればこういう結果になり、悪い獲物が捕れるとこういう結果になると、予め決めておいて、その結果で吉凶を占うというものです。（須藤1991・1994）。

また杉山晋作先生は、埴輪で再現されたのは生前の事跡という見解を取られています。ローヤルハンティングという言葉もありますように、生前にある程度の身分でないとできないことでしょうが、巻狩のような大規模な狩りをして沢山獲物を得たというようなことを記念してそれを再現したんだろうという解釈を展開されました（杉山1996）。

日高慎さんは推古紀を初出とする古代文献に出てくる薬猟との関係に注目されました。御承知のように、鹿の角からは強精剤が採れるわけですが、薬狩は鹿茸から精力剤を採る狩りで、5月に行われるといったことも考慮されています（日高1999）。また、若狭徹さんは、狩猟を王権儀礼として捉えました。その基本テキストとなる古墳が、保渡田八幡塚古墳という100m近い前方後円墳ですから、そこに再現された狩りの主題は、やはり王者の狩りの模様を再現したものだろうという解釈をされたわけです（若狭2000）。

それぞれに一理あって、またこれひとつが結論だということではないと思います。それぞれの論の利点、また弱点を一つ一つ検証していかなければならないのだろうと思います。

それでは最後に私流の猪鹿埴輪論を少し述べさせていただこうと思います。ちなみに私は猪と鹿を合わせて音読みで「いかはにわ」と読んでいます。

『日本書紀』狩猟記事からの発見

最初に、文献資料をとりあげてみたいと思います。古代の狩りが文献資料の中でどういうふうに扱われているのか見ておく必要があるからです。

私は『日本書紀』の狩猟記事から一つの発見をしました。まず、仲哀天皇の記事について触れてみます。麛坂王（かごさかおう）と忍熊王（おしくまおう）という人が菟餓野（とがの）に出て祈狩（ウケイガリ）をして曰くとあります。この狩りでは結局赤い猪が出てきて麛

第一部　さまざまな解読―基調報告および事例報告

仲哀天皇

九年（庚辰）春三月癸卯朔丁未。天皇忽有痛身。而明日崩。…………而殯于豊浦宮為无火殯斂。

是年。由新羅役以不得葬天皇也。

神功皇后摂政前紀〇十二月戊戌…………明年春二月皇后群卿及百寮移于穴門豊浦宮即収天皇之喪。従海路以向京。時…………**麛坂王忍熊王共出菟餓野而祈狩之日。若有成事必得良獣也。二王各居假庪赤猪忽出之登假庪咋麛坂王而殺焉。**

神功皇后摂政前紀二年（壬午）冬十一月丁亥甲午。葬天皇於河内国長野陵

坂王が食い殺されてしまって、滅亡してしまうという話になっております。これを少し解説いたしますと、麛坂王と忍熊王という人は、実は亡くなった仲哀天皇の腹違いのお兄さんです。皇位の継承順位が２位３位という人達で、全くの他人ではないのです。皇子が生まれてしまったために皇位に就けなくなるのではないかと、慌てて亡き父のお墓を作ったといいます。具体的には、淡路島の石を集めて陵を作り、人々に武器を取らせ、将軍を定め、東国の兵を興させて、神功皇后を待ち受けた、と記しています。父親が亡くなった時期に狩りをしたという特異性に注目してください。お父さんの葬式の準備の期間中に狩りは行われているのです。つまり、死者に獣肉を供えるための狩りを挙行したと見るのが正しく、祈狩という説明は、書紀編纂時に架上された話にほかならないでしょう。書紀編纂者は、この二人が滅亡する運命であったことを示すために、祈狩で悪い籤が出たと書く必要があったのでしょう。このような史料批判を経て、もともとは葬儀の準備過程で猪を狩る記事ではなかったかとみるのが私の新たな仮説であります。

　舒明天皇のところにも大変興味深い記事が出てきます。舒明天皇が亡くな

舒明天皇

十三年（辛丑）冬十月己丑朔丁酉。天皇崩于百済宮。〇丙午殯於宮北。是謂百済大殯。皇極天皇元年（壬寅）二月。（百済・高麗の弔使が来る。）三月（新羅弔喪使が来る。）五月乙卯朔己未。河内国依網屯倉前。召翹岐等。**令観射猟。**

十二月甲午。初発息長足日廣額天皇喪。壬寅。葬長足日廣額天皇于滑谷崗。天皇遷移小墾田宮。

って、百済宮に殯を興すのですが、この時に現在の北朝鮮にあたる、高句麗ですとか、韓国にあたる、百済、新羅から弔喪使という、葬式外交官が来るわけです。5月に河内国の依網屯倉(よさみのみやけ)というところに百済から来た大使の翹岐(げうき)を呼んで、射猟(うまゆみ)、つまり弓で射って行う狩りを見さしめた、と書いてあります。葬式外交官を狩りに参加させているのです。このことの意味を探っていきますと、やはり死者の為に行われる狩猟が存在していたことは確かではないかと私には思われます。

壁画研究を参考にして

次に壁画資料〔第4図〕を見ていきましょう。埴輪以外で狩猟の表現が出てくるものとして、少数の壁画古墳があります。その代表例が第4図-1の五郎山古墳(福岡県筑紫野市)の壁画です。この中には、中段の左側に小さな建物があり、その右側に天を仰いで祈るような女性の姿があります。その右側には弓をつがえている人物がいて、その矢の延長線上に四つ足の獣の姿があります。ここには狩猟の絵があるわけです。建物につきましても、小田富士雄先生は殯の際に死者を安置して、御馳走やお酒を生前と同じように奉仕する施設である喪屋と考えられています。つまり、埴輪世界と共通する表現がここにはあるとした(小田1998)わけです。上段に描かれた騎馬に青い旗があり、弔旗とみられる点も見のがせません。

あとで、辰巳先生との間で議論しなければと思いますが、ここには星を示す可能性のある珠文が表示されていますから、あの世での狩りを表現しているのか、現世での狩りを表現しているのかといった論点が出てくるかもしれません。とりあえずここでは埴輪と共通する形で、死者に対する殯祭祀の様子が装飾壁画に描かれていることを指摘しておきたいと思います。

次に、東アジアでは喪送儀礼に伴う狩猟が普遍的にあるというお話をいたします。中国漢代の画像石〔第4図-3〕を例に掲げます。これはお墓の前面にレリーフのある石を小屋のようにして組み立てる画像石という施設です。その画像の、右側には樹木があって、一番上に鳥が羽ばたいています。

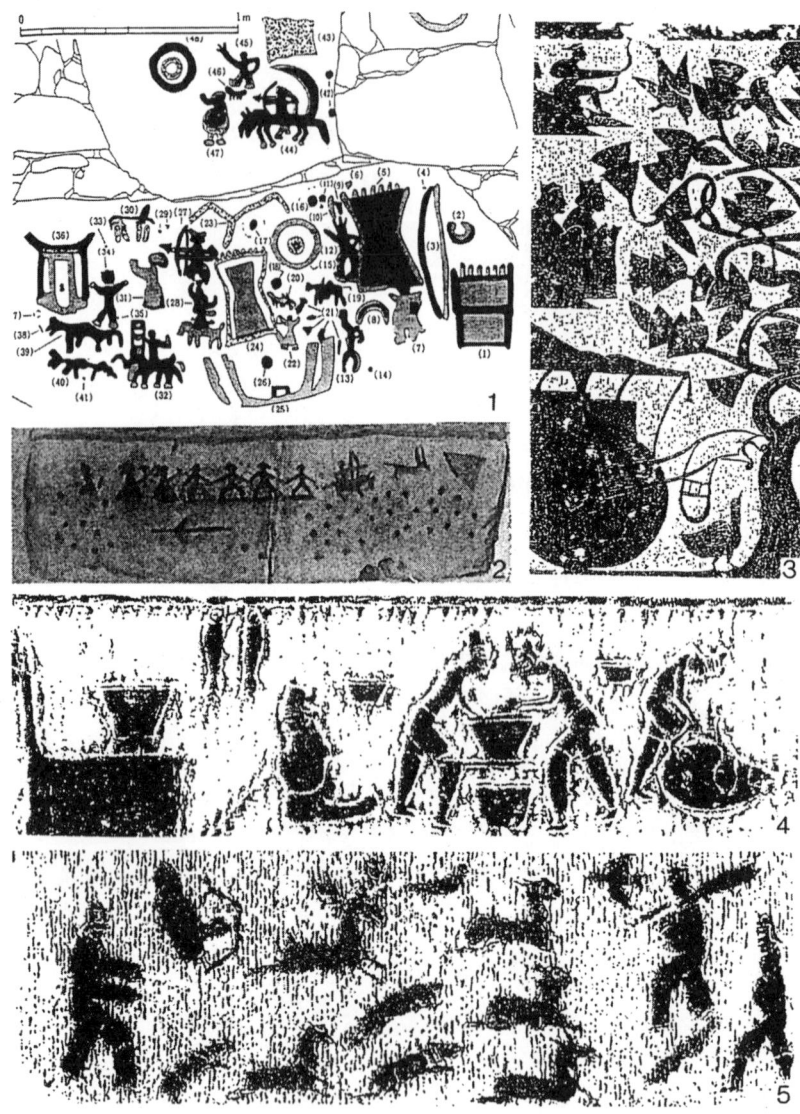

第一部　さまざまな解読—基調報告および事例報告

1　五郎山古墳装飾壁画　2　泉崎4号横穴装飾壁画　3　中国山東嘉祥宋山画像石（樹木射鳥図）
4　中国山東嘉祥五老窪画像石（庖厨図）　5　中国山東嘉祥紙紡鎮敬老院画像石（狩猟図）
第4図　日本の古墳壁画と中国の画像石における狩猟図

そのすぐ左側には弓をつがえて、屋根に乗っている男性が描かれています。これは題箋が付いていて「孝行な息子が父親の為に鳥を獲っているところ」だというふうに書かれています。このような考古資料によって、先祖、父母の為に狩りをして、鳥や獣を獲ってお墓に供えるという祭祀が中国ではかなり普遍的に行われていたことを知ることができます。別の画像石〔第4図-5〕では、網や弓を持って鹿を追いかけて狩りをする場面があります。このような狩猟図は中国漢代の画像石の中ではかなり重要なテーマでした。

したがって死者を供養する為には必ず犠牲が必要なのですが、それは牧畜の発達していた古代中国にあっても、囲い飼いの家畜である豚とか羊よりも、狩りをわざわざ行って獲得する獣の方がよい供養になると考えられていたふしがあります。すなわち、なかなか得がたい鳥獣をわざわざ手に入れて供えるのが最高の礼だという考え方が存在していたものと思われるのです。

結　語——葬送儀礼と狩猟

このへんで、そろそろ結論に入りたいと思います。狩りには多様な目的と意味があります。どういう場合に行われるのかという観点で大別すると、第一に生業としての、狩人の行う狩りがあります。二つ目は遊興、遊びとして行う狩りです。三つ目は神事や儀礼、あるいは死者の弔いのまつりの一環として行われる特殊な狩りです。

王権儀礼、特に王者だけに占有されるようなローヤルハンティングの類にも表に掲げたような6つの数形があります。まず第一に巡狩があります。これは、国の隅々まで巡って狩りをするもので、国中を平定するのだという視覚的な示威行為にもなります。薬狩も一般平民の行う所業ではなく、宮廷儀礼の一環として、高貴な人が延命するために、薬餌となる、鹿の角や内臓などから精力剤を得るものでした。また、古代中国では、軍事演習の目的で行った大規模な狩猟が知られ、日本では源頼朝が行った富士の裾野の巻狩が同様のものです。それから誓約狩りなどの習俗も一部の上流の人を中心に行われた古い占いの狩りであります。さらに、勢力のある首長とか天皇の場合、

贄の献上がありました。地方から猪や鹿や魚などの獲物を献上する狩りが行われたのです。

　また農耕儀礼としての狩猟と供犠というくくりでは、まず、記紀歌謡などにもでてきますが、害獣を駆除するための狩りがあります。それから『播磨国風土記』に出てくるような、鹿の肝とか血の呪力で稲を早く育て、収穫を得ようとするものもあります。

　今回、一番検討してみたいのが、死者のために行う狩りと供犠についてです。6つの類型に分けてみました。森田先生のお話にもありました①の臘日とか臘祭は中国で起こったものですが、我が国にも共通する習俗があって、暮れから正月にかけて先祖の霊魂、つまり祖霊が戻ってくる。その時に御馳走を設ける。埼玉県の山間部である秩父地方ですと、狩りをして鹿の頭を供えることは、比較的最近まで先祖供養の為に行われていたようです。それから③の宗廟祭祀は中国で整備され、やや遅れて朝鮮半島に伝わったものですが、これは我が国にはございません。したがって、④の死者への供犠と⑤の死者の身代わりとしての贖い物がポイントになってくると思います。先学の研究成果を読み解いていきますと、南西諸島には死者を弔うために豚を絞めて、それを黒く染め上げて出席者に供し、死者に供えるという習俗が古くからあったことが注目されます。豚が飼育される前は、葬式の時に狩りをして獲物を得るしかなかったであろうと、千葉徳爾さんが指摘されているように、葬式の為にする狩りというものが南西諸島にはかなり濃厚に残っていたようです（千葉1969）。また水難者とか病人があったときに牛などを殺して身代わりにする、要するに死者の身代わりとなる贖い物を供えるというような習俗も同時に南西諸島に存在していました（浜田1992）。

　仏教の導入や儒教的な道徳観念の浸透によって、また、神道的な穢れ観念の拡大等によってこうした供犠の習俗が割合に早く失われてしまいましたので、実在する民俗儀礼を参考にすることは、現状では難しくなっています。

　そこで、曽紅さんによる中国雲南省元陽県に実在するハニ族の葬儀調査報告を参考にしてみたいと思います。そこでは、葬式の時に生贄として牛をたくさん供えないと正式な葬式にならないとされています。かなり年長の人や

身分の高い人であっても、これを欠いてしまうと死後、祖先神として再生ができないのだといいます。これには歌舞儀礼なども伴っていて、頭に羽をつけて踊った時期もあるようです。このような殯の形態を濃厚にとどめる葬送習俗が中国の周辺民族であるハニ族には現存しているのです。また、曽紅さんは古事記の天稚彦の殯記事にでてくる宍人は、ハニ族の葬式の時に供犠の獲物をさばいて死者に供え、また参加者に振る舞う包丁人のことではないかと指摘しています。さらに、その肉を喪主だけは食べないという習俗がハニ族にも存在し、『魏志倭人伝』に書かれた日本の葬儀の記事と非常に共通性の高いことを明らかにされました（曽1992）。

　埴輪自体の分析を中心にし、さらに、文献資料、壁画資料、民俗資料と先学の研究を参照して、古代の葬送儀礼として、死者のために行う狩猟が存在していたことを明らかにしてました。結論としては、猪や鹿の埴輪はそうした死者のための狩りを再現したものということになります。

引用文献

小田富士夫　1998　「彩色壁画考」『国史跡　五郎山古墳』筑紫野市教育委員会

杉山晋作　1996　「東国の人物埴輪群像と死者儀礼」『国立歴史民俗博物館研究報告』68

須藤　宏　1991　「人物埴輪のもつ意味——群馬県井出二子山古墳別区出土の形象埴輪からの検討」『古代学研究』126　古代学研究会

須藤　宏　1994　「古墳出土の土製品と土製小像」『後二子古墳・小二子古墳』前橋市教育委員会

曽　紅　1992　「ハニ族の葬俗と日本の葬俗との比較」『東アジアの古代文化』71

千葉徳爾　1969　『狩猟伝承研究』風間書房

塚田良道　1996　「人物埴輪の形式分類」『考古学雑誌』第81巻第3号　日本考古学会

浜田泰子　1992　「南島の動物供犠」『供犠の深層へ』叢書・史層を掘るⅣ

日高　慎　1999　「大阪府守口市梶2号墳出土の狩猟場面を表現した埴輪群」『駆け抜けた人生　笠原勝彦君追悼文集』笠原勝彦君追悼文集編集委員会

森浩一ほか　1972　『井辺八幡山古墳』同志社大学文学部考古学調査報告第5集

第一部　さまざまな解読―基調報告および事例報告

若狭　徹　2000　「人物埴輪再考――保渡田八幡塚古墳の実態とその意義を通じて」『保渡田八幡塚古墳』群馬町教育委員会
若松良一　2003　「狩猟を表現した埴輪」『幸魂・増田逸郎追悼論集』北武蔵古代文化研究会
若松良一　2003　「猪鹿埴輪論」『法政考古学』第30集　法政考古学会

基調報告

人物埴輪の構造と意味

塚田　良道

　おはようございます。埼玉の行田市郷土博物館におります塚田と申します。よろしくお願いします。今回のシンポジウムのテーマが「埴輪の構造と機能」ということで、ちょっとかたいテーマですけれども、そのなかで人物埴輪についてお話をさせていただきます。

　私は埼玉県行田市というところの小さな博物館に勤めております。市町村は最近、合併統合で揺れまして、昨年私のところも合併いたしました。合併に際しまして、地域向けの展示を考えろということで、合併した小さな村に国の史跡の板碑がございまして、その展示会を去年1年間担当して調べておりました。そのなかで何人かの先生にお話を伺った際に、自分は埴輪のことをやっておりますと申し上げると、民俗学の先生が「それは墓制の問題だね」とおっしゃる。また、中世仏教史の先生と話していると、やはり埴輪は仏教以前の宗教遺物だという観点でお話しされる。そういう視点で考えているのかと思いました。埴輪の問題というのは、やはり権力とか王権とかいうものが関わってきます。古墳の成立自体がそういうところからきていますから、埴輪も権力との関係で成立したという見方はもちろん重要なんですけれども、ある意味、墓制という観点からもう一回整理してみる必要があるのかな、と今日はそういう話をしてみたいと思います。

1. 研究の目的と理論の再検討

　最初に、ちょっと頭の体操みたいな話として第1図をあげましたので、そちらから話をさせていただきます。

第一部　さまざまな解読―基調報告および事例報告

第1図　山越阿弥陀と板碑の構造

　これは皆さんご存知の浄土教芸術の一例です。一つは山越阿弥陀像という京都の黒谷金戒光明寺、法然の道場があったところですが、そこにあるものです。右側が埼玉県鴻巣市にある板碑であります。表している図像のあり方とかモチーフというのは全く違っています。左は図像で表されていて、山があって、情景があって、そこに阿弥陀三尊が描かれています。右はなんだか知らないけれど記号があって、下に文字が書いてあるというものです。このように表し方は全く違っていますけれども、そこに現されているものは同じものが意図されているわけです。

　左は阿弥陀如来の図像で、片や右は「キリーク」という阿弥陀の種字です。左の阿弥陀三尊像は金キラキンに塗られていますが、右は「光明遍照十方世界」と、光が十方世界を照らすんだと文章で書いています。さらに、左の図像では右側の観音が蓮台を捧げ、極楽往生へお迎えでございますと出

76

きていますが、右は文章で「念仏衆生摂取不捨」とだけ刻んであります。

　これらの造形を浄土教の考え方を知らずに読み解こうとすれば、いろんな解釈がでてくると思います。特に左のように情景がある場合ですと、山中他界の情景を描いたものであろうと、確かに群馬に住んでいると高崎の観音様の絵を見ているような感じがないわけでもないですが、そういうふうに解釈はいろいろ出るだろうと思います。逆に右側の板碑になると、左側と違って図像がないことから偶像崇拝を禁止する別の宗教という解釈も成り立つかもしれません。浄土思想のアウトラインを知っていれば、こういう考えは荒唐無稽と一笑に付されるわけですが、我々が実際に埴輪を見る時には、そういう思想のバックボーンを知らない。

　ですから、どう理解するかが、やはり問題になります。同じ思想であっても表現は多様なわけです。そういった場合に個別的解釈の前に、構造、すなわちその背後にあるパターン、背後にある論理というものの理解が重要なんだろうと思います。それを読み取る理論というものを用意しなければいけない、というのが私の主張です。

　では、そういう研究が今までなかったのかといいますと、日本に限らず海外をみていくとあるわけです。アンドレ・ルロワ＝グーランという人のヨーロッパの洞窟壁画論がまさにそうであります（Leroi-Gourhan1995）。彼自身、

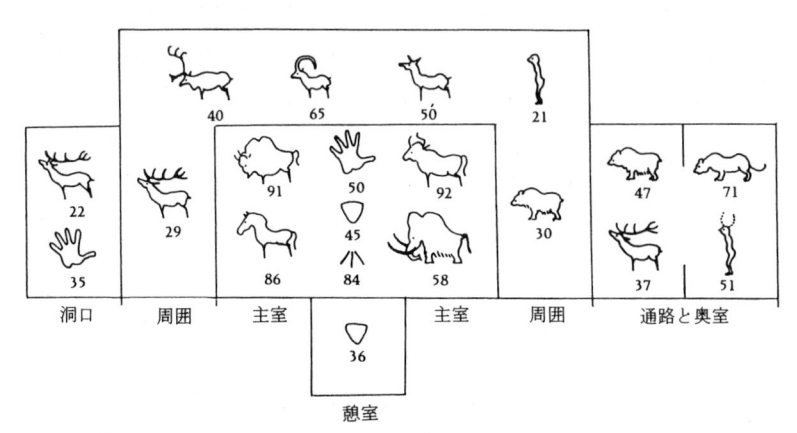

第2図　ルロワ=グーランによる洞窟壁画における動物配置模式図

洞窟壁画の解釈というのは狩猟呪術説とかいろいろな解釈があったと述べていますが、そうしたなかで彼は洞窟壁画の構成要素である動物の配置パターンの分析から、中央に馬とか牛がいて、周辺に鹿だとか熊とかがくる、というように一定の原理、一定の構造があることを明らかにしました。このような研究が人物埴輪でもできないかなと、私はかねてから考えていました。それをまとめたのが1996年に『考古学雑誌』に書きました「人物埴輪の形式分類」という論文です（塚田1996）。

構造主義の見方というのは、いろいろなストーリーとして皆さん解釈している現象に対して、実はストーリーとは関係なく基本的な要素が反復して出てくる、そういう見方で考えるものです。ルロワ=グーランの分析は、それまでの狩猟だ何だというストーリーではなく、そういう個々の解釈の前に、全体に共通する一定のパターンを見直すべきだろう、という視点でなされたものだと思います。

ここで人物埴輪に話を戻しますと、人物埴輪では一番はじめに明治時代の坪井正五郎先生の研究があり（坪井1901）、その後、高橋健自先生（高橋1926）とか後藤守一先生（後藤1942）とかの研究があり、明治からの研究の流れがあります。橋本博文先生が日本の学説論争史のなかで詳しく書いていらっしゃいますが（橋本1988）、人物埴輪の解釈論が盛んになったのは70年代の水野正好先生の「埴輪芸能論」（水野1971）以降といってよいと思います。

これまでの研究史をみても人物埴輪についてはいろいろな解釈がありますが、今の立場で考えるとやはりいくつかの問題点が指摘できるだろうと思います。

第1点が人物埴輪の分類、名称です。踊る埴輪とか、巫女だとか、祭主だとか、王だとかいろんな解釈で命名している。これは形態分析に基づく解釈ではありません。水野先生以前の段階で考えると、やはり資料も少ないですし、そういう認識であってもそんなに問題はなかったと思います。

ただ、高度経済成長期に資料は増えてきています。昨日の発表でもありましたが、群馬県の小さな古墳で人物埴輪が何体もでてくるわけです。全国で15万基くらいあるといわれる古墳のうち、後期古墳で埴輪を持つのはそん

なにないでしょうけれど、それでも１万基くらいの古墳で人物埴輪を５、６体持つとしたら、これはもう天文学的な数になってきます。それを個々の遺跡で読み解いていったらそれはきりがありません。ですから、こういう数多い資料の中で一定のパターンはないのか、そういう目で分類を見直す必要があるのではないかと思うわけです。これが第１点です。

　第２の問題点は、第１点と関連することですが、個々の遺跡が大事なのであって、個々の遺跡の状況を重視して分析、理解していくべきだという意見がございます。これは考古学をやっている人間にとって、バイブルというわけではありませんが、当然の考えだと思います。個々の遺跡の状況を詳しく分析するということは、それはそれでいいんだと思います。しかし、それをダイレクトに読み込んでいってしまうとなると、それはちょっとどうなのかなと私は思います。昨日の発表で杉山先生は発注者の意向があるんだとおっしゃられました。確かにあるんだろうとは思います。ただそれがダイレクトに人物埴輪の意味に直結するのかというと、その前にいくつか考えなくてはならないことがあるだろうと私は思います。

　さっき申しました通り、個別の事例を読み解こうと思うと情報量は非常に多いわけです。いろいろな解釈が成り立ちます。ちょっとかたい話になりますが、哲学者にカール・R・ポパーという「反証可能性」ということを言い出した方がいらっしゃいます。ポパーは、20世紀にはユングとかフロイトの分析心理学とかいろんな理論ができたが、アインシュタインの相対性理論だけが検証可能で、他の理論は検証不可能であって、いろんな言い逃れができるようになっていると述べています。ですから、検証可能なかたちで理論は出すべきであるということをおっしゃるわけです（ポパー1971）。それに対して、現実問題として必ずしも全部の現象を言い尽くせる理論というのはないんだ、とトーマス・クーンという方がおっしゃっています。最初は一つの考え方、クーンはパラダイムと言ってますが、あるパラダイムで解釈していたんだけれど、それでは説明できない変則的な事例がでてきてしまって、また別のパラダイムがでてくる、そういうかたちで理論というのは変わっていくんだと言っています（クーン1971）。

そこで人物埴輪の研究をみてみますと、現場ごとにパラダイムがでてきてしまっているのが現状です。それが次の現場へいくとまた別のパラダイムができる。どんどん変わっていっています。それをどういうふうに読み解くのか。私の見方を言いますと、やはり現場の一つの資料に対して見る位置が、距離が近すぎるのです。もうちょっと離れて全体を見る必要があるんじゃないかと思うのです。

現在、大阪府高槻市の今城塚古墳の資料がでてきて、大古墳における様相がある程度明らかになってきたので、論争も方向性ができ、落ち着きつつあるのかなあとは思いますが、杉山晋作先生が先頃出された本の中にも書いてありましたけれども、大型前方後円墳の例がそのままモデルになるのか、ということ自体がまた一つの研究課題であるのだと思います（杉山2006）。少なくとも今までの仮説の乱立というのは、従来の見方自体に問題があったのであって、人物埴輪の意味というのは個別資料とか個々の遺跡や発注者やそういうところを越えたところにあるんだと思います。

そういう観点で言いますと、人物埴輪の研究をどのように進めていくか、ということでは、3つほどやるべきことがあるだろうと思います。

まず1つめは、従来の「巫女」だとか個々の埴輪に対する定義づけを一回解いて、形態を分類していくことが必要ではないかということです。昨日のこのシンポジウムの趣旨説明で車崎さんも話されていましたけれども、意味と形態とを切り離して考えてみる、形だけとりあえず考えてみる必要があるだろうというのが私の主張です。そのなかで形の分類をし直すことと、個々の資料を越えた上で共通するパターン、すなわち構造をもう一回理解し直す必要があるのだろうと思います。ここでいう構造とは「多くの古墳に共通する人物埴輪の形と配置の脈絡」ということ。そういうパターン、構造という言葉でこれ以降述べさせていただきますが、それを一回理解し直す必要があるというのが一つです。

2つめにあげたのが構造、つまり時間も空間も関係なしに一定のパターンがあると言ったのですが、それが時空間上においてどう変わっていくかという点です。考古資料というのは当然いろんな形に変化していきます。一回は

大ナタを振るってざっくり抽出した部分があるわけですけれども、それがどういうふうに変化していくか、時間上、空間上で追っていくことをしないと歴史研究になりませんので、そういう観点から見直していくということが、もう一つ必要です。そして3つめは、そうやって変化していったものとは、何だろうと意味を理解していくことになります。このように、3つの段階で分析していくことが必要だと思っています。

2．人物埴輪の共時的構造と通時的構造

　それでは、私が分析した結果について話を進めていきたいと思います。
　これにつきましては先ほど話しました「人物埴輪の形式分類」という論文以降いろいろと論じてきたものですが、その後の資料の蓄積をふまえて、自分自身修正をおこないました。この結果については、いずれまた公にする機会があるかと思いますので、ここでは要点だけお話しします。
　「人物埴輪の共時的構造と通時的構造」とちょっとかたいタイトルをつけましたが、共時的構造というのがさっき申しました、時間や空間を関係なしに存在する人物埴輪のパターンのことです。人物埴輪を形だけで時空間関係なしに大雑把に分類してみようということです。
　まず、男女の別、その次に全身像か半身像か、足があるかないか、立っているか坐っているか、といったこと。そして服装ですね、いろんな服装をしています。また手の格好というか所作があります。そういう観点からいろいろ分類してみたところ、まず女性の埴輪が38種類に分類されました。その38種類をずっと見ていくと、統計をとる段階ですぐ気がつくんですけれど、多いものと少ないものがあります。第3図に示しましたが、一番多いものが両手を下げているものです。たんに両手を下げているということで私は分類していますが、そういう埴輪があります。それが全体の20％を占めています。半身立像のⅠ1と書いてあるのがそうです。2番目に多いのが両手を前に掲げているものになります。これは物を持っているか持っていないかで、また分けているんですけれども、とりあえず物を持っていない状況で両手を

差し出している半身立像の女性だとこれが11％になります。その次は両手を前に出して何か持っていたんでしょうね。私は全身立像としています。足の表現はないんですけれども、袈裟状衣の下にスカートがあります。これを上衣とみるか下衣とみるか議論がありますが、私は下衣だろうと理解して全身立像のほうに分けました。ただ脚部の表現がありません。このⅡaとしたものがだいたい10％あります。以上の３つで41％になってしまいます。全体の半数はいかないけれども、非常に大きな数になっています。半身立像は他にⅠ２とかⅠ６とかⅠ５といったものがあげてあります。Ⅰ２というのは両腕を前に差し出して器物を持っているものです。Ⅰ６というのは棒状の物を持って片手を高く掲げている。両手ではなくて、片手を掲げているものです。そしてⅠ５というのは片手を掲げているけれど、持っている物がわからないものです。38種といいますけれども、６つだけでも半分を超えてしまいます。ですから主要な埴輪というのはあるわけです。人物埴輪はいろんな形で作っているけれども、やはりそのなかで主体的に作ろうとした種類があるんだということがわかります。

　そのなかで女子の埴輪で大きな特徴といいますと、やはり所作というのがあります。先ほど両腕を前に出すものが多いといいましたが、それは女子埴輪の全体の40％以上あります。所作に関する限り、女子埴輪の所作というのは一定のパターンがあって、両腕を前に出してなんらかの器物を持っていると、その意味で一定の傾向があると指摘できると思います。

　ただ、服装に関しては違います。第１表に示しましたが、地域によって違いがあります。所作は全国的にみて同じパターンがありますが、服装は地域によって違っています。それを出したのが第１表です。地域が左側にありまして、Ⅰ、Ⅱa、Ⅱb、Ⅱcとか女子埴輪の服装を分類しています。Ⅰと書いたのが先ほど述べたように、なんの服装の表現もないものです。Ⅱaというのが第３図の上から３つめにある袈裟状衣を着ているものです。Ⅱbも袈裟状衣なんですが、若干表現が違うものです。それ以降も副次的な衣服を着ているものをⅡ類としています。Ⅲ類というのは裸のものです。このように見ていくと、Ⅰ類、特に大きな表現のないものが関東に非常に多く見られ

人物埴輪の構造と意味

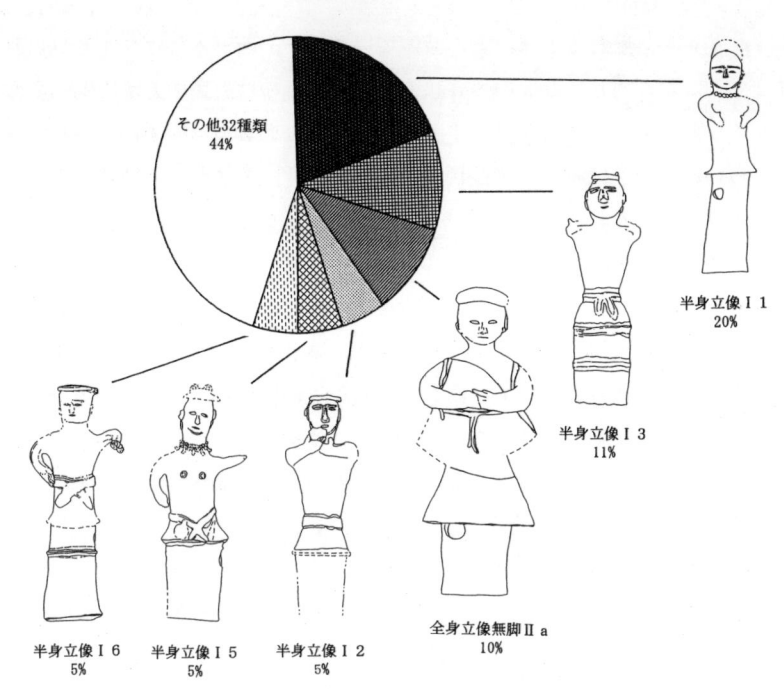

第3図 女子埴輪の主要な種類が占める割合

第1表 女子埴輪の地域別服装個体数

地域	Ⅰ	Ⅱa	Ⅱb	Ⅱc	Ⅱd	Ⅱe	Ⅱf	Ⅲ	総計
東 北	4		1						5
関 東	101	1	7	8	16	4	2	1	140
中 部	1	4	1		1				7
近 畿	1	26			1				28
中・四国		4		1	2	1			8
九 州	1	3			1	1			5
合 計	108	38	9	9	21	6	2	1	193

83

ます。関東から離れるとどんどん減っていきます。西日本ではあまり見られません。これに対してⅡaの袈裟状の着物というのは近畿地方が圧倒的多数なんですね。近畿の資料を見ますと、そうじゃない資料を探すのが容易でないくらいに、女性はみんな袈裟状衣を着ています。ですから、地域によって造形が違っているわけです。

先ほど、女子埴輪で3種類がずば抜けて多いと申しあげましたが、3番目の袈裟状衣というのは近畿地方に多い女性の姿でありまして、他の2つである半身立像は関東地方に多くなっています。東日本と、西日本では女子埴輪の造形が基本的には異なっていることがわかるわけです。

次に、男子の埴輪を見てみましょう。これは第4図に示しました。やはり女子と同様、数量的に主体となるのは、男子でもごく限られています。まず一番多いのが盾持ち人とされる、半身立像Ⅴe1と私が分類しているもので22％となっています。その次に多いのが、全身立像でⅠa1と分類した、いわゆる盛装男子といわれているもので、これが10％になります。次いで、Ⅰa5とした片腕を掲げる男子の埴輪です。あと両腕を下げるものが9％あります。上位4者だけで51％になります。男子埴輪というのは55種類に分けましたが、4つでほとんど半分になってしまいます。残った49％は、51種類ですから単純計算だと他のは1％、というとちょっと乱暴な言い方になりますが、全体的にみると数が限られています。もちろん古墳で多く立てるものと、少なく立てるものといった違いがありますから、これで少ないから意味がないとはいえないのはもちろんなんですけれども、主体となるものは限られているんだといえるとは思います。

このように形態分類からいろいろな特徴がでてきました。では、それが古墳にどういうふうに配置されているのか、ということを次に検討した結果が第5図です。

その分析の過程については、ありがたいことに犬木さんが資料集のほうに載せてくださっています。犬木さんの第11図（本書125頁）に、私のごちゃごちゃした図がいっぱい載っています。形態分類した上で、配置状況をいろいろ検討したところ、だいたいこんな形になるんだと出来上がったのが第5図

人物埴輪の構造と意味

その他51種類
49%

半身立像Ve1
22%

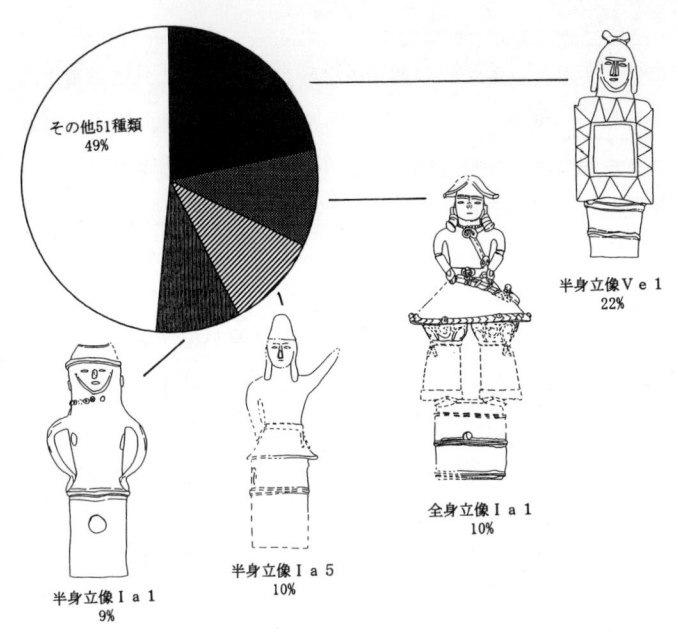

全身立像Ia1
10%

半身立像Ia5
10%

半身立像Ia1
9%

第4図　男子埴輪の主要な種類が占める割合

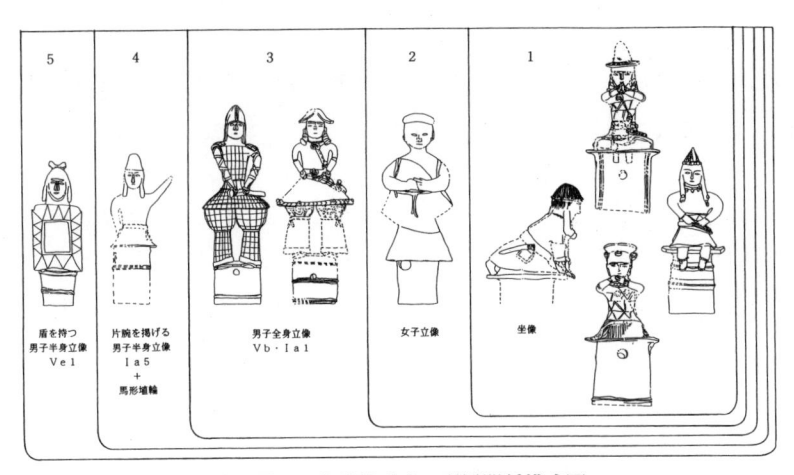

5　盾を持つ男子半身立像　Ve1

4　片腕を掲げる男子半身立像　Ia5　＋　馬形埴輪

3　男子全身立像　Vb・Ia1

2　女子立像

1　坐像

第5図　人物埴輪形式の配置関係模式図

85

です。

　それを見ますと、一番中心の部分に坐像がきます。これは一番中心にある場合もあるし、一番端っこにくる場合もあります。男子の腰掛ける像、胡坐像、また女子の坐像、坐って琴を弾いているとか、ひざまずいている坐像とかが坐像群として構成されています。それに隣接するかたちででてくるのが女子立像です。全身像と半身像の区別なく、女子というのはここにきます。服装や所作の違いも関係なしにだいたいここにまいります。それから隣のところ、女子埴輪の外側の部分に、男子の全身立像が並びます。基本的にはいわゆる盛装男子か武装男子が並ぶわけですが、これ以外にもここに褌をした力士がきたりとか、盾持ち人がきたり、盾が置かれる場合もありますが、基本的には武装男子と盛装男子の2者がここにきます。さらに外れた外側の4番目のところに片腕を掲げる男子、それに伴って馬がでてきます。この片腕を掲げる男子は馬飼になります。この界隈に他の動物埴輪がいることもあります。水鳥なんかもここにくることが多いです。さらにその外側、これらの人物埴輪群像からさらに離れた位置の古墳を取りまくような場所には、盾を持った男子埴輪像が並んでくるんだというパターンが認められる、というのが第5図になります。

　これについて今まで「ゾーン」という言葉を使っていまして、昨日の発表でもそれを用いてくださった方がいらっしゃいましたが、ゾーンという言葉を使うのは最近やめております。それは、やっぱりゾーンというのは空間を仕切る表示でありまして、これは空間を仕切っているわけではありません。空間的な位置関係を示すだけなので、やっぱりやめたほうがいいだろう、と思いました。特に今城塚古墳（大阪府高槻市）の柵形埴輪は、確実にあれはゾーンなんです。仕切られています。そこで自分もゾーンだといったら、こんがらかってしまうんですね。ゾーンという言い方はやめようと思います。第1形式、第2形式、と呼んだほうがいいだろうと思います。

　このように、第5図に示した1から5まで外側に人物埴輪が並ぶ。これが共時的構造、時間や空間を超えた一定のパターンがこれであります。これが人物埴輪の意味を考える基本となる構造と考えているわけです。

それでは、共時的構造がどういうふうに時間的に変化していくか、通時的構造の話を、次にさせていただこうかと思います。

　結論から申しますと、人物埴輪の展開を追っていきますと、東日本と西日本では全く異なった展開をしています。同じ基準で見るわけにはいかないわけです。近畿地方のほうはどうかといいますと、4つほど特徴があります。1つめは、女子埴輪はバチ形の髷で、先ほど申しました袈裟状衣を着ているものが多く、両腕を胸の前に差し出して器物を持ちます。また、基本的に耳飾りの表現がありません。2つめは、男子全身立像の台は平面円形となります。要するに、足先が平面円形の台の上に乗っかっているということです。3つめは、男子半身立像の裾が腰のくびれ部からスカート状に広がっています。4つめは、腕の製作技法が中空になっています。

　こういう造形の仕方というのが基本的には時期を一貫して近畿地方では認められます。そして、近畿以西の中国、四国、九州地方を見ていきますと、非常に近畿地方とよく似ています。東海の静岡あたりまで基本的にこういう近畿地方的な作り方をしています。しかも時間的にあまり変異がない。これが近畿地方の人物埴輪の特徴です。

　これに対して、関東地方においても若干は似ているところがないわけではないですが、概観すれば全く異なった展開をしているといっていいと思います。群馬、埼玉は埴輪が非常に多いところで、そこに焦点をあてて見ていきますといくつかの特徴が見えてきます。時間的にいろいろなかたちで変わっていっていることがいえます。第2表でそうした移り変わりの概念図を示しています。左側に1期、2期、3期と大きく3つに分けて、1期と2期をそれぞれ古段階、新段階に分けて、5期編年というかたちで作っています。大雑把なものですが、これは次に述べることを示すために作ったものです。

　まず、女子埴輪の造形でいくつか年代差があるものがあります。髪形と耳の造形で、髪形が「バチ形」と申しますが、三味線のバチみたいな形をした髷を頭に乗せている女性の埴輪、それで耳飾りがあるものと、ないものがあります。a、bはないもので、cはあるものです。耳飾りのないほうが古く、あるほうが新しくなります。

また、分銅形の髷があって、これは下にcと書いています。耳飾りはたいていついております。これは一番後の時期にきます。こういうかたちの変遷を左側で1期、2期、3期と、女子の髪形と耳飾りの表現のあり方でだいたい3つの時期に分かれるだろうというのが第2表です。

そのように見ていくと、男子の埴輪は全身立像、半身立像が2つの時期に分けられます。男子全身立像のところでAと書いたものは、足が乗っている台が円形のものです。Bというのは楕円形のものになります。男子半身立像のほうでは有裾、無裾としていますが、有裾というのは先ほどの第4図にあったような、腰からスカート状にちょっと広がった裾が見えているものです。それに対して無裾というのは、裾の表現がなくて、円筒だけでストンとなっていて突帯だけを表現しているものです。そして、Bや無裾のほうが出てくるのが新しいわけです。1期はともかくとして、2期の女子埴輪は表現にあまり変わりがないんですけれども、男子埴輪の表現に古いのと新しいのがあり、それで2期は古段階、新段階に分かれるだろうと思います。1期のほうも円筒埴輪で見ると、ほとんどはⅤ期の円筒埴輪を伴いますが、Ⅳ期の埴輪を伴うものもあります。ですから、それは一つ古いとみたほうがいいだろうというので、古段階というふうにしています。こういうかたちで、3期5段階の大枠を作ってみました。

この編年で、どういうふうに他の造形も変わっていくのかと見ていくと、面白いことが指摘できます。大きく3つの大きな変容が見いだせるのです。

それが第3表です。第一群、第二群、第三群と分けました。これは女子埴輪の所作から見たまとまりです。女子埴輪の所作の展開をさっきの編年で見ていくと大きく3つに分かれます。

第一群というのはAの所作を伴うもので、Aの所作というのは、先ほど申しましたように両腕を前に差し出す所作です。その女子埴輪を主体とする人物埴輪群を第一群としました。これをざっと見ると、時期のところを見たらわかると思いますが、1期新、2期古というのが非常に多いです。具体的に見ていくとこの例はもっと増えると思いますが、相対的に古い段階に非常に多くて、新しい段階にも残るんですが、ちょっと少ない。そういうもので

人物埴輪の構造と意味

第2表　群馬・埼玉の人物埴輪編年

時期	代表的な古墳	女子 (髪)(耳) a	b	c	分銅	男子全身立像 A	B	男子半身立像 有裾	無裾	円筒	須恵器
1期 古	福島・天王壇古墳	■				甲冑形埴輪				Ⅳ	~TK208
1期 新	群馬・保渡田八幡塚古墳	■								Ⅴ	TK23~MT15
2期 古	群馬・塚廻り4号墳 群馬・上芝古墳 埼玉・瓦塚古墳	■								Ⅴ Ⅴ Ⅴ	MT15 ~TK10
2期 新	群馬・富岡5号墳 群馬・神保下條2号墳 埼玉・諏訪ノ木古墳 埼玉・柏崎26号墳	■								Ⅴ Ⅴ Ⅴ Ⅴ	TK10 ~TK43
3期	群馬・綿貫観音山古墳 埼玉・酒巻14号墳	■								Ⅴ Ⅴ	TK43 ~TK209

第3表　女子埴輪の所作からみた関東における人物埴輪構造の変容

	遺跡名	所作 A	B	C	持物	時期	須恵器	古墳の形	墳m
第一群	埼玉・古凍根岸裏7号墳	◆			なし	1期新		円	18
	埼玉・代正寺9号墳	◆			壷	1期新		円	18
	埼玉・白山2号墳	■	■		ハソウ,合掌	1期新			
	群馬・坂下古墳群	○			双耳杯	1期新			
	埼玉・新屋敷B区15号墳	○			杯	1期新		円	14
	群馬・塚廻り3号墳	★			杯	2期古		帆立貝形	31
	茨城・不二内	■			壷	2期古			
	埼玉・瓦塚古墳	○			なし	2期古	MT15高杯	前方後円	73
	群馬・富岡5号墳	■			不明	2期古	TK10蓋杯	円	30
	群馬・神保下條1号墳	○			なし	2期古		円	10
	群馬・綿貫観音山古墳	○○○		○	不明,壷,なし	3期	TK43高杯	前方後円	97
	栃木・熊野6号墳	○			なし	3期		円	17
第二群	栃木・亀山大塚古墳		○		棒	1期新			
	群馬・亀岡遺跡		○○		不明	1期新			
	群馬・世良田諏訪下3号墳		○○		棒,棒	1期新		円	17
	埼玉・寺浦1号墳		○		不明	1期新			
	群馬・塚廻り4号墳	■	○○	★	杯,杯,不明,大刀	2期古		帆立貝形	30
	群馬・上芝古墳		★		不明	2期古		帆立貝形	15
	栃木・飯塚31号墳		○○		杯,杯,なし	2期古		帆立貝形	28
	千葉・竜角寺101号墳		○		杯	2期古		円	24
第三群	千葉・姫塚古墳			○	なし	3期		前方後円	59
	千葉・山倉1号墳			○○	なし	3期		前方後円	45
	群馬・天神二子塚			○	なし	3期		前方後円	90
	群馬・月田地蔵塚古墳			○	なし	3期		前方後円	50
	群馬・世良田諏訪下30号墳			○	なし	2期古		円	15
	群馬・神保下條2号墳			○	なし	2期新	TK43提	円	9
	埼玉・小前田9号墳			○	なし	2期	瓶	円	
	群馬・淵ノ上古墳			○	なし	3期		円	30
	埼玉・酒巻14号墳			○○○	なし	3期		円	42
	千葉・大木台2号墳			○○○	なし			円	

服装記号　Ⅰ○　Ⅱa●　Ⅱb◆　Ⅱc★　Ⅱd■　Ⅱe▼　Ⅱf▲　Ⅲ類◇　不明◎

す。あと、服装を○、■、◆などのマークで示しています。女子埴輪の服装ですね、袈裟状衣というか副次的な服装をしているものを黒抜きにして、先ほどⅠ類といいましたが副次的な服装をしていないものを白抜きにしています。そうすると第一群には副次的な衣服も含まれていて、非常に多様であるといえます。それともう一つ、こういう埴輪群を持つ古墳というのが群馬県高崎市にある綿貫観音山古墳のような全長97mという大型前方後円墳から直径10mちょっとの小さな円墳にもあります。地域を見ると、関東、東北と、非常に東日本の広い範囲で認められます。古い段階に多く、新しい段階に少なくなる傾向があるけれども、一応もっともポピュラーなパターンであるといえるかと思います。

　それに対して第二群というのが、その次にでてくるものです。これは女子埴輪のBの所作になっています。片腕を掲げる所作の埴輪がさっきありましたが、それをBにしているわけです。この所属時期を見ますと、1期新段階、2期古段階と、全体からみれば、それだけ古い段階に多いという傾向があります。掲げられた手に何を持っているか、持物と書いてありますが棒だとか、杯だとか、いろいろあります。左から順番で女子埴輪のマークに対応して持つものを示しているんですが、基本的に杯、棒というようなものを持っています。

　古墳の規模を見ますと特徴的で、群馬県太田市塚廻り4号墳の墳長30mの帆立貝形の古墳が最大であって、いずれも基本的に小規模の古墳であるといえると思います。

　そしてもう一つ重要なんですが、分布域を見ていくと非常に限られている傾向があります。つまり一番西が群馬県高崎市箕郷町の上芝古墳ですね、あと塚廻り4号墳、埼玉県だと上里町の寺浦1号墳、栃木県へいくと小山市に飯塚31号墳があります。ですから国道50号沿線をつながるようなかたちで群馬県南部から栃木県南部にかけて集中しているという特徴があります。そういうものがこの時代にでてきています。

　3つめに第三群があります。これはCの所作と書きましたが、無所作のことです。両腕を下げている埴輪があるとさっき申しましたが、女性で両腕

を下げたままのものです。そういう埴輪を主体とする人物埴輪群がありま
す。時期を見ると3期が圧倒的に多いですね。2期新段階というのもありま
すし、ちょっと2期古段階というのが若干群馬県にありますが、圧倒的多数
が3期になります。ただ墳形や分布は、前方後円墳もありますし、円墳もあ
るという状況で、必ずしもどこに限られているというわけではありません。
それともう一つ、女子埴輪で無所作のものというのは、基本的に副次的な服
飾をしていません。袈裟状衣とかは全然着ていません。そういう傾向がわか
ります。こういうふうに見ていくと、先ほど人物埴輪には共時的構造があ
る、どの地域でも一定のパターンを持っているんだと申しあげましたが、や
はり展開の具体的なあり方には差異があるのです。

　ここで、この第3表のあり方を、具体的に評価していきたいと思います。
第一群と申しましたが、両腕を前に掲げて器物を持つもの、これは近畿地方
の女子埴輪も全く同じですが、そういったものを主体とする人物埴輪群がや
はり基本形だろうと思います。これが最初の段階にあって、関東一円に普及
していってそれが最後まで残っていくんだと思います。それに対して第二群
というのは、古墳の規模が小さいということでも限定できると思いますが、
階層的にみて需要層が変わってきているのだと思います。時期も1期新段階
から2期古段階となりますが、相対的に古い段階の中小の古墳群に需要され
ている。はっきりいって、この変容のあり方は階層的な需要のあり方の違い
として理解できるかと思います。そういう変容が、一部の古墳で進んでいっ
て、その先に無所作の埴輪がでてくるのだと思います。これはもちろん中小
の古墳に多いですし、一番初めの古いものが群馬県太田市の世良田諏訪下30
号墳ですけれども、それが2期古段階でちょっと古くなっておりますが、そ
のあたりの円墳から始まっていって、3期の前方後円墳にも普及していって
いるというかたちになっています。これは階層的な需要だけでなく、文化的
需要というか、そんなふうな変化だと思います。

　昨日、最近増えた資料ではどうなのかな、と気になって『群馬県内の人物
埴輪』という本を見ていたんですが（群馬県古墳時代研究会2006）、第三群の
一番古いものが世良田諏訪下30号墳といいましたが、倉賀野のほうにもう

一つありそうで、どうも玉村とか高崎周辺でこういうものが発祥して広がっているのかなという憶測を持ちました。

このように見ていくと、関東地方における人物埴輪の通時的構造というのは、中小の古墳から変わっていっているという状況があります。そして地域的に見ていくと、群馬県南部の中小の古墳というのが非常に大きな役割を担っていたのだと思われるのです。そう見ると、やはり綿貫観音山古墳なんていうのはレトロな存在で、古典的パターンを踏襲した首長の墓なんだろうなと思われます。

3．構造の示す思想的基調と人物埴輪成立の背景

今述べたようなかたちで人物埴輪は展開しています。けれども、そこにある共時的な構造というのは変わりません。無所作になっていくというのは、やはり形骸化であろうと思います。所作の喪失というのは、本来持っていた意味の形骸化だというわけです。そうであれば、やはり初期にあった造形というのが、人物埴輪の意味を考える上では一番重要なんだと思います。

レジュメには「構造の示す思想的基調」と書きましたが、今述べた構造の問題を理解するにあたって、重要なのは構造を構成している各要素、それの持つ意味なんだろうと思います。それを、どう理解していくかということが非常に重要なんだろうと思います。ここで問題になってくるのは考証の問題です。それをどう考えるのか。例えば、片腕を掲げる男子半身立像を、踊る埴輪とみるのか、その理由は何かという説明づけがないといけない。そういうものを検討していったところ、いくつかのことがいえると思います。

一番大きなのは、昨日も森田先生の話にでましたが、女子埴輪の役割であろうと思います。飲食物を掲げ持つような、食膳奉仕にあたる職掌が大きな役割だと思います。袈裟状衣、私は意須比ではなくて采女の肩巾にあたると思っているんですが、あとで議論になるかもしれませんが、そういう意味では割烹着状のものであろうと。そういう意味では女子埴輪の役割は基本的には食膳奉仕であろうと考えています。

続いてくるのは全身立像群です。これについては、武装と非武装がセットで配置されるものと、どちらか一方だけのもございます。必ずしも別の職掌ではなく、二面性のある一つの職掌なんだろうと考えて、そういうものとして舎人というのをあげました。
　その次は片腕を掲げる半身立像ですが、これは問題なく馬飼といっていいと思います。
　その次の盾を持つのは、古墳全体の警護をおこなうものです。
　そして最後に中心なり、端にくる坐像群があります。これはやはり身分の高い人々であろうと思います。綿貫観音山古墳の坐像は鈴付の帯をつけていて、これは古墳の横穴式石室からでてきているものと同じもので、被葬者に相当するのではないか、と白石太一郎先生が指摘されています（白石1989）。杉山先生も被葬者の顕彰碑という指摘をされていますが（杉山1986）、やはりそこに身分の高い、中心となる人物がいるんだろうと思います。それに伴う女子立像や男子立像に表された他の人々というのは、近侍的集団だと思います。政治的集団というよりは身内的な人々ですね。身内のお世話をするような人々、近侍や警護、また館の護衛といったそういうものだろうと思います。ですから、人物埴輪の基本的な構造を示すものというのは、特定の人物に服属して奉仕にあたる近侍集団であり、それを全身像とか半身像とかいろんな場所に分けて、空間上に反映させたのだ、というのが私の結論です。
　レジュメの最後に「人物埴輪成立の背景」と書きました。今まで歯切れよく文章を書いてきたんですけれども、非常に歯切れが悪くなっています。発表自体も歯切れが悪くて申し訳ありません。ちょっとうまく説明できていないんですが、おそらく前代である中期からの古墳の発展形態の先に人物埴輪の成立というのを位置づけたらいいんだろうというのが私の主張です。雑駁な説明で恐縮です。ご静聴ありがとうございました。

引用・参考文献

　アンドレ・ルロワ=グーラン（山中一郎訳）　1981　「旧石器時代の画像及び象徴的記号の美学的かつ宗教的解釈」『古代文化』第33巻第10号

第一部　さまざまな解読―基調報告および事例報告

後藤守一　1942　『日本古代文化研究』河出書房
カール・R・ポパー（大内義一・森博訳）　1971　『科学的発見の論理』（上）　恒星社厚生閣
群馬県古墳時代研究会　2006　『群馬県内の人物埴輪』群馬県古墳時代研究会資料集第8集
白石太一郎　1989　『古墳の造られた時代』毎日新聞社
杉山晋作　1986　「古代東国のはにわ群像」『歴博』国立歴史民俗博物館　第16号
杉山晋作　2006　『東国の埴輪と古墳時代後期の社会』六一書房
高橋健自　1926　「埴輪及装身具」考古学講座第12巻　雄山閣
塚田良道　1996　「人物埴輪の形式分類」『考古学雑誌』第81巻第3号
塚田良道　1998　「女子埴輪と采女――人物埴輪の史的意義」『古代文化』第50巻第1・2号
塚田良道　2003　「人物埴輪論と洞窟壁画論」『考古学に学ぶ（Ⅱ）』同志社大学考古学シリーズⅧ
塚田良道　2002　「人物埴輪の展開」『考古学研究』第49巻第2号
トーマス・クーン（中山茂訳）　1971　『科学革命の構造』みすず書房
橋本博文　1988　「埴輪の性格と起源論」『論争・学説　日本の考古学』第5巻　古墳時代　雄山閣
水野正好　1971　「埴輪芸能論」『古代の日本』第2巻　風土と生活　角川書店
André Leroi-Gourhan, 1995, Préhistoire de l'art occidental. 3rd edition. Citadelles & Mazenod, Paris.

挿図・表出典

第1図　左：金戒光明寺蔵（掲載許可済）
　　　　右：埼玉県教育委員会　1981　『埼玉県板石塔婆調査報告書』Ⅰ　本文・図版編　67頁
第2図　塚田2003 308頁
第3～5図、第1～3表　筆者作成

基調報告

家・器財埴輪から知る墳丘の思想

高橋　克壽

はじめに

こんにちは。

今回私がいただいたテーマは、今までいろんな方々が触れてきた人物埴輪以外の形象埴輪についてです。とはいえ、行き着くところ、そっちの方まで話を続けていくことになりそうです。

皆さんの話が、埴輪のストーリーとしての構造に走っているのに比べると、私はむしろ、埴輪が置かれている舞台そのもの、つまり古墳自体の構造について考えてみます。古墳というものを、過去の人はどんなエリアとして認識していたのか、それに、どの埴輪がどう絡んでいたかを調べてみたいのです。

埴輪が置かれる場所を考えてみましょう。それには、いろんな場所があることをご存知かと思います。言うまでもなく、その中で、一番最初に埴輪が集中して置かれる重要な場所が、墳丘のてっぺん、墳頂部です。それ以外の場所には、造り出しだとか、外堤の一画、あるいは突出した部分など、いろいろな場所があります。それらについて、時間を追って整理し、特に新しく出てくる種類の埴輪群がそのどこに出てくるかを注意すれば、埴輪の意味に迫れる可能性がある、と考えられます。ちょっと粗削りかもしれませんが、お聞きください。

第一部　さまざまな解読―基調報告および事例報告

1．墳頂の埴輪配列の完成

　まず、墳頂の埴輪列について考えてみましょう。それは、いわゆる最古の前方後円墳である箸墓古墳（奈良県桜井市）が出現した段階で完成しているものではありません。その点で、画期的な埴輪の登場を指摘するとすれば、メスリ山古墳（奈良県桜井市）〔第1図〕があげられるでしょう。ここでは、二重の円筒埴輪列の間にも円筒をちりばめて、何重もの垣のような状態ができあがっています。そうした厳重な埴輪列としてはもっとも古い例であり、画期的なものと考えられます。この超巨大な埴輪を用いた埴輪列の完成は、当然、その後を規定したはずです。しかし、どういうわけか、その後に展開する埴輪には、その影響がほとんど認められず、私は長いこと不思議に思ってきました。家形埴輪や各種器財埴輪の種類が、メスリ山古墳にはほとんどなく、高杯形埴輪だけが要所要所で円筒に載る点は、以後の埴輪の展開から見て特異だったからです〔第2図-1〕。それを揺籃期の定型化していない姿の一例ということで済ましてきたわけです。

　しかし、実際は、ここ〔第2図〕に示した蓋形埴輪の一部になりすまして、その高杯形埴輪の伝統が続いているんじゃないかと思えるようになりました。そう考えた方が、石山古墳（三重県伊賀市）〔第2図-5〕の方形埴輪列に載せられている蓋形埴輪の大半が、四枚羽、あるいは三枚羽の立ち飾りをつけるものではなくて、朝顔形あるいはラッパ形の口縁部になっていることの説明がつきやすいのです。その点では金蔵山古墳（岡山県岡山市）の蓋形埴輪〔第2図-3〕もそうです。その後、中期古墳の方形埴輪列の上に載るのも実はこのタイプで、朝顔形埴輪と蓋の融合ではなく、メスリ山古墳に始まる高杯のイメージを投影したものだと考えればよかったのです。

　メスリ山古墳の前ということになると、桜井茶臼山古墳（奈良県桜井市）に見られます壺形埴輪の方形配列ということになるわけで、畢竟そこから、壺を円筒埴輪に替えたということになります。それでは桜井茶臼山古墳の配列の起源は何かということで、さらに遡っていくと、ホケノ山古墳（奈良県桜井市）の石囲木槨に辿りつきます。ここでは墳頂ではないのですが、20点

家・器財埴輪から知る墳丘の思想

第1図　メスリ山古墳　石室と埴輪の配列（橿考研博2005）

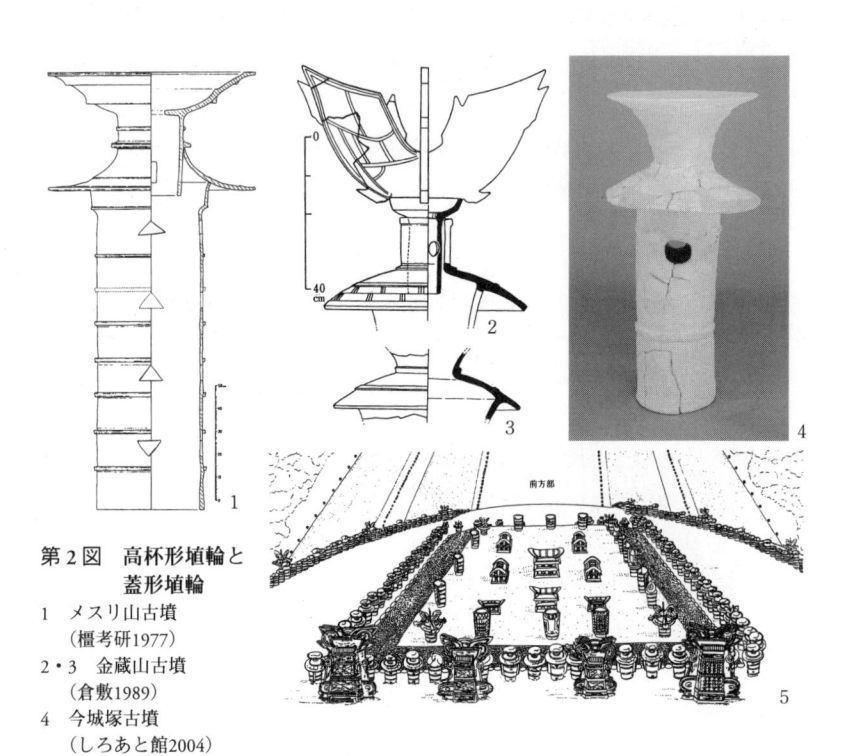

第2図　高杯形埴輪と
　　　　蓋形埴輪
1　メスリ山古墳
　　（橿考研1977）
2・3　金蔵山古墳
　　（倉敷1989）
4　今城塚古墳
　　（しろあと館2004）
5　石山古墳
　　（岩波1999）

97

ほどでしたか、木槨天井に並べてあった壺が落下した状態で出土しています。また、そこで使われた土器が東海系であることや、先の桜井茶臼山古墳とともに、その立地が大和盆地から東海へ抜け出る要衝にあたることからして、方形配列の成立に東海の影響を考えざるをえません。円筒埴輪が特殊器台の系譜を引くことと考え合わせると、西と東の双方の連合形態が混ざり合った形で、前期古墳の方形埴輪列が完成すると見ていいでしょう。

　その後、どうして墳頂にたくさん円筒埴輪や壺形埴輪を並べることが盛んになったのでしょうか。そこには当然、守るべきもの、あるいは想定する世界というものがあったに違いありません。それを受けて、最初に登場してくる埴輪が家と鶏です。おそらく方形埴輪列の完成にそう遅れることなく登場したと見られますが、鶏につきましては、当初から中ではない可能性もあります〔第3図〕。出現期の家形埴輪については、どんな形のものがどれだけあるかといったことのわかる資料が、まだあまり増えていません。寺戸大塚古墳（京都府向日市）や平尾城山古墳（京都府木津川市）、あるいは森将軍塚古墳（長野県千曲市）の家形埴輪の破片を見ると、後の定型化した家形埴輪とも、

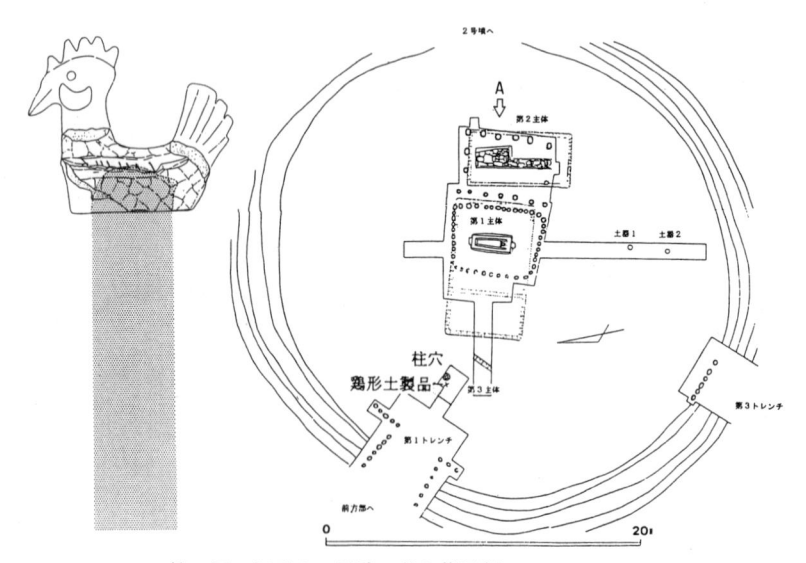

第3図　蛭子山1号墳の鶏と後円部（橿考研博1991）

家・器財埴輪から知る墳丘の思想

弥生時代の家形の土器とも隔たりがあります。型式学的変遷を読み取ることが難しい状況なのです。しかし、早くから墳頂でなんらかの土器を使った祭祀をやっていたことがわかっているので、その対象ないし装置として、それらが出現したのでしょう。

その状況ががらっと変わるのが、日葉酢媛陵（奈良県奈良市）こと、佐紀陵山古墳の造営の時です。墳頂方形壇内側の家形埴輪と器財埴輪のセットが完成します〔第4図〕。それまでは、方形で囲うことがあっても、内外にあふれかえる程の形象埴輪を並べるということはありませんでした。それが、家形埴輪群を中心に置き、それをとりまく盾や蓋を林立させるようになるのです。4世紀でも中頃から後半にかけてのある時期のことです。

さて、これらの家形埴輪については、今までよく、それこそ豪族居館だ、あるいは来世の被葬者の住む世界だ、などとたやすく判断されてきました。確かに、そういうものを被葬者に一番近い墳頂に置くということはイメージしやすい。ですが、その後の展開を考えて、ちょっと待てということを次に説明したいと思います。

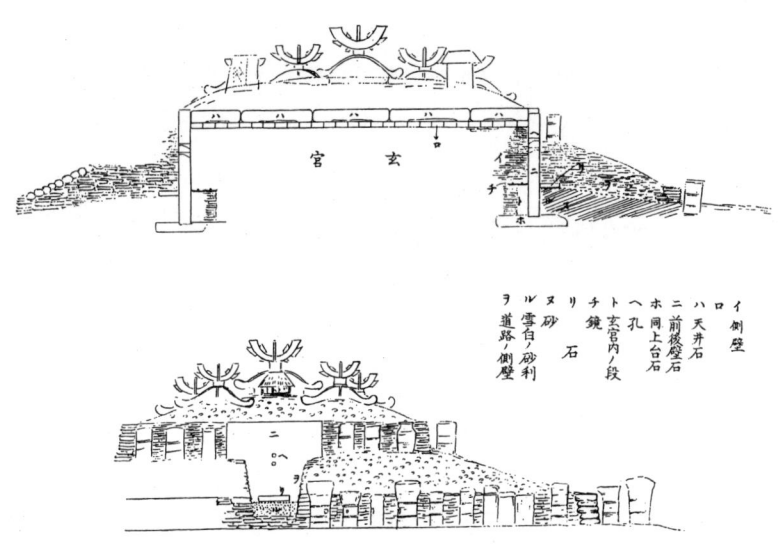

第4図　和田千吉氏構想佐紀陵山古墳復元図　縦断面と横断面（石田1967）

2．第三の形象埴輪樹立場所

　さて、前記したように、4世紀後半までに墳頂で完成した家形埴輪と器財埴輪のセットは、その後もずっと続いていきます。ところが、ある段階から別の場所にも家形埴輪や器財埴輪が並ぶようになってまいります。

　墳頂とは別の代表的な場所のひとつが、行者塚古墳（兵庫県加古川市）のイラスト〔第9図〕にもあります、造り出しという部分です。この造り出しに並ぶ家形埴輪、あるいはそこで見られる祭祀行為を、墳頂の反復、あるいは同一の趣旨であると乱暴な意見を言うこともできるわけですが、その前にそこに並べられている埴輪と墳頂の埴輪とを比べてみる必要があります。それなしで、同じことを上でも下でもやってもいいんだ、などと決め付けるのは危険です。精神構造的にはそういうこともあるといったような、哲学めいた説明をしても仕方ありません。素直に、二つあることは二つが違うからだろうという前提に立てば、一番比べやすいのが家形埴輪の種類と構成ということになります。

　私はたまたま石山古墳や行者塚古墳といった良好な家形埴輪資料を詳しく見る機会があり、なんとかそれについて報告することができました（高橋1997・2005）。その結果、墳頂部の家形埴輪群と造り出しの家形埴輪群では、違いが見られるということがわかったのです。後にその違いを言います。

　造り出しに加えて、もうひとつ気になる群があることも調査例の増加によりわかってきました。それは、造り出しに関係するかたちで出ていますが、造り出し上面の群とは区別すべきであると考えます。具体例を挙げて説明しましょう。

　行者塚古墳〔第5図〕では、東西両造り出しの裾と後円部の裾との隙間に、それぞれ1個ずつ囲形埴輪が置かれていました〔第6図〕。ともに、造り出しと後円部が接しそうで接しない狭い通路状の空間を、あたかも堰き止めるかのように、その真ん中あたりに石を敷いて囲形埴輪を据えていたのです。調査した直後は、造り出し上面の方形埴輪列の入口との位置関係をはじ

めとするその他の状況から、ここが一つの祭祀の空間への通路で、それを塞ぎ、中を区切る意味で囲いを置いたんだろうと理解しました。

しかし、その後、囲形埴輪に導水施設との強い関係があることがわかってきて、さらに、その空間が意図的に水の流れる谷状地形に見立てたものであることが察せられたことから、囲いの埴輪を塞ぐということよりも、そこに水の必要な場面を用意しようとする配慮が働いていることが指摘できるようになりました。その後も関連の調査例はどんどん増加し、より具体的な例が宝塚1号墳（三重県松阪市）〔第7図〕で調査されました。ここでは、残念ながら造り出しと似た機能が考えられる出島状施設の頂上については、埴輪の構成などの情報はほとんど得られていません。しかしながら、行者塚古墳ではたった1基ずつの囲形埴輪に象徴された姿が、出島状施設周囲により豊かな埴輪群によって平面的に示されていたのです。そこでは井戸や湧水の水、あるいは木

第5図　行者塚古墳　東側谷部
（加古川市1997）

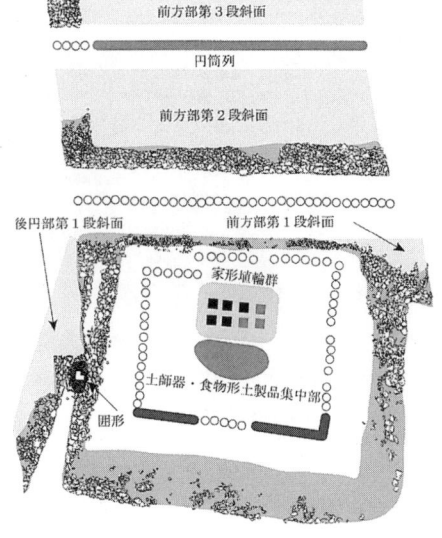

第6図　行者塚古墳　西造り出し
（加古川市1997）

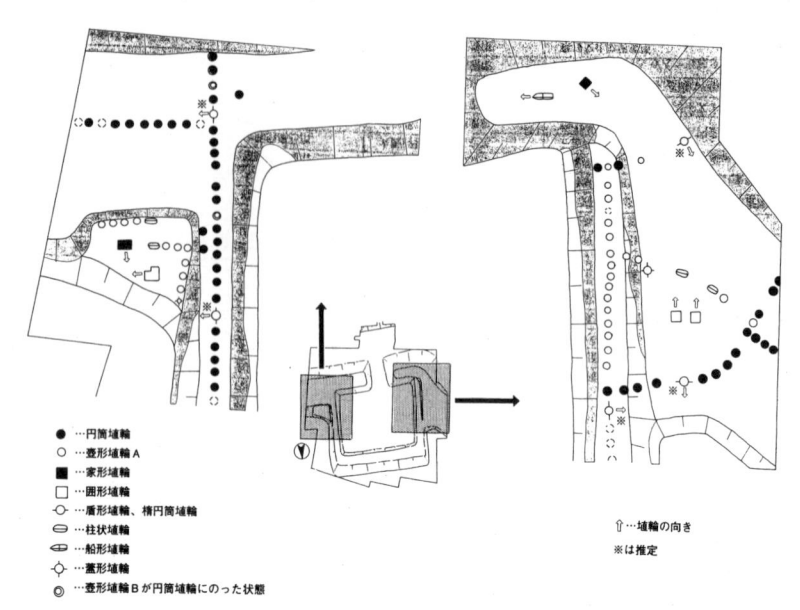

第一部　さまざまな解読―基調報告および事例報告

　●…円筒埴輪
　○…壺形埴輪A
　■…家形埴輪
　□…囲形埴輪
　⟡…盾形埴輪、楕円筒埴輪
　⊂⊃…柱状埴輪
　⊂⊃…船形埴輪
　◇…鷹形埴輪
　◉…壺形埴輪Bが円筒埴輪にのった状態

⇧…埴輪の向き
※は推定

第7図　宝塚1号墳　埴輪の組み合わせと方向（模式図、一部改変）（松阪市2005）

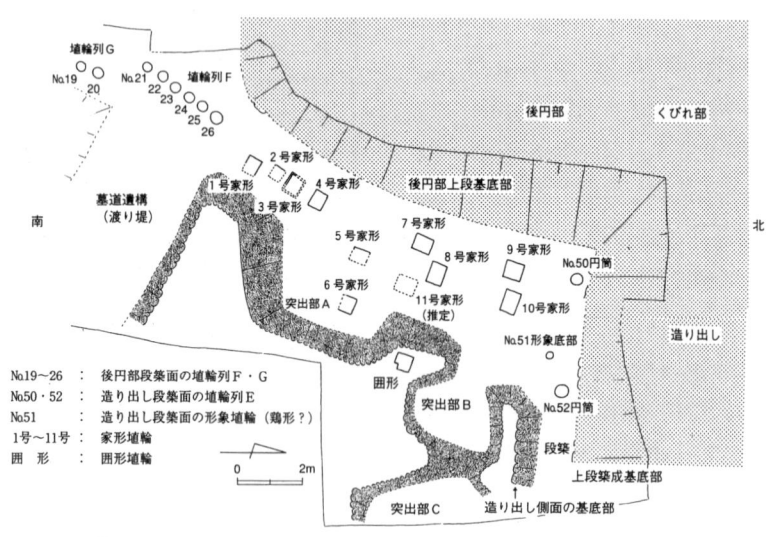

No.19〜26　：　後円部段築面の埴輪列F・G
No.50・52　：　造り出し段築面の埴輪列E
No.51　　　：　造り出し段築面の形象埴輪（鶏形？）
1号〜11号　：　家形埴輪
囲形　　　　：　囲形埴輪

第8図　赤土山古墳　家形埴輪出土状況見取り図（天理市2003）

102

樋を流れる水を使う施設を表した囲形埴輪が、柵形埴輪を伴いながら2群がみつかりました。有名な船の埴輪は、図では右側、方位でいうと西側の低い部分、一番奥まった場所から出ています。そして、渡り土手をはさんだ反対側からも、別の船の破片がでています。

　これらの例から、墳丘の上でもないし、造り出し上のマツリの舞台でもない、第三の場所として、水にからむ場が用意されていたことがわかりました。その延長には巣山古墳（奈良県広陵町）の出島状遺構が位置づけられるでしょう。この遺構は造り出しとは別に存在していて、こちらが出島状施設の本来的なあり方であって、宝塚1号墳の場合は、両者が融合し、上下2層に区別された変則形と見ることができます。巣山古墳では出島状遺構の上に、家、柵、蓋などが展開し、張り出し部分には水鳥が用意されていました。洲浜やひょうたん島まであって、水場に臨むひとつの舞台であることがはっきりとわかります。ちなみに、ここでは濠の水が葺石の裾を洗う程度の水かさをもっていたために、当然、裾には埴輪を置けません。

　この情景は、津堂城山古墳（大阪府藤井寺市）の島状遺構とも関係するわけです。津堂城山古墳の島状遺構も有名な水鳥の埴輪のために用意されたのではなく、水鳥が寄りつく舞台の方が必要とされたと考えられます。ここでもその裾まで水が浸るように古墳が設計されたのでしょう。

　何故そうやって古墳に水を呼び込まなくてはいけないかということが問題になるわけです。前期の段階では、立地もあって、前方後円墳の外周に同一水平面なり、フラットに水を溜め込むというのはできていませんでした。墳丘廻りに周濠がめぐっているというのは思い込みです。ほとんど満々と水を湛えたような状況にはなくて、どちらかというと、墳丘の廻りは乾いていたのが実態です。廻りに水が浸るなんていうのはむしろ少なくて、だからこそ、そこに水を想定させるものを作る、あるいは装飾的に配そうとする思想が強く働いたと考えられます。それと造り出しのマツリというのがほとんど同時に完成するなかで、墳丘に沿った輪郭の鍵穴形から盾形の平面をもつ周濠が完成して、中期古墳になるというイメージでいいと思います。

　それにちょっと先立つのが赤土山古墳（奈良県天理市）の例〔第8図〕だっ

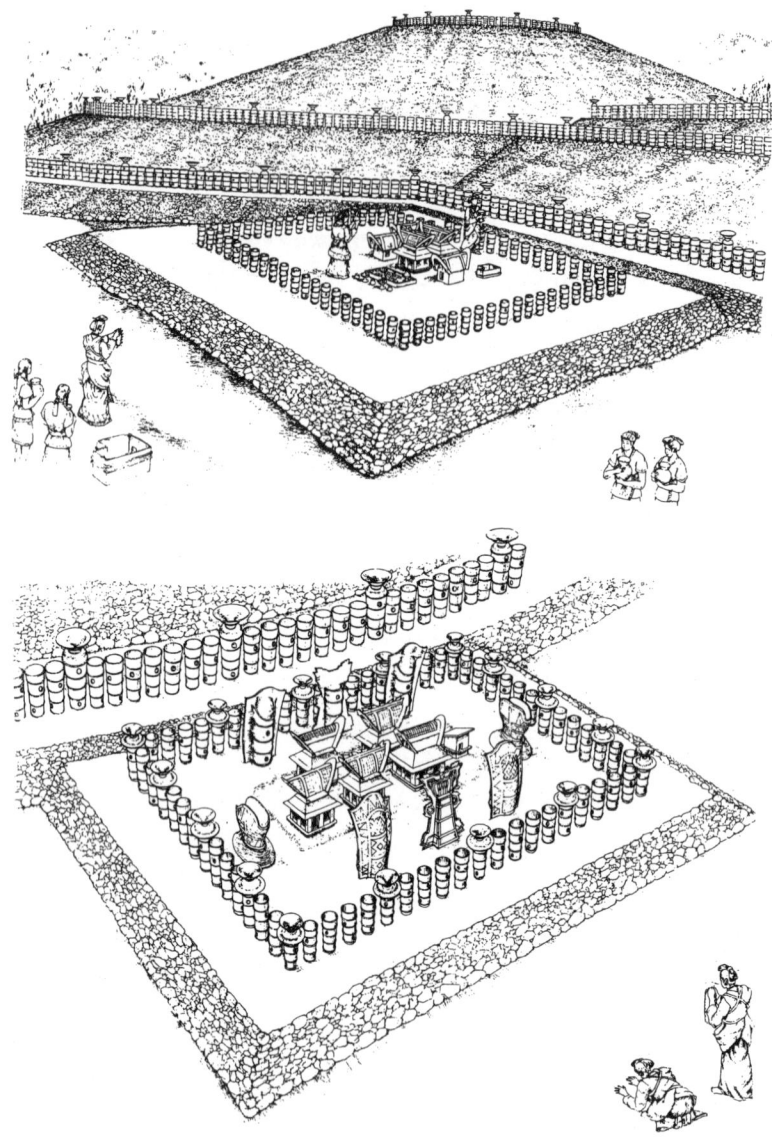

第一部　さまざまな解読―基調報告および事例報告

第9図　行者塚古墳　西造り出し（上）と北東造り出し（下）の復元（小東憲朗画）
　　　　（加古川1997）

たりするわけです。これも墳丘の裾に石垣を有する突出部をもつ舞台があって、この場合も舞台の下、水がイメージできるところに囲形埴輪が置かれています。これが今まで述べてきた造り出しの上と下の関係なのか、あるいはこれ全体で宝塚1号墳の出島状施設の廻り、あるいは巣山古墳の出島状遺構に用意された空間に相当するのか微妙なんですが、これもそこに並んでいる家形埴輪の種類から迫ることができるのではと考えています。

3．家形埴輪の構成

さて、家形埴輪の構成については、石山古墳の墳頂と東方外区と呼ばれる造り出し状施設の埴輪の比較から明らかにできると思います。墳頂の家形埴輪は、もっとも精巧に作られていて、写実的で、かつ装飾的要素が強い。石山古墳では、墳頂の家形埴輪にのみ、鏡を貼り付けたことが分かるような装飾を施したものが見られます。堅魚木(かつおぎ)も墳頂の埴輪だけに限られます。それに対して、東方外区と呼んでいる墳丘裾の施設には、装飾性や、写実性といったものは強く感じられないのです。

さらに造り出しの舞台の上と、またその下の第三の場所とがどう違うかという話になってくるのですが、それも石山古墳の東方外区で方形埴輪列内にあったものと外にあったものの差として読み取れそうです。方形埴輪列内の一群は、まさに、行者塚古墳の西側造り出しの祭祀の対象となる家形埴輪群に相当し〔第6図〕、豪族居館とも呼ぶべきバリエーションが見られます。それに対して、列の外側のものは、巣山古墳とかに見られる水のマツリ、水と関係するようなところに並ぶ家と共通します。巣山古墳では、1間×1間の建物が非常に多いとか、赤土山古墳でも、やたら一階建ての構造の切妻のものが多くてバランスが悪いなど、居館としてはふさわしくない点が指摘できます〔第8図〕。

つまり、もう少し詰めなくてはいけませんが、次のように考えられます。まず、造り出し上面においておこなう祭祀の対象となる家の群というのは、当時の被葬者の生活域ないし居館を写している。それに対して、墳頂に置か

れたものは、もっと宗教的、祭祀的色彩が強く、居館そのままというより、依り代として機能する特殊な役割を担っていた。さらに、低いところに並ぶ水がらみのものには、別な意味で本来の生活とは違う場を投影していると見られるでしょう。

4. 人物埴輪出現の脈絡

　何故このようなことをやっているかというと、結局そのどれかにからむかたちで人物や動物が出てくるからです。言いたいことの察しはつくと思いますが、あくまでも人物や動物が出てくるのは、墳頂でないことが重要です。
　そして私はかつて造り出しの上面に最初の人物埴輪が出るのが一番自然だと思ったことがありますが（高橋1999）、それもどうも諦めた方がいいようです。むしろ今城塚古墳（大阪府高槻市）にありますように、さらに外側のエリアに出てくるのが本来で、そちらを造り出しに持ってくることの方が、むしろ変容、あるいは省略の形と理解しなくてはいけないということがその後の資料からわかってまいりました。その人物、動物に伴う家の特徴も、今城塚古墳や百足塚古墳（宮崎県新富町）などで明らかになってきています。
　それらと比較した時に、今言った3つの家形埴輪の構成のどれが一番そこに受け継がれている可能性が高いかということになります。現状では、一番最後の水にかかわる第三の場所の有り様が、人物・動物に合わせて用意された家に近いと思います。それは、柵形埴輪とか、囲形埴輪の加わり方からも説明がつきます。人物・動物の埴輪というのは、当時の従者や近侍者を表現

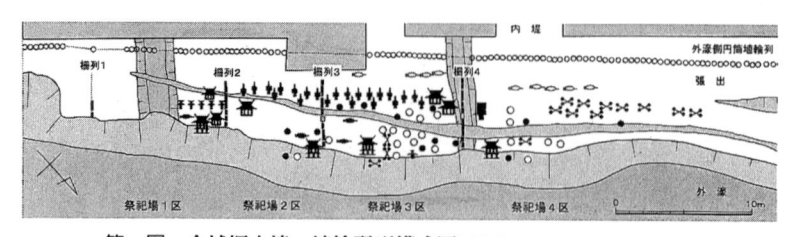

第10図　今城塚古墳　埴輪配列模式図（高槻市立しろあと館2004）

しているのでも、神を呼ぼうとする特殊な人達をイメージしているのでもなくて、水の必要な特殊な場面と、それに関連する舞台として説明されるべきでしょう。それは水鳥や船の存在から、あの世とつながる、そこへ送る場面という発想につながります。そういった場面に必要とされている建物群となれば、葬送に関連するものということになるわけです。それが、果てには人物・動物の埴輪だけで、その行為を象徴できるようになっていく。つまり最初、舞台としてあった家とか柵とかが省略されても、そこに並んでいる人達がその意味を伝えるようになるという見通しが得られます。

いずれにしてもそこは古墳という構造物における墳丘でもなく、墳丘に附設された祭壇でもない場所です。その第三の場所は、古墳のくびれ部を水の流れる場に見立てたということがあったように、全く古墳という場所から切り離された場所を、わざわざそこにくっつけているわけです。墳丘とは確実に区別し、聖域としての古墳を傷付けないという約束があったのです。

ところが、中期後半、あるいは後期になると、その約束がだんだん崩れていきます。最初は造り出しに寄せ集められるようなことが多く出てきますが、最後は墳丘の中段や石室のところまで人物・動物をあげてしまってもいい、というぐらいに意識は変わっていきます。そうなると、主題まで大きく変わった可能性も生じます。

おわりに

さっきの行者塚古墳でもそうですけれども、古墳の埋葬を行う段階で埴輪が既に並んでいたとは、私はぜんぜん思っていません。完全な埋葬と儀礼が全部終わって、最後に埴輪は並べると理解しています。つまり、杉山先生の先のお話のようには考えません。行者塚古墳の場合、囲形埴輪の設置は、家形埴輪を置いて土製模造品でおまつりをする行為が終わらないとできません。あそこを通って出ていけないからです。すべての埴輪を置くのと一緒かその最後の段階でないと非常に不都合です。

昨日の小根澤さんの発表についても、石室の出口のところに埴輪を置くと

第一部　さまざまな解読―基調報告および事例報告

　いう行為がいつなのかが問題でしょう。調査では、埴輪を据えてからまわりの石積みをしているということでしたが、疑問が若干残ります。発掘調査の手順として、後にやったものから剥がしていかないとわけがわからなくなります。埴輪を先に取り上げてしまうともはや検証ができなくなるのです。あの古墳における「ハ」字形に埴輪を並べ、そこに人物、動物を並べる瞬間と埋葬行為との前後関係は、埴輪の意味を考える上で重要な鍵を握る部分だと思います。

　今触れたような資料は、まだまだ掘り起こさなくてはいけません。ここで話した家の種類の整合的理解がどれだけうまくいっていて、恣意的でないかいろいろ心配なところもありますが、とりあえずそっちの方面から墳丘や人の思想に迫っていこうという報告をしました。ご静聴ありがとうございました。

参考文献

石田茂輔　1967　「日葉酢媛陵の資料について」『書陵部紀要』第19号
岩波書店　1999　『岩波日本史辞典』
加古川市教育委員会　1997『行者塚古墳発掘調査概報』加古川市文化財調査報告書15
橿原考古学研究所　1977　『メスリ山古墳』奈良県史蹟名勝天然記念物調査報告35
橿原考古学研究所附属博物館　1991　『はにわの動物園』Ⅱ　橿原考古学研究所附属博物館特別展図録第35冊
橿原考古学研究所附属博物館　2005　『巨大埴輪とイワレの王墓』橿原考古学研究所附属博物館特別展図録第64冊
倉敷考古館　1989　『金蔵山古墳』倉敷考古館研究報告第1冊
高槻市立しろあと歴史館　2004　『発掘された埴輪群と今城塚古墳』
高橋克壽　1997　「第7章成果と考察　3埴輪」『行者塚古墳発掘調査概報』加古川市文化財調査報告書15
高橋克壽　1999　「人物埴輪の出現とその意味」『はにわ人は語る』山川出版社
高橋克壽　2005　「東方外区の埴輪」『石山古墳』三重県埋蔵文化財センター
天理市教育委員会　2003　『史跡赤土山古墳第4～第8次発掘調査概要報告書』
松阪市教育委員会　2005　『史跡宝塚古墳』松阪市埋蔵文化財報告書1

| 基調報告 |

円筒埴輪の論理

犬 木 　 努

　大阪大谷大学の犬木と申します。よろしくお願いいたします。

　今日は「円筒埴輪の論理」という題目でお話しさせていただきますが、それほど難しい話ではありません。結論はいたってシンプルです。

弧帯紋から透孔へ——円筒埴輪の論理

　早速本題に入ります。まず、円筒埴輪から考えていきたいと思います。

　円筒埴輪というのは、1967年に近藤義郎さんと春成秀爾さんが「埴輪の起源」という論文で明らかにされたように、吉備地方における弥生時代後期の器台形土器あるいはそこから発達した特殊器台形土器に祖型を求めることができます（近藤・春成1967）。

　円筒埴輪の胴部、突帯間に穿孔されている「透孔」と呼ばれる小孔は、古墳時代前期以来、最終末に至るまで、すべての円筒埴輪に普遍的に認められるもので、特殊器台の胴部に施紋されているいわゆる弧帯紋に由来することが明らかにされています。

　弧帯紋とは、水平方向に蛇行する2本の帯状紋が、互いに交差し合い、見え隠れするようなモチーフを基本とします。弧帯紋は、本来、岡山県倉敷市の楯築墳丘墓の弧帯石などのように不整形な表面にも施紋されましたが、それが水平方向に分帯化された特殊器台の紋様帯に適合するような形に整序されたものと思われます〔第1図－1〕。

　弧帯紋そのものについては、近藤・春成両氏によって「立坂型」・「向木見型」・「宮山型」・「都月型」という紋様変遷が提示されて以降さまざまな研究

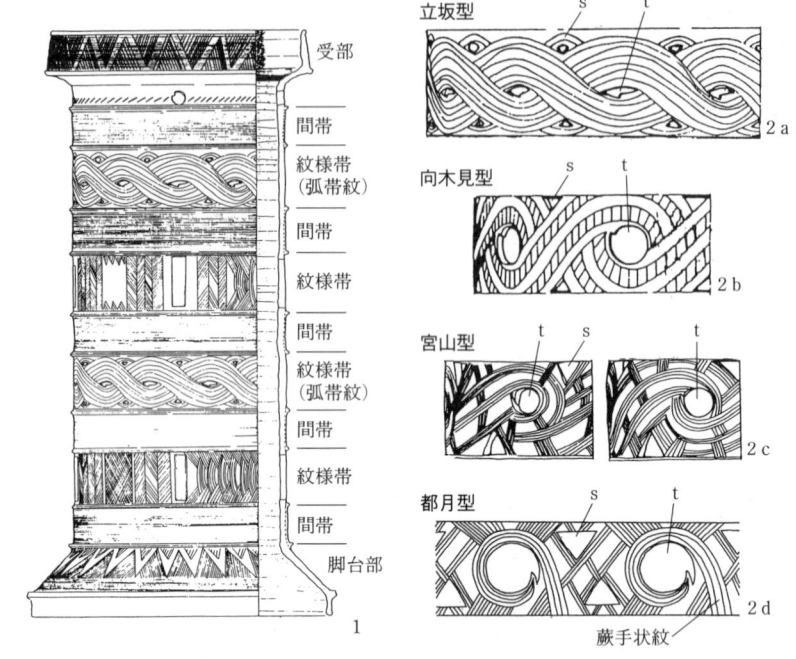

第一部　さまざまな解読—基調報告および事例報告

第1図　特殊器台の部位名称と弧帯紋の紋様変遷（縮尺不同）
1・2a：中山遺跡（落合町教委1978より）　2b：矢谷墳丘墓（広島県教委1981より）
2c：宮山墳丘墓（高橋ほか1987より）　2d：権現山51号墳（近藤ほか1991より）
　　　　　凡例　s：三角形透孔およびその祖型となる透孔
　　　　　　　　t：巴形透孔およびその祖型となる透孔
※「立坂型・向木見型・宮山型・都月型」の型式名称および変遷観は近藤・春成1967による。

が蓄積されています。互いに交差し合う帯状の紋様が次第に単純化し、最終的には蕨手状の紋様に転化した結果、帯状紋様としての連続性を失いつつ分断されていきます〔第1図－2a〜2d〕。

　弧帯紋においては、帯状をなす線刻紋様が主体で（主紋）、帯状紋様の隙間に隠れるように配置されている透孔はあくまでも副次的なもの（地紋）に過ぎません。特殊器台には、三角形・巴形・長方形などの透孔が穿孔されますが、このうち、巴形の透孔は、弧帯紋の結び目の部分に配置されたものです。また、三角形の透孔は、弧帯紋の交わりの部分に配置されています。しかし、特殊器台から円筒埴輪へと変化していく過程で、主紋である弧帯紋の

110

円筒埴輪の論理

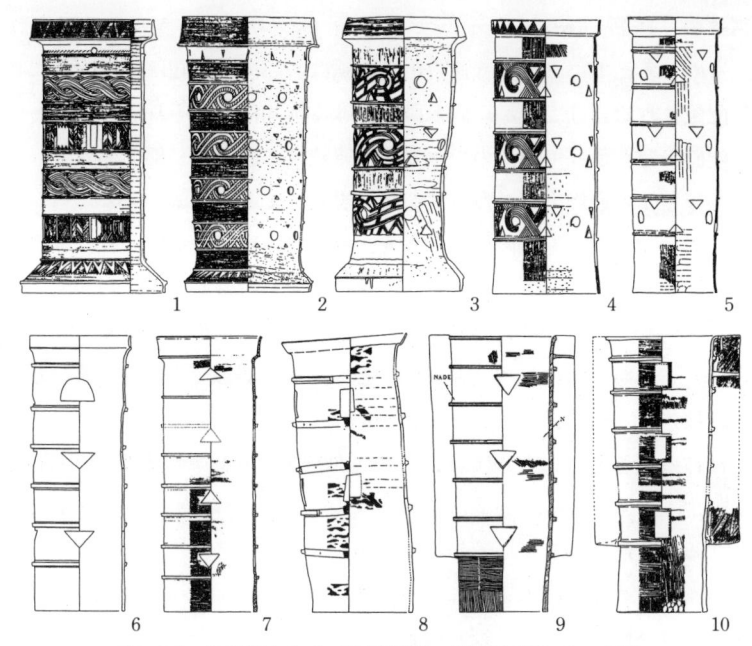

第2図　特殊器台および円筒埴輪の器面分割とその変異
（縮尺不同、図上での器高を統一）

1：中山遺跡（落合町教委1978より）　2：矢谷墳丘墓（広島県教委1981より）
3：宮山墳丘墓（高橋ほか1987より）　4：箸墓古墳（白石ほか1984より）
5：元稲荷古墳（近藤ほか1971より）　6：西殿塚古墳（天理市教委2000より）
7：メスリ山古墳（伊達ほか1977より）　8：新山古墳（坂1994より）
9：ナガレ山北3号墳（伊達・赤塚1981より）　10：黄金塚2号墳（伊達ほか1997より）

省略がすすみ、最後には副次的な紋様（地紋）であったはずの透孔だけが残ることになります〔第2図〕。

　ここで弧帯紋というカタチの特質について考えてみましょう。弧帯石もそうですし、初期段階の弧帯紋もそうなのですが、帯状の紋様が何層にも何重にも重なり合いながら、無限に連続している状態を表現しています。何かを結縛した状態を表現しているとも言われています。「閉じた」状態といってもいいかも知れません。

　特殊器台から円筒埴輪へと移行する過程で、帯状紋自体は姿を消していき、透孔のみが残ることになりますが、埴輪の終焉に至るまで、透孔には、

111

弧帯紋の「結節」（結び）あるいは「交差」（交わり）という意識が残されていたものと考えています。普通の円筒埴輪において、透孔は一段の中に必ず複数配置されるわけですが、同一段における透孔はそれぞれ無関係のものとして配置・穿孔されているのではなく、連続する紋様の一部であるという意識が円筒埴輪の最終末まで残っていたと思われます。

特殊器台でも都月型の段階になると、弧帯紋の連続性が失われ、蕨手状紋としてバラバラに分断されますが、バラバラであっても「連続」している。つまり、切れてはいるけど、繋がっている、という点が重要なんだと考えています。これが、私のいう《連続体》としての弧帯紋（帯）、《円環》としての弧帯紋（帯）の意味するところであります。

1個体の特殊器台においては、この《連続帯》としての弧帯紋（帯）が、「間帯」を挟みながら、上下に重なっていく。いいかえれば、上下に《連環》する弧帯紋をなしているわけです。

以上をまとめると次のようになります。
①透孔は「閉じ」と「結び」の表象である。
②特殊器台の弧帯紋帯は水平方向に無限に連続する紋様として「閉じた」存在である。弧帯紋の流れを汲む「蕨手状紋」も円筒埴輪の「透孔」も、一見断続的に配置されてはいるものの、全体として「閉じた」連続体をなしている。
③1個体の特殊器台においては、弧帯紋帯が上下に重畳しており、1個体の特殊器台はそれ自体、上下方向においても、幾重にも「閉じた」存在である。

方形埴輪列にみる「円筒埴輪の論理」

次に、前方後円墳の墳頂部に配置された方形埴輪列についてみていきたいと思います。

古墳時代初頭の段階で、前方後円墳の墳頂部に埴輪がどのように並べられていたかという点については、不明な部分が多いのですが、西殿塚古墳（奈

円筒埴輪の論理

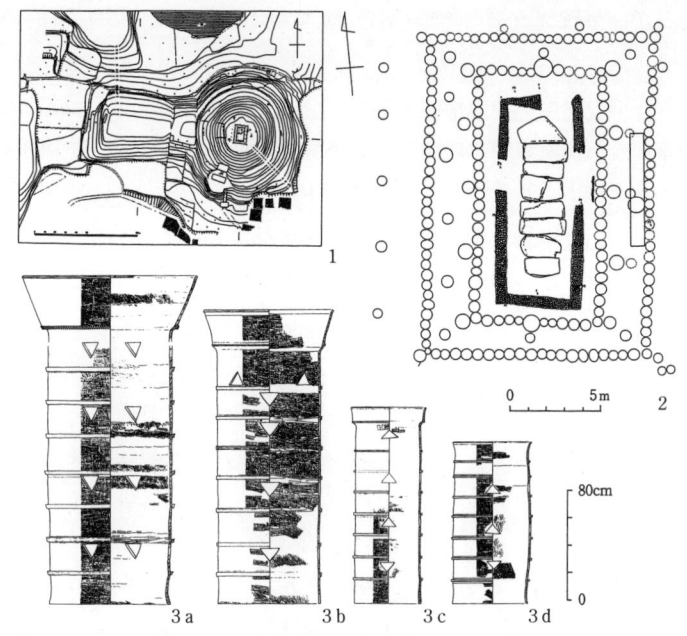

第3図　メスリ山古墳における円筒埴輪の構成（伊達ほか1977より、一部改変）
1：墳丘測量図　2：後円部墳頂部方形埴輪列　3a～3d：各種円筒埴輪

良県天理市）や桜井茶臼山古墳（奈良県桜井市）の後円部墳頂には方形壇の存在が推定されていて、その周りに埴輪が立て並べられていたことは間違いないと考えられています。西殿塚古墳では円筒埴輪が、桜井茶臼山古墳では壺が方形壇の内外に樹立されていたと考えられており、それらに後続する寺戸大塚古墳（京都府向日市）やメスリ山古墳（奈良県桜井市）の方形埴輪列などもその延長にあると見なされています〔第3図〕。

　円筒埴輪列は、円筒埴輪を一定の間隔に配置するものですが、円筒埴輪どうしをどんなに密接に立て並べても、そこには実際に「閉じた」空間が作り出されるわけではありません。言ってみれば、円筒埴輪列は、「不連続な連続」とでも言える性格を帯びています。方形埴輪列においては、一定の間隔で布置された円筒埴輪によって、「外」と「内」が分節化され、両者の「区分」のみが記号として現出されているに過ぎないのです。

ところが、東殿塚古墳（奈良県天理市）の段階になると、少し事情が変わってきます。

東殿塚古墳の墳頂部の埴輪樹立状況についてはよくわかっていないのですが、前方部の西側墳裾部には鰭付円筒埴輪や朝顔形円筒埴輪が集中的に配置された区画が検出されています〔第4・5図〕。

東殿塚古墳出土の鰭付円筒埴輪は、円筒部両側に貼付された鰭部の両面に突帯が貼付され、その間にさまざまな形の透孔が穿孔されています。これは他の鰭付円筒埴輪には見られない非常に珍しい特徴です。おそらく鰭付円筒埴輪の中でもかなり古い、最古といってもいいものだと思います。

本来、円筒埴輪の本体に貼付・穿孔されるはずの突帯や透孔が、どのような意図をもって鰭部に配置されているのでしょうか。東殿塚古墳の埴輪配置区画では、各種の円筒埴輪が整然と配置されていた様子は窺えませんでしたが、鰭付円筒埴輪というものは、本来、隣り合う鰭どうしが接し合うように、配置されるべきものであったと考えられます。東殿塚古墳の後円部や前方部の墳頂部の調査は行われていないので推測の域を出ないものの、おそらく鰭付円筒埴輪が整然と立て並べられているような状況が想定できると考えています。東殿塚古墳の埴輪は、従来から指摘されているように、さまざまな高さの埴輪で構成されており、高さの異なる埴輪を何重にも立て並べられることによって、立体的な埴輪配置（青木1988）を作り出していた可能性が高いと思われます〔第5図〕。

結論的に言えば、本来、円筒部に配置されるはずの突帯や透孔が鰭部にも配置されているということは、鰭部というものが、円筒部の「透孔穿孔域」すなわち「施紋域」を「拡張」する意図の下に創出されたことを示唆しているものと考えられます（犬木2002）。また、隣り合う円筒埴輪の鰭部どうしも「連続」することになり、それによって、隣接する円筒埴輪どうしの「連接性」が高められ、円筒埴輪列が「一体」として「閉じた場」を作り出すことになったわけです。

さきほど、普通円筒埴輪で構成された埴輪列について「不連続な連続」という言い方をしましたが、鰭付円筒埴輪で構成された埴輪列の場合、隣接す

円筒埴輪の論理

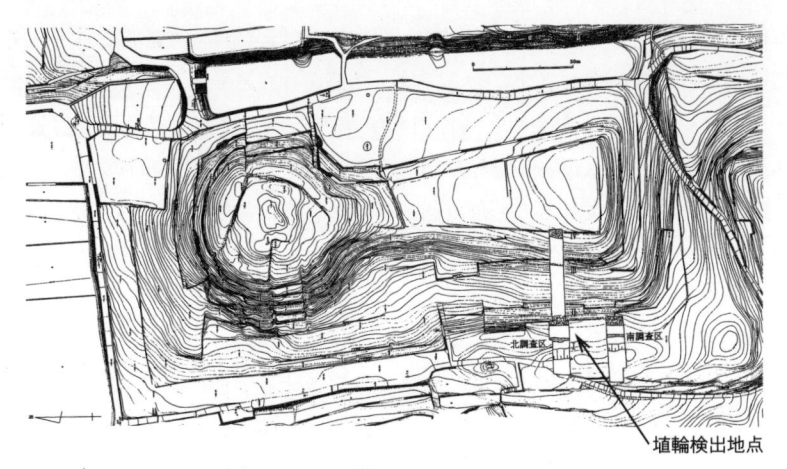

第4図　東殿塚古墳墳丘全体図（天理市教育委員会2000より）

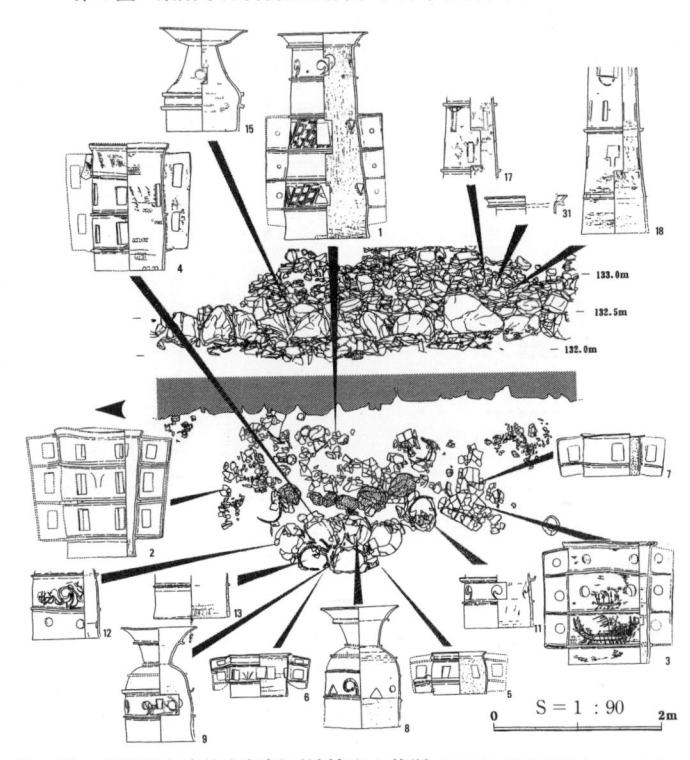

第5図　東殿塚古墳前方部側面埴輪出土状況（天理市教育委員会2000より）

115

る円筒埴輪どうしのある種、物理的・即物的な「連続性」を志向しようとしていたことが読み取れます。そこでは、鰭部を介在させることで、円筒埴輪どうしの「連接性」を高め、鰭付円筒埴輪列というより一体化した「連接体」によって「閉じた場」を作り出そうとしていたものと思われます。

鰭付円筒埴輪が現れるのとほぼ同じ時期に、楕円筒埴輪や柵形埴輪などと呼ばれるやや特異な埴輪が樹立されるようになるのも、同様な背景をもっていると思います。さきほど述べたように、円筒埴輪列は、本来、あくまでも記号としての「閉じた場」を形象するものであったわけですが、この時期になると、物理的・即物的に「閉じた場」を形象する志向性が見てとれるようになるわけです。もちろん、完全には「閉じて」いないわけですが……。おそらくは、当時実際に存在した垣根とか柵列などとの関連もあるのでしょうが、円筒埴輪列が本来備えていた一種の「記号性」を想起するならば、この時期には、埴輪列本来のあり方からかなり「逸脱」した状況が見受けられるように思います。ただし、鰭付円筒埴輪や楕円筒埴輪、柵形埴輪の存続期間はそれほど長くはなく、間もなく姿を消していくことになります。

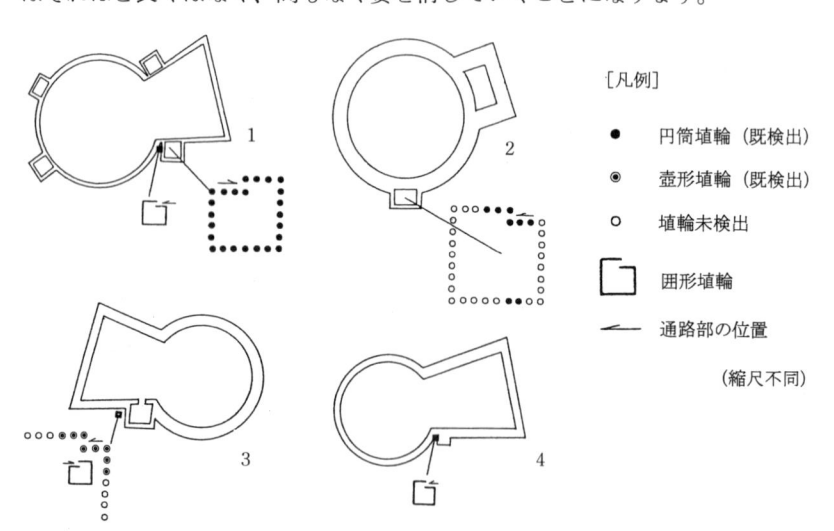

第6図 方形埴輪列および囲形埴輪における通路部(「食い違い」部)の位置
1：行者塚古墳　2：乙女山古墳　3：宝塚1号墳　4：心合寺山古墳
(それぞれ加古川市教委1997、河合町教委1988、松阪市教委2001、八尾市教委2001より作成)

いずれにせよ、円筒埴輪列は、方形埴輪列であれ、それ以外の埴輪列であれ、円筒埴輪によって囲まれた「閉じた場」を作り出すことに本来の意図があったものと思われます。また、円筒埴輪列については、その樹立間隔如何にかかわらず、それ自体一体化した一個の「連接体」と見なすべきであると考えています。それによって円筒埴輪列は、「内」に存在する不可視の「もの」の所在を可視化することを可能にしているのです。

家形埴輪・器財埴輪にみる「円筒埴輪の論理」

次に、墳頂部の方形埴輪列内部に配置される家形埴輪や器財埴輪についてみていきたいと思います。

家形埴輪や器財埴輪をみていく前に、まず東殿塚古墳や宝塚１号墳（三重県松阪市）から出土した関連資料について見ていくことにしましょう。

東殿塚古墳出土の鰭付円筒埴輪の１体〔第７図－１d・１e〕には、３艘の船が線刻されています〔第７図－１a～１c〕。船の上には家・蓋・不明器物などが表現されています。これは宝塚１号墳出土の船形埴輪に乗せられている器物とも共通しますし〔第７図－２〕、珍敷塚古墳（福岡県うきは市）など横穴式石室の壁面に描かれている船の絵画とも共通します〔第７図－３〕。また、実際の古墳の墳頂部に樹立されている器財埴輪の器種組成とも共通しています。この４者にみられる器物の数々が全体として表現しているもの、意味しているものは共通している可能性が高いと考えています。それぞれ、船に乗っている不可視の「もの」や、古墳に眠っている不可視の「もの」の存在・所在を示しているのでしょう。

一般に、器財埴輪には、武器・武具・威儀具などさまざまな器物で囲むことによって、「内」にある「もの」を護る機能が想定されていますが、それは逆に、囲まれた「もの」、護るべき「もの」の存在・所在を示していると考えてもよいでしょう。

一方、家形埴輪は「依代」と見なされることも多いですが、家形埴輪群のなかには、本来表現すべき「中心的」な建物が表現されていない可能性も指

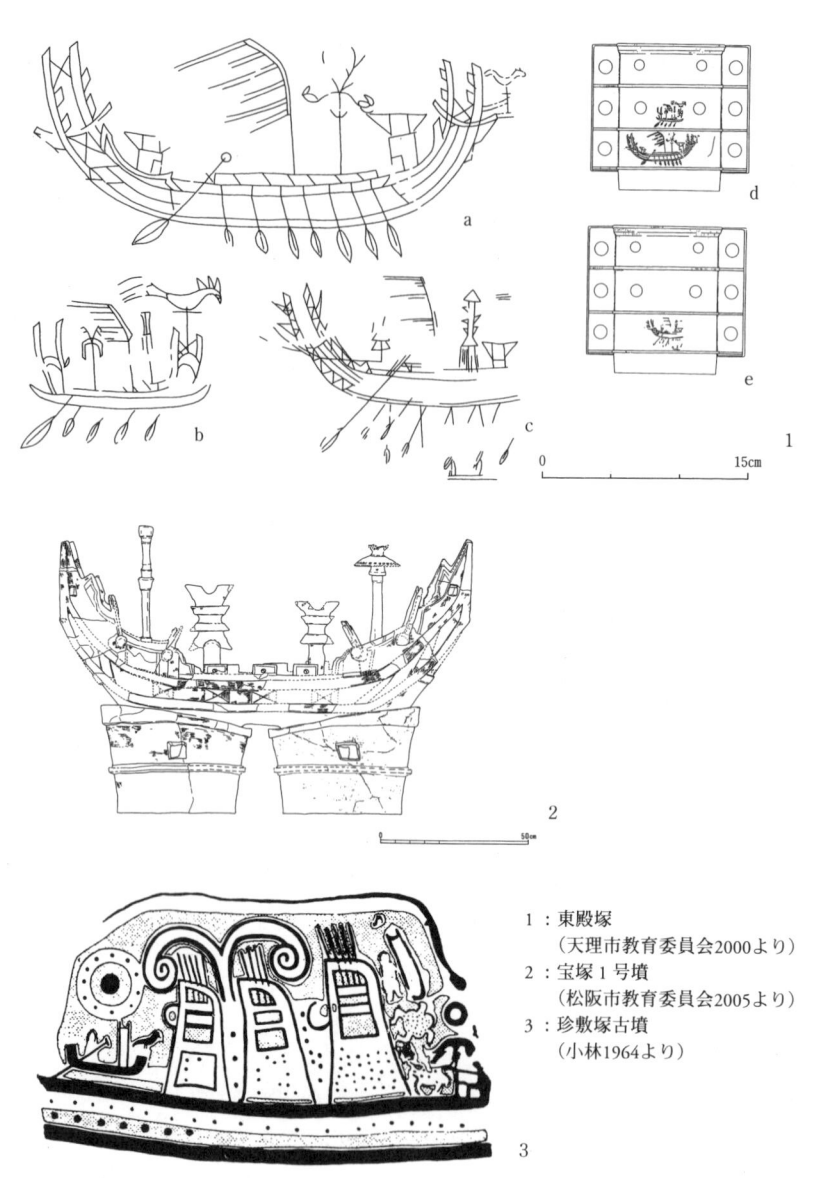

第一部　さまざまな解読―基調報告および事例報告

1：東殿塚
　　（天理市教育委員会2000より）
2：宝塚1号墳
　　（松阪市教育委員会2005より）
3：珍敷塚古墳
　　（小林1964より）

第7図　船の線刻画・船の埴輪・船の壁画

摘されています（車崎1999）。実際、東殿塚古墳では、船の上に寄棟式と思われる家を配置した線刻画が2つありますが、どちらの家も、船の中央ではなく、前方および後方に配置されています〔第7図－1a・1c〕。これは、この2棟の家が「中心的」な建物ではなく、それ以外の建物を表現している可能性を示唆しています。ちなみに、佐味田宝塚古墳（奈良県河合町）の家屋紋鏡では、入母屋式・切妻式・寄棟式・伏屋式という4種類の建物が表現されていますが、このうち伏屋式の建物のみ、通常は家形埴輪に表現されないことと関連する可能性があります（車崎2007）。

以上をまとめると、家形埴輪・器財埴輪は、「内」にある「もの」の周囲に随伴する器物を具象的に表現しており、それによって、本来それらの器物が付随すべき不可視の「もの」の存在・所在を可視化しているものと考えられます。そのような意味において、円筒埴輪と家形・器財埴輪は共通の「機能」をもっていることは明らかであり、家形埴輪や器財埴輪は、円筒埴輪の機能を補完すべきものとして、また「円筒埴輪の論理」を強化すべきものとして構想された可能性が高いと見なすべきでしょう。

人物埴輪にみる「円筒埴輪の論理」――「今城塚」の再検討

最後に、人物埴輪についてみていきたいと思います。ここではまず、今城塚古墳（大阪府高槻市）の形象埴輪群について、現時点で提示されている情報をもとに、検討しておきたいと思います。

今城塚古墳では、墳丘北側の内堤に設けられた長さ65m、幅10mの「張り出し部」において、多数の形象埴輪が検出されています〔第8図－1～3〕。形象埴輪群は、柵形埴輪によって4区画に分けられており、後円部に近い方から1区・2区・3区・4区と呼称されています（高槻市立しろあと歴史館2004）。

まず、「奥津城」とされる1区には、家形埴輪・器財埴輪・鶏形埴輪だけが配置されており、人物埴輪は配置されておりません。人物埴輪が配置されていない区画はこの1区のみです。「手前」の2区との間を画する柵形埴輪

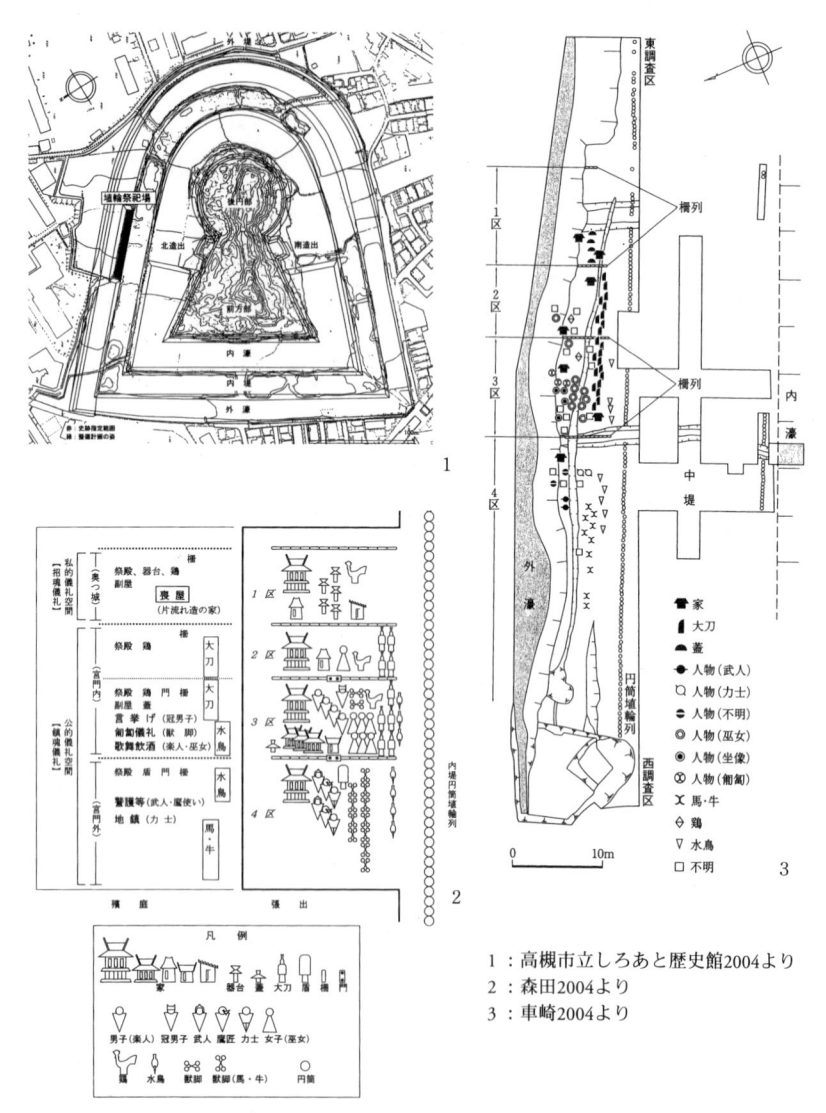

第一部　さまざまな解読―基調報告および事例報告

1：高槻市立しろあと歴史館2004より
2：森田2004より
3：車崎2004より

第8図　今城塚古墳における形象埴輪配置

には「門」の存在は確認されていないことから、1区はもっとも重要な、閉鎖的な空間であることが窺えます。

　また、2区には、家形埴輪・器財埴輪・鶏形埴輪のほかに、巫女形埴輪1

120

体のみが配置されています。1区に最も近い場所に配置された唯一の人物埴輪であることから、今城塚古墳の人物埴輪のなかで、もっとも重要な役割を担った人物であると思われます。

一方、3区には、家形埴輪・器財埴輪・鶏形埴輪・水鳥形埴輪のほかに、さまざまな職掌や所作を示す人物埴輪が多数配置されています。

4区には、家形埴輪・水鳥形埴輪・馬形埴輪のほか、武人・鷹匠・力士などの埴輪が配置されています。

人物埴輪にはさまざまな職掌や所作が表現されており、それらの多様性に目を奪われがちなのですが、実際には供膳奉仕を行う女子埴輪が、人物埴輪の大半を占めていることが明らかにされています（塚田1996）。女子による供献行為を埴輪で表現することは、供献対象の存在・所在を明示する機能を果たしているものと考えられます。最も「奥」に位置する1区には人物が配置されず、その「手前」の2区に女子1体のみが表現されているということは、供膳奉仕の対象が他ならぬ1区に所在することを明示していると思われます。

そうであれば、今城塚古墳の人物埴輪のなかには、旧首長としての被葬者の姿は表現されていないと考えるべきでしょう。従来の人物埴輪分析であれば、3区に配置された「冠をかぶる男子」埴輪や、何体もの坐像を、旧首長であると見なしていたでしょうが、先に述べたような理由から、いずれも旧首長の姿を表現しているとは考えられません。もっとも重要な人物、すなわち被葬者である旧首長は、人物埴輪の中には表現されておらず、旧首長に仕え、付き従う人々のみが人物埴輪に表現されているものと考えています。

これまで述べてきたことを踏まえるならば、方形埴輪列の場合も、家形埴輪や器財埴輪の場合も、その本質は《中空の同心円構造》であると考えています。中心には何も表現せず、その周辺にさまざまな器物を「同心円状」に配置することによって、中心にあるはずの「不可視」な「もの」の存在を明示するわけです。そういう意味では、人物埴輪の場合にも、中心的人物を表現せずに、そこに付き従う人物のみを表現するという点からみる限り、方形埴輪列や墳丘各段の円筒埴輪、家形埴輪や器財埴輪と同じく《中空の同心円

構造》という「構造体」の一端を担っていると見なして間違いないでしょう。

　古墳時代初頭以来、埴輪の品目が増加していくという現象は（小林1960）、上記の《中空の同心円構造》が、徐々に多重化していくプロセスに他なりません。人物埴輪も、先行する器種である円筒埴輪・家形埴輪・器財埴輪に認められた《中空の同心円構造》を「強化」する目的で新たに創出され、配置されるようになったものと思われます。そのような意味では、人物埴輪は、円筒埴輪を補完すべき存在と見なすことができるでしょう。

　これまでの人物埴輪研究では、今城塚古墳の3区あるいはそれに対応すると思われる箇所を、人物埴輪の「中心的」区画とする場合が多かったと思われますが（塚田1996など）、人物埴輪の区画としては今城塚古墳の2区がもっとも重要な区画であることを再認識するべきでしょう。

形象埴輪「列状配置」の意味するもの

　ここで、唐突に思われるかも知れませんが、今城塚古墳の対照資料として、千葉県芝山町の殿部田1号墳の埴輪配置について検討してみたいと思います〔第9図〕。

　殿部田1号墳では、墳丘中段に、多数の人物埴輪を含む形象埴輪が列状に配置されていることが確認されています（芝山はにわ博物館1980）。これまで注目されてこなかったことですが、殿部田1号墳の形象埴輪列のなかには、実は、円筒埴輪が2箇所に樹立されています。私は殿部田1号墳の形象埴輪をA群からE群という5群にまとめておりますが、A群とB群の間、さらにB群とC群の間にそれぞれ2個体ずつ、円筒埴輪が樹立されていることが見て取れると思います〔第9図-2・3〕。これらは、墳丘の上から転がり落ちたものではなく、調査時の所見から明らかに原位置と考えられるものです。

　殿部田1号墳のような埴輪配置は、人物埴輪の「列配置」などと呼称されてきましたが（市毛1985）、今述べたような事実に着目するならば、円筒埴輪

円筒埴輪の論理

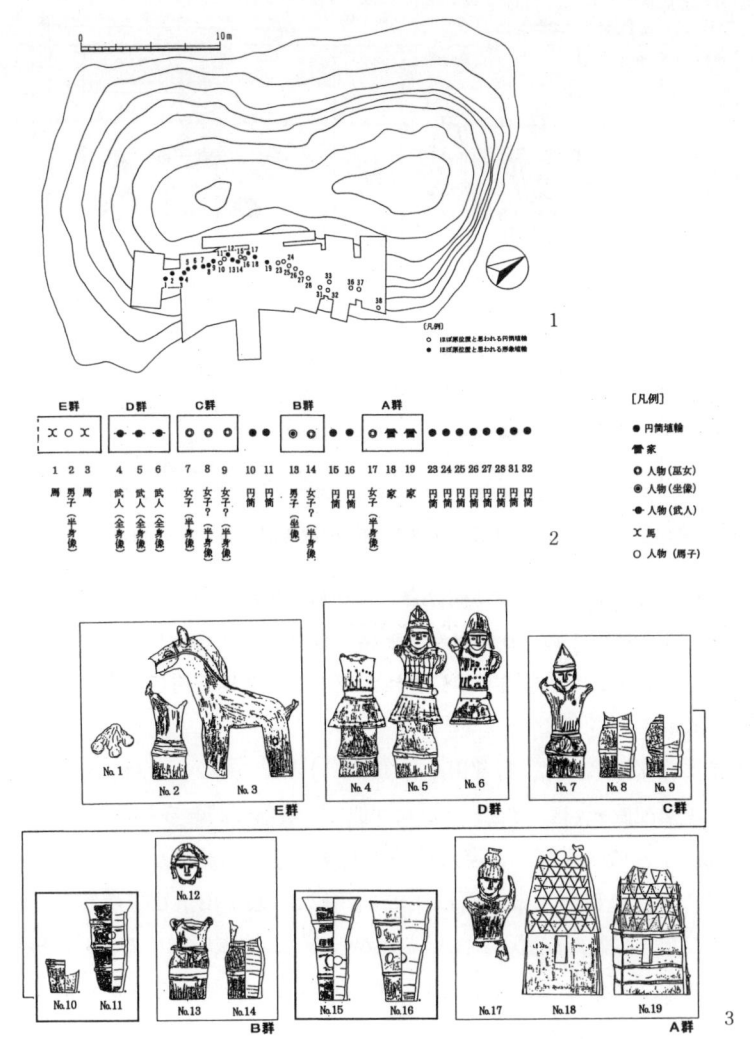

第9図　殿部田1号墳における形象埴輪配置（犬木2007aより）

を介在されることによって、少なくとも3つのゾーンに分かれていることがわかります。最も南側のゾーンについては、埴輪の種類の違いによって、さらに3つに区分することが可能です（C～E群）。殿部田1号墳におけるA～E群はこのようにして見出されたものです。

123

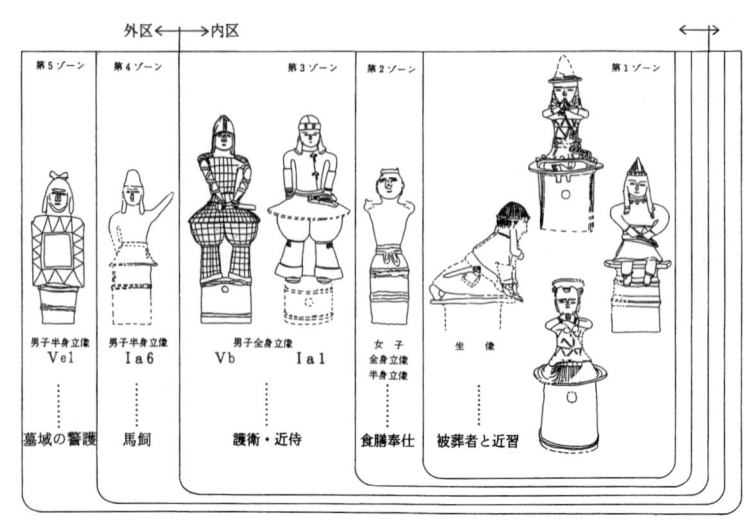

第一部　さまざまな解読—基調報告および事例報告

第10図　塚田良道による「人物埴輪の配置規則」(1)（塚田1998より）

　殿部田１号墳の各ゾーンに樹立された埴輪の内訳を見ると、Ａ群は家形埴輪２体と女子埴輪１体、Ｂ群は女子埴輪１体と男子坐像１体、Ｃ群は女子埴輪３体、Ｄ群は武人埴輪３体、Ｅ群は馬飼の男子埴輪と馬形埴輪となっています〔第９図−２・３〕。

　非常に興味深いのは、殿部田１号墳における５つのゾーンは、今城塚古墳の形象埴輪配置（１区〜４区）とかなり似ている部分があるという点です。

　殿部田１号墳のＡ群は、家形埴輪に女子１体のみが伴うことから、今城塚古墳の２区に相当すると思われます。また、殿部田１号墳のＢ群は、女子および男子坐像が配置されている点からみて、今城塚古墳の３区に相当するものでしょう。また、殿部田１号墳のＣ群は女子埴輪多数から構成されており、これも今城塚古墳の３区に対応すると思われます。また、武人埴輪からなるＤ群および、馬・馬飼からなるＥ群は、今城塚古墳の４区に相当すると思われます。

　以上から、殿部田１号墳の形象埴輪配置は、今城塚古墳の形象埴輪配置を簡略化したもので、両者がまさに相同な構造をなしていることが明らかになりました。従来の分類であれば、今城塚古墳の形象埴輪は「隊配置」、殿部

円筒埴輪の論理

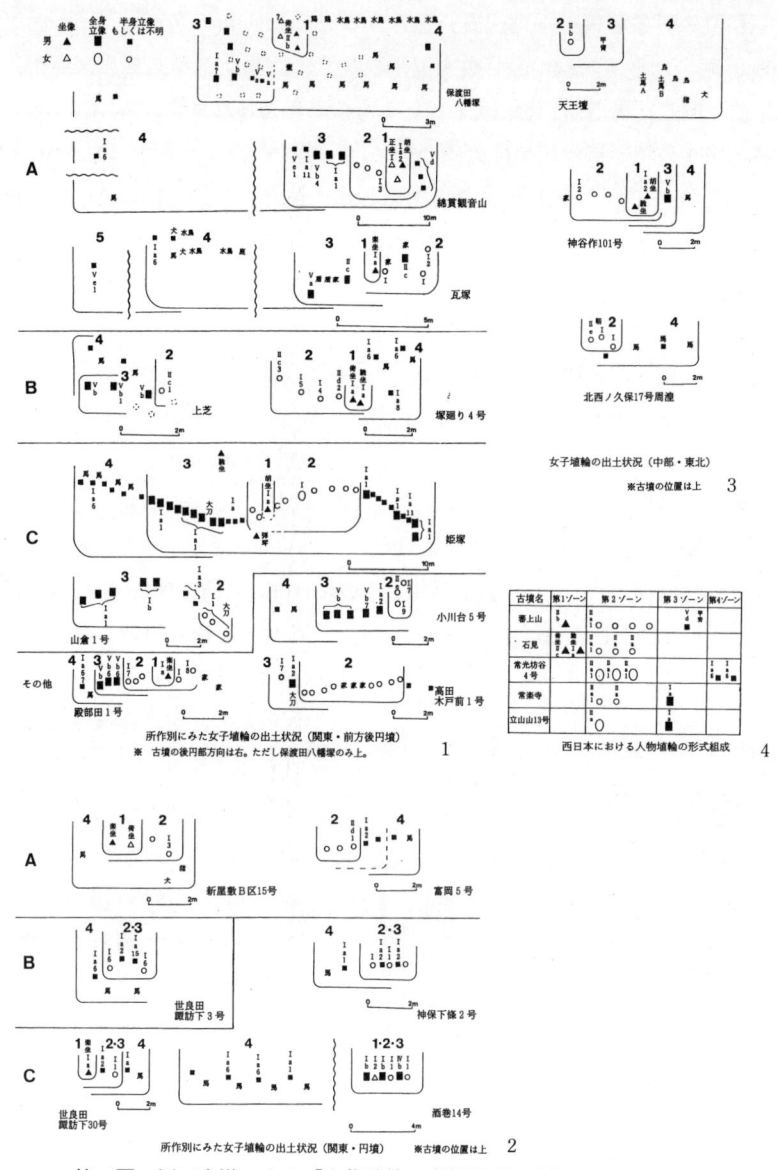

第11図 塚田良道による「人物埴輪の配置規則」(2)(塚田1998より)

田1号墳の形象埴輪は「列配置」ということになったのでしょうが（市毛1985）、両者は形象埴輪の品目数・個体数などに顕著な差があるとはいえ、基本的に同じ「構造体」を表現しているものと考えられます。

殿部田1号墳の形象埴輪配置については、坐像のあるゾーン（筆者のいうB群）が「中心的」な区画であると指摘されてきましたが〔第10・11図、塚田1996など〕、今城塚古墳と対比していくと、実はそこが「中心」なのではなく、さらに「奥」のA群こそ「中心」であるということが明らかになりました。

このように、関東地方における、いわゆる「列状配置」をなす形象埴輪のなかには、殿部田1号墳と同様に、今城塚古墳の形象埴輪配置の省略形とみなすべきものが少なからず含まれているようです（犬木2007a）。

なお、今城塚古墳で、両手を後ろ上方に伸ばしている女子埴輪が出土しましたが（高槻市立しろあと歴史館2004、18頁）、これによって、従来、城山1号墳（千葉県香取市）や山田宝馬127号墳（千葉県芝山町）、経僧塚古墳（千葉県山武市）などで出土していた、同様なポーズをとる女子埴輪の祖型が畿内に求められることがはっきりしてきたわけです。これは関東地方における「列状配置」の起源が今城塚古墳を含む畿内に求められることとを意味しており、非常に興味深い事実だと思います〔第12図〕。ただ、古墳時代後期における畿内から関東への埴輪の影響関係の複雑な実態を考えるときに、今城塚古墳の埴輪のどの部分が残るのか、あるいは、どの部分が残らないのか、おそらく、古墳によってかなり異なってくると思います。昨日、車崎さんは、

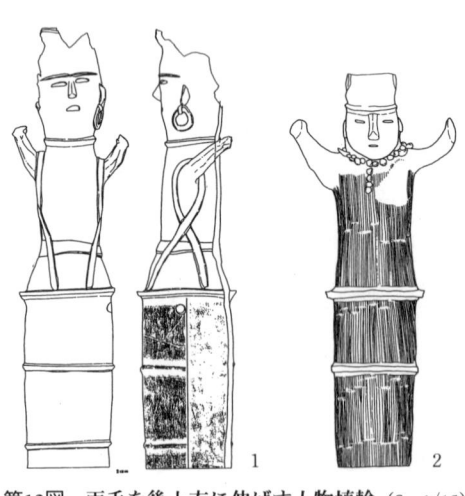

第12図　両手を後上方に伸ばす人物埴輪（S=1/15）
（1：山武考古学研究所1982より、2：犬木1997より）

「標準語」と「方言」という言葉を使われましたが、古墳ごとにもっと注意深く見ていけば、埴輪における両者の関係がもう少し深く見えてくるのではないかと思います。

まとめに代えて

最後に、ここまで述べてきたことを簡単にまとめておきましょう。

まず、円筒埴輪および円筒埴輪列の本質は、「閉じた場」を作り出すことによって、そこに存在する不可視な「もの」を可視化する装置だと考えています。弧帯紋およびその一部をなす透孔は「閉じ」と「結び」の表象ですし、弧帯紋帯自体も円筒埴輪の器面において無限に連続する閉じたループをなしています。もちろん円筒埴輪は、円筒埴輪列を構成することによって、《中空の同心円構造》を現出しています。

また、家形埴輪や器財埴輪の場合にも、それらによって囲まれた「中心」には何も表現・配置されませんが、それらに随伴するさまざまな器物を、周囲に「同心円状」に配置することによって、中心にある不可視な「もの」を可視化する役割を果たしています。人物埴輪の場合も同様です。

埴輪の品目は、時期が下るとともに、円筒埴輪、家形埴輪、器財埴輪、人物埴輪という順に増えていきます。これは、ここまで何度もくどいほど述べてきた《中空の同心円構造》が多重化・多層化していくプロセスを具体的に示してくれています。あくまでも先行する埴輪の機能を阻害しない形で、その「外側」に新たな埴輪が付加されていくわけです。埴輪の種類が増加しても、その本質は円筒埴輪にあり、その他の家形埴輪・器財埴輪・人物埴輪は、あくまでも円筒埴輪の機能、円筒埴輪の論理を補完・強化する目的で、創出され、樹立されるようになったものであることを再度強調しておきたいと思います。言いかえれば、円筒埴輪はその本義を最後まで保持し続けたのだと思います。

各種の埴輪に貫徹されている「閉じる」という機能は、初現期の前方後円墳において見出すことができる密封・密閉という埋葬上の論理と通底するも

のなのかも知れません。前方後円墳という構造体に埋め込まれている論理を、「円筒埴輪の論理」が補完しているとすれば、円筒埴輪の分析を通じて、前方後円墳の本質についても具体的に考えることが可能になるのではないかと思っています。さらにまた、家形埴輪や器財埴輪、人物埴輪などが「円筒埴輪の論理」を補完しているとすれば、当然それらの分析が、前方後円墳の本質を議論する場合に少なからず寄与することは言うまでもありません。

人物埴輪に重点を置いて埴輪全体の意味を考えるのももちろん大事なことではありますが、今日は逆に円筒埴輪を思考の基点に据えることによって、よりクリアに見えてくる部分もたくさんあるのではないかという趣旨のお話をいたしました。非常に雑駁な話になりましたが、一通りの説明はしたつもりです。いつもは制限時間オーバーして長々と話すのですが、今日はどういうわけか早く終わりました。ご静聴ありがとうございました。

付　記　図1は当日の発表要旨には掲載していないが、発表後、特殊器台における弧帯紋など細部についての理解を助ける挿図が必要なのではないか、というご意見をいただいたため、今回、あらためて追加した。発表の趣旨に変更はない。

参考文献

青木勘時　1998　「大和東南部の前期古墳について――天理市東殿塚古墳の調査成果を中心に」『古代』105　早稲田大学考古学会

市毛　勲　1985　「人物埴輪における隊と列の形成」『古代探叢Ⅱ』早稲田大学出版部

犬木　努　1997　「茨城県猿島郡境町百戸出土人物埴輪の再検討――下総型人物埴輪の形態変化とその特質」『MUSEUM』第549号　東京国立博物館

犬木　努　2002　「円筒埴輪という装置――形態論・機能論からの検討」『東アジアと日本の考古学Ⅱ墓制②』同成社

犬木　努　2005　「円筒埴輪列における「同工品類型」――下総型埴輪を例として」『志学台考古』5　大谷女子大学文化財学科

犬木　努　2007a　「形象埴輪「列状配置」の本義――「今城塚」から東国の埴輪を

考える」『志学台考古』7　　大阪大谷大学文化財学科
犬木　努　2007b　（刊行予定）「円筒埴輪の形態論——突帯配置と透孔穿孔」『現代
　　　の考古学4　生産と技術の考古学』朝倉書店
落合町教育委員会　1978『中山遺跡』
加古川市教育委員会　1997『行者塚古墳発掘調査概報』加古川市文化財調査報告
　　　書15
河合町教育委員会　1988『史跡　乙女山古墳』河合町文化財調査報告第2集
車崎正彦　1999「壺形の宇宙と埴輪」『埴輪が語る科野のクニ』シナノノクニフ
　　　ォーラムシリーズ2　更埴市森将軍塚古墳館
車崎正彦　2004「人物埴輪・動物埴輪」『考古資料大観4　弥生・古墳時代　埴
　　　輪』小学館
車崎正彦　2007「家屋紋鏡を読む」『考古学論究——小笠原好彦先生退任記念論
　　　集』真陽社
小林行雄　1960『埴輪』陶器全集1　平凡社
小林行雄ほか　1964『装飾古墳』平凡社
近藤喬一・都出比呂志　1971「京都向日丘陵の前期古墳群の調査」『史林』54－
　　　6　史学研究会
近藤義郎・春成秀爾　1967「埴輪の起源」『考古学研究』13－3　考古学研究会
近藤義郎ほか　1991『権現山51号墳』権現山51号墳刊行会
山武考古学研究所　1982『山田・宝馬古墳群』
芝山はにわ博物館　1980『上総殿部田古墳』芝山はにわ博物館研究報告6
白石太一郎・春成秀爾・杉山晋作・奥田尚　1984「箸墓古墳の再検討」『国立歴史
　　　民俗博物館研究報告』第3集　国立歴史民俗博物館
高槻市立しろあと歴史館　2004『発掘された埴輪群と今城塚古墳』
高橋克壽　2004「埴輪まつりのうつりかわりと今城塚古墳」『発掘された埴輪群と
　　　今城塚古墳』高槻市立しろあと歴史館
高橋護・鎌木義昌・近藤義郎　1987「宮山墳墓群」『総社市史』考古資料編
伊達宗泰・赤塚次郎　1981「別所下39号墳出土の円筒形埴輪」『古代学研究』第96
　　　号　古代学研究会
伊達宗泰ほか　1977『メスリ山古墳』奈良県史蹟名勝天然記念物調査報告第35
　　　冊　奈良県立橿原考古学研究所

第一部　さまざまな解読―基調報告および事例報告

伊達宗泰ほか　1997　『黄金塚2号墳の研究』花大考研報告10　花園大学黄金塚2号墳発掘調査団
塚田良道　1996　「人物埴輪の形式分類」『考古学雑誌』81－3　日本考古学会
塚田良道　1998　「女子埴輪と采女」『古代文化』50－1・2　古代学協会
天理市教育委員会　2000　『西殿塚古墳　東殿塚古墳』天理市埋蔵文化財調査報告第7集
坂　靖　1994　「奈良県の円筒埴輪」『橿原考古学研究所論集』第11　吉川弘文館
広島県教育委員会　1981　『松ヶ迫遺跡群発掘調査報告』
松阪市教育委員会　2005　『史跡宝塚古墳』松阪市埋蔵文化財報告書1
宮崎康雄　2003　「今城塚古墳第5・6次規模確認調査」『高槻市文化財年報―平成13・14年度』高槻市教育委員会
森田克行　2004　「今城塚古墳の埴輪群像を読み解く」『発掘された埴輪群と今城塚古墳』高槻市立しろあと歴史館
八尾市教育委員会　2001　『史跡心合寺山古墳発掘調査概要報告書』八尾市文化財調査報告45

事例報告

群馬県吉井町中原Ⅱ遺跡1号古墳の調査

小根澤　雪絵

遺跡の位置　よろしくお願いします。発表はスライドの方で進めたいと思います。

　まず中原Ⅱ遺跡の1号古墳の位置ですが、行政区では群馬県吉井町に所在します。吉井町は、北は高崎市、東は藤岡市と接しています。写真1は南からの様子ですが、この北側に鏑川が東へ流れております。鏑川の浸食作用によって形成された河岸段丘が東西に連なっており、1号古墳は、この段丘の崖端、こちら○印のところに位置します。この高まりが1号古墳になります。低位段丘の集落との比高差は約30mを測ります。1号古墳は見晴らしの良い台地上に位置しています。

墳丘の構造　1号古墳の全景です。墳形は円墳です。周堀は南側から東側にかけて約半周確認しております。北側は低位段丘に至る急斜面となっており、西側もゆるやかな傾斜地となっているため、地形の制約からこのような堀の形状になったと考えられます。墳丘の大きさは南北・東西とも約31mを測ります。主軸ラインでの墳丘の大きさは約22mを測り、南端の削平されている部分を復元すると約24mを測ります。南側から東側にかけては、このように下段墳丘が崩された状態で確認されました。写真2は、同じく1号古墳の全景で、南からの様子です。墳丘の構造は大きく分けて、下段墳丘と上段墳丘の2段に分かれます。細かくみると、上段墳丘の葺石が見えている部分が付け基壇になっており、見た目は3段構成になっています。下から下段墳丘の葺石面、中段テラス面、付け基壇の葺石面、付け基壇のテラス面、上段墳丘の葺石面、墳頂部平坦面という構造であります。埴輪列はこちらの中段テラス面で確認されました。

第一部 さまざまな解読―基調報告および事例報告

写真1
遺跡の位置

写真2
古墳全景

写真3
墳頂部東側出土 家形埴輪

原位置出土埴輪の概要　第1図は、原位置で確認された埴輪の出土位置図になります。確認された埴輪列は、外側の埴輪列と内側の埴輪列と「ハ」字状の埴輪列の3種類です。「ハ」字状の埴輪列というのは、石室前の空間を囲う、両サイドの列になります。

　まず、外側の埴輪列についてでありますが、原位置で21本確認しております。その内訳は、朝顔形埴輪が1本、円筒埴輪が16本、形象埴輪の基部が2本、盾形埴輪の基部が1本、南側で翳(さしば)形埴輪の基部を1本確認しています。樹立の間隔ですが、7本連続で確認された南東部や、3本連続で確認された北側や西側では、いずれも隣り合う埴輪が密に立て並んでおりまして、墳丘築造当時は埴輪列が隙間なく一周していたと考えられます。

　内側埴輪列についてでありますが、原位置で12本確認しております。南側から、人物男子、大刀形埴輪、人物女子、形象埴輪の基部が3本、大刀形埴輪が1本、馬子、馬、馬子、馬、その後ろに形象埴輪の基部を1本確認しています。これらの樹立方向ですが、基部を取り上げる際に葺石方向には「フ」、周堀方向には「シ」というように基部内面に印を付けて取り上げましたので、これらの基部を復元していった結果、その個体がどちらを向いて立っていたかを確認することができました。人物男子は墳丘外側を向いて、大刀形埴輪は墳丘外側に勾金を向けて、人物女子は墳丘外側に正面を向いて、こちらの大刀形埴輪（177）は墳丘の外側に勾金を向けて、こちらの馬子（115）は墳丘外側に正面を向いて、こちらの馬（151）と後ろの馬子と馬は南を向いて立っていたことを確認しています。樹立で特徴的な点は、こちらの大刀形埴輪（176）と馬子2体が、内側埴輪列よりもさらに内側に寄った位置に立っていたという点であります。なかでも大刀形埴輪は、人物男子のすぐ真後ろ、右手背後に樹立していたという点で、人物男子とのセット関係が考えられます。

　次に、墳頂部についてです。墳頂部では原位置埴輪は1点も確認しておりませんが、墳頂部中央付近にあったと思われる家形埴輪が東西に流れた状態で出土しています。西側の墳頂部縁際からは、分離成形の家形埴輪が1体出土しております。東側の墳頂部縁際からは、一体成形の家形埴輪が1体出土

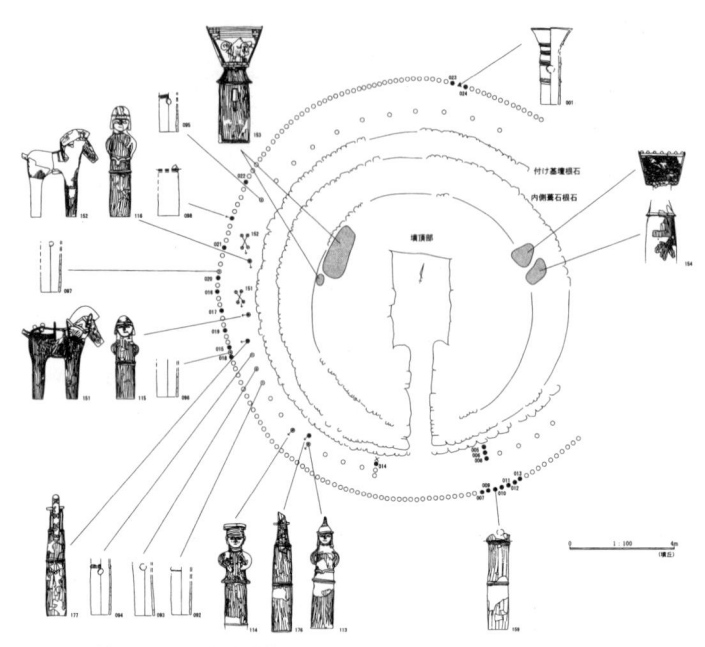

第一部 さまざまな解読―基調報告および事例報告

第1図 原位置埴輪出土位置および家形埴輪出土位置図

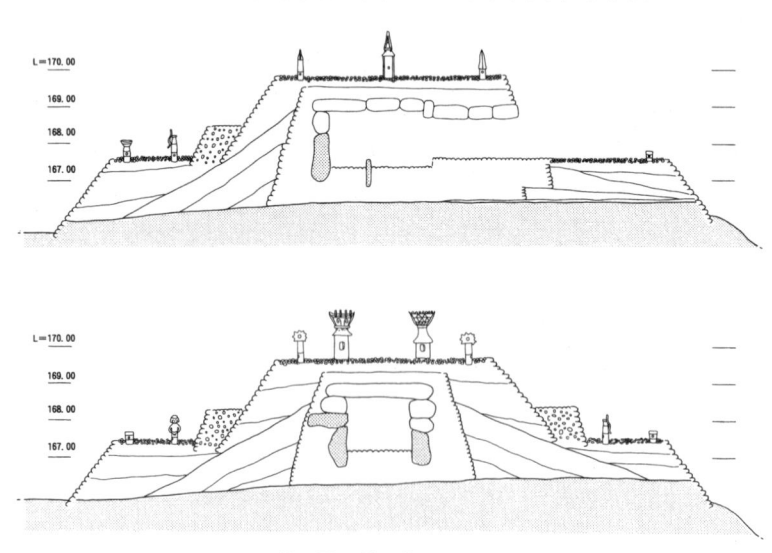

第2図 墳丘復元想定図

しております。

　それから、石室前を囲む「ハ」字状の埴輪列については、西側で1本円筒埴輪を確認しています。円筒埴輪の後ろからは須恵器の提瓶が破砕された状態で出土しました。これと対になる東側では、円筒埴輪3本を樹立した状態で確認しています。以上の他に、中段テラス面の覆土中からは、墳頂部から崩落した形象埴輪が足の踏み場もないほどたくさん出土しておりますが、今回は時間に限りがありますので、原位置埴輪のみの報告とさせていただきます。

墳頂部出土の家形埴輪　写真3は、墳頂部東側で確認された家形埴輪の出土状況です。北側から見た状態です。現表面から約20cm表土を掘り下げた面で、盛土直上より出土しています。手前が上屋根になり、その上が下屋根の部分になります。上屋根は内面が上を向いた状態で出土しました。周辺には同一レベルで円筒埴輪も出土していることから、墳頂部にも円筒埴輪列があったと考えられます。手前左に見える破片は堅魚木です。

　次の写真4は、墳頂部西側から出土した家形埴輪になります。北側から見た状態です。分離成形の家形埴輪で、下屋根の部分にあたります。現表面から約30cm掘り下げた盛土直上面からの出土です。こちらの突帯は、上屋根を乗せるための受け部になります。続いて先程の家形埴輪と同一個体で、四柱部の破片になります。こちらの角の部分が柱部で、粘土帯を貼り付けて強調した作りとなっています。このように墳頂部からは、下屋根から四柱部にかけての破片が多数出土していますが、別作りとなる上屋根につきましては墳丘西側の覆土中より破片が散らばった状態で確認されております。

人物男子と大刀形埴輪の配列　写真5は、石室西側のテラス面で確認された原位置埴輪の出土状況です。手前から人物男子、大刀形埴輪、人物女子です。こちらの円筒埴輪は墳頂部からの崩落資料になります。原位置ではありません。奥に見えるベルト部分には、馬形埴輪の前足部分が引っ掛かっています。脚が立った状態で確認されました。その手前右の基部は、この馬に伴う馬子の基部になります。

　写真6は、人物男子と大刀形埴輪を北側から見た状態です。手前が基壇

第一部　さまざまな解読―基調報告および事例報告

写真4　墳頂部西側出土　家形埴輪

写真5　西側テラス面出土　原位置埴輪

写真6　人物男子(左)・大刀形埴輪(右)

写真7　人物男子基部(左)・大刀形埴輪基部(右)

面、奥が周堀方向になります。このように基部が樹立した状態で確認されましたが、この段階では人物男子の基部になるか、大刀形埴輪の基部になるかは分かりませんでした。写真7は、この本体を取り上げた状態になります。同じく北側から見た状態です。下部からもう一体基部が現れました。復元によって、左上の基部が人物男子、右下の基部が大刀形埴輪になることが分かりました。人物男子の基部の樹立位置は、内側埴輪列と同じ列になりまして、基壇面からの距離は約60cmを測ります。それに対して大刀形埴輪の基部は、内側埴輪列よりさらに内側にずれた位置にありまして、基壇面から約40cm離れた位置に樹立していました。このように大刀形埴輪は人物男子のすぐ近くに樹立しているという点から、人物男子の所有物、大刀持ち人のような可能性が考えられるかと思います。樹立方向ですが、人物男子は墳丘の外側に正面を向けて、大刀形埴輪は勾金を墳丘外側に向けて立てられていました。

外側・内側埴輪列の位置 続いて人物女子の出土状況になります。こちらは東から見た状態です。人物女子は低位置突帯が着きまして、基部底面がこちらになります。原位置から西側へ倒れた状態で確認されました。この人物女子の基部から約1m東側の位置に、先程の人物男子の基部が樹立した状態で確認されています。

写真8は、人物男子、人物女子に並ぶ埴輪列の出土状況です。南から見た様子です。手前から、人物男子、大刀形埴輪の基部、人物女子、形象埴輪の基部2本、大刀形埴輪の基部、馬子・馬、馬子・馬と並び、さらに外側埴輪列が巡っている様子です。内側埴輪列と外側埴輪列を西側から見た様子が写真9になります。手前が外側埴輪列で右側から、円筒埴輪、形象埴輪の基部、円筒埴輪です。樹立の間隔はこのように隣り合う埴輪が接するほど、密に並んでおりました。樹立の方向は3本とも透かし孔を横方向に置いて立てられていました。中央の形象埴輪の基部は本体との接合がなかったため種別不明でありますが、透かし孔を横方向に置いてあったことから、おそらく本体を墳丘外側に向けて立てられていたと考えられます。樹立の位置ですが、基壇面から約1.5m離れた位置に外側埴輪列が巡っています。

第一部　さまざまな解読―基調報告および事例報告

写真8
西側テラス面出土
原位置埴輪

写真9
西側テラス面出土
外側・内側埴輪列

写真10
外側埴輪列および
馬子・馬形埴輪

続いて奥の内側埴輪列ですが、右側から、形象埴輪の基部、形象埴輪の基部、大刀形埴輪の基部になります。配列は約1m間隔です。樹立方向ですが、右側の形象埴輪の基部は本体との接合がなかったため種別不明ですが、透かしの方向を横方向に置いてあることから、おそらく正面を墳丘外側に向けて立っていたと考えられます。中央の形象埴輪は、こちらも本体が不接合のため種別不明なのですが、透かし孔を東西方向に置いてあったことから、おそらく本体正面を南に向けて立っていたと考えられます。左側の大刀形埴輪は、墳丘外側に勾金を向けて立てられていました。内側埴輪列の樹立位置ですが、基壇面から約60cmを測り、先程の人物男子や人物女子と同じ配列となります。

2組の馬・馬子の配列　写真10は、2組の馬子・馬を中心とした、原位置埴輪の出土状況になります。南からです。左側が外側埴輪列で、円筒埴輪のほか、形象埴輪の基部も樹立していました。内側埴輪列ですが、手前は馬子の基部で、墳丘外側に正面を向いて立てられていました。背後の馬形埴輪は南を向いて立てられていました。さらに、北側の馬子は、原位置から東側へ倒れた状態で確認されたのですが、南を向いて樹立していたことを確認しています。その背後の馬形埴輪も南を向いて立てられていました。樹立の間隔につきましては、外側埴輪列は基壇面から約1.5m離れた位置に巡っておりました。内側埴輪列につきましては、2体の馬子の基部は基壇面からの距離が短く、内側埴輪列よりさらに内側に寄った位置に立っていました。手前の馬子の基部は基壇面から約50cm離れた位置に樹立し、背後の馬形埴輪は約60cm離れた位置に樹立しています。さらに北側の馬子は、基壇面から約40cm離れた位置に樹立し、馬形埴輪は約70cm離れた位置の樹立になります。このように馬子は2体とも基壇面との距離が短くとられ、馬形埴輪は葺石面との距離が両方とも広くとられていました。2組とも同じ様な特徴をもった配列になります。なお、手前の馬子は基部が浮いた状態で確認されているのですが、基部の下に礫を厚く敷いていました。この馬子の復元形は非常に小形品であり、形状と設置方法に何か関係があると思われます。このような事例は、小型円筒埴輪の設置方法と同じであります。

第一部 さまざまな解読―基調報告および事例報告

写真11
西側テラス面出土
馬子

写真12
東側テラス面出土
原位置埴輪

写真13
東側テラス面出土
外側埴輪列

写真11は、北側の馬子の上面の破片を取り上げた状態であります。馬子の基部をそのまま持ち上げると、首飾りが付いている面が南を向いて立つことが分かりました。この馬子の復元形は、背面に玉類を貼付しないので、この馬子は南に正面を向けていることが明らかとなりました。よってこちらに見える腕は左手になります。

東側テラス面の原位置出土埴輪　写真12は、石室開口部東側テラス面で確認された埴輪列の出土状況になります。西側から見た様子です。右側が外側埴輪列、左側が「ハ」字状の埴輪列になります。中央に見える朝顔形埴輪は、原位置ではなく墳頂部あるいは外側埴輪列に樹立していたものが移動したものであります。外側埴輪列は全部で7本確認されております。7本のうち6本が円筒埴輪、1本が形象埴輪の基部です。樹立方向は円筒埴輪1本が透かし孔を南北方向に置くほかは、全て東西方向に透かし孔を置いて樹立していました。「ハ」字状埴輪列の方は、左側の円筒埴輪が透かし孔を東西方向に置き、ほか2本の円筒埴輪は透かし孔を南北方向に置いて樹立させておりました。透かし孔の方向に統一性は見られませんでした。樹立位置についてですが、外側埴輪列は基壇面から約2m離れた位置に樹立していました。西側テラス面で確認された外側埴輪列は、基壇面から約1.5m離れた位置に外側埴輪列がありましたので、石室開口部近くになると外側埴輪列までの空間が広くとられていたことを確認できます。

　続いて写真13は、外側埴輪列を北側から見た状態です。右側から、円筒埴輪、円筒埴輪、形象埴輪の基部になります。形象埴輪の基部は翳形埴輪です。本体はこの直下の周堀中から出土しており、内外面の刷毛目の特徴から同一個体であることを確認しています。ただし基部との接点がありませんので、表裏面どちらを向いていたか確認できていません。ただし、この形象埴輪の基部は透かしを東西方向に置いて樹立していることから、本体を墳丘外側に向けて立てられていたと考えられます。

出土埴輪の復元形　次に、確認された埴輪の復元形を映して終わりとさせていただきます。原位置で確認された円筒埴輪は、全部で20本確認しています。その内の1例がこちらになります。底部から口縁までほぼ直線的で外反

の弱い全体形状をもつ円筒埴輪が多く、これらは半円形透かし孔を多く採用していました。また、底部が残っている円筒埴輪は全部で44本確認しているのですが、その内の14本、32％に底部調整が確認されています。

続いて、形象埴輪の基部になりますが、本体の種別不明の基部は全部で21本確認しています。その内の一例になります。写真14は、馬形埴輪と人物埴輪の集合写真です。馬は脚部底面からトップまで102cmを測ります。こちらの人物男子（右端）が大刀形埴輪とセットとなる人物でありまして、大きさは83cmを測ります。こちらの馬はベルト面に引っ掛かった状態で出土した馬で、右隣の小さい人物埴輪が馬とセットになる馬子です。小型の馬子の下には礫をたくさん敷いて、設置面を高くしていました。

写真15は、分離成形の家形埴輪と器財埴輪の集合写真になります。家形埴輪は底面からトップまでの高さが133cmを測ります。器財埴輪は約90cmを測ります。人物男子とセットになると思われる大刀形埴輪は、こちら右側になります。確認された最低個体数は、大刀形埴輪については勾金の種類から16個体を、翳形埴輪については表面の線刻の種類から17個体を数えています。続いて、先ほどの家形埴輪の上屋根を外した状態です。上屋根を外すとこのように筒状のものがありまして、上屋根が外れない構造となっています。底面からトップまでの高さが106cmを測ります。受け部の下面には上屋根を乗せた時の重みに耐えるために、このように補強帯が付いています。柱の部分には角に粘土帯を貼付して柱を強調した作りとなっています。次に、こちらは一体成形の家形埴輪になります。上屋根と下屋根の接点はありません。上屋根の正面と裏面には３段の鋸歯文を施し、上面には堅魚木を7個貼付しています。下屋根の断面形状は楕円形です。桁面には長方形の透かしを、梁方向には円形の透かしを施しています。

次は、盾と靫の個体です。盾は盾面に施す線刻の種類から、最低個体数は8個体を数えています。靫については上面に付く粘土板の種類から最低個体数7個体を数えています。最後に写真16は、靫形埴輪の集合写真です。靫形埴輪は、鏃部の粘土板の種類から、最低個体数21個体を数えています。靫形埴輪につきましては、原位置資料というのは１点も確認しておらず、ほ

群馬県吉井町中原Ⅱ遺跡1号古墳の調査

写真14
人物・馬形埴輪集合

写真15
器財埴輪集合

写真16
靫形埴輪集合

第一部　さまざまな解読—基調報告および事例報告

とんどが墳頂部からそのまま落下したような完形資料や、墳丘上段の覆土中からの出土でありまして、おそらく墳頂部に特定して樹立していたという可能性が強く考えられます。発表は以上です。

参 考 文 献

入澤（小根澤）雪絵　2004　『長根遺跡群Ⅷ　中原Ⅱ遺跡』吉井町教育委員会

第二部
仕掛けとしての埴輪
——共同討議——

仕掛けとしての埴輪
——共同討議——

パネラー：森田悌　辰巳和弘　杉山晋作　若松良一　塚田良道　高橋克壽　犬木努
発言者：坂本和俊　賀来孝代　橋本博文　広瀬和雄　松島榮治　辻秀人
司　会：車崎正彦

1．埴輪のフィクショナリティ

司会（車崎正彦）　今回のテーマは「埴輪の構造と機能」にしました。当たり前のことを当たり前のこととして考えようとしただけなのですが、ちょっと硬い言葉を使ったので随分難しいテーマのように思われたかもしれませんし、言葉をどう受けとるかによって、ご発表の内容もかなり多様なものになったようであります。ですから、どのように討論が展開するのか、まったく予想できませんが、テープの都合がありますので、途中2回休憩を入れて、大きく3つのパートに区切って、一応4時までという予定で進めたいと思います。

　まず最初の1時間程は、ご発表の方々の間で質問を繰り返すようなかたちで討論を進めていきたいと思います。最初に、森田先生、何かございませんでしょうか。

森田悌　それでは、私から話させていただきます。皆さんお聞きになってくださって、私は非常に明快なことを申し上げたつもりなんですが、私はもっぱら、古代人というのは、死後の社会、死後の世界を構想することはなかった、そこに特色があると考えていまして、その点から埴輪のあり方も考える。私の一番の関心は、埴輪では人物群像があります。それが現世の社会を写しているのか、それとも死者の世界なのか。その観点から、私、このいろいろ考えてきておるわけなんですが……。

　その点に関しまして、私の発想とはまったく別の観点から辰巳先生がお話しになったわけです。辰巳先生は明快にこれを「他界の冥宮」なんていう言

葉をお使いになっていらして、私には他界なんていうのは古代人は構想していなかったと考えていますが。私は非常に明快で、根拠はそれなりに申し上げたつもりなんですが、この点についてやはり私の考えはおかしいのか、ということを一つ伺いたいということです。

辰巳和弘 私は「他界の冥宮」ではなく「他界の王宮」と呼んでおります。私が申し上げたいのは、来世というものに対する観念が前提になければ、墓や古墳を作ることがないだろうということです。

　昨日から申し上げている用語を使いますが、壺形墳（前方後円墳）という形を採用すること自体にもっと注視すべきである。たんに丸や四角の墳丘を作るのではなくて、壺形の墓の出現によって古墳時代はスタートするわけです。しかも、その中にさまざまな仕掛けをいろいろに講じて、死者を幾重にも厚く葬る、厚葬するわけですね。そういう仕掛けをした空間というものは一体、何だろうかというのを考えた時に、死者の魂はどうなるのか、死んだ後どうなるのか、という関心をまったくない状態で壺形の古墳を作ることはないであろうということ、そう考えます。

　昨日はお話ししませんでしたが、前段階の弥生時代に、中国の思想がどんどん入ってきている。稲作や金属器をもった文明が列島に入ってくるということは、当然、人の移動（渡来）が前提にあるわけですから、そこにはさまざまな知識・思想・宗教などが一緒に入ってくるわけです。ですから、現実社会で直接に役立つ技術や知識だけでなく、死後の世界というものに対する観念（他界観）も、当然入ってくる。その中心にあったのが、神仙思想であろうと考えています。その物証のひとつが、唐古・鍵遺跡（奈良県田原本町）から出てきた、褐鉄鉱の容器と、その中に入れられていた勾玉であったりする。あれ、もともと褐鉄鉱の中には、神仙思想では上薬とされる、禹餘粮とよばれた不老不死の薬効がある粘土が入っていました。その粘土を仙薬として使用した後、その空の容器を、本来捨ててしまうものですが、捨てないで、そこに翡翠（硬玉）の勾玉が入れられたものです。翡翠はご承知のように、北陸の姫川流域で採れる希少なものです。それで作られた玉は、奈良時代には「沼名河の玉」ということで、不老長寿の象徴として『万葉集』に歌

われるわけです。どうも不老長寿、命が長く生き延びるという永遠の世界に対するあこがれというものが、当然、大陸からきた知識を倭の人たちが取り込んで、自分たちのものとして、それに自分たちの知識の中にある、勾玉というものをほうり込んだ。そういうところからしまして、勾玉に永遠の命というものを重ね合わせたと見ています。その延長線上に、画像鏡や神獣鏡のような西王母や東王父や霊獣に表現される、いわゆる神仙世界があって、その鏡を壺形墳に副葬する。黒塚古墳（奈良県天理市）のように被葬者のまわりに並べたてるというのは、まさに死後、永遠の世界、神仙世界へ行くんだという願望が見えるわけです。ですから、あの世の観念なくして、古墳は出現しないということです。その延長線上に、人物埴輪がやがては登場してくると考えるべきだということです。

森田 辰巳先生のお話は非常によくわかるんですが、そもそもの出発点の他界観がなければ、つまりあの世のことに関する構想がなければ墓を作らないだろうという発想が、私にはどうも、そこに信憑性があるんだろうかという気持ちが否定できませんね。別にそれがなくても、我々日本人の世界でも、人が死ぬと悲しむということはするんです。弥生時代だろうが、現代だろうが……。私は、現代人も古代人も、非常に通じた面があると考えていますが、この点につきましては昨日話したつもりです。他界観がなくても、はっきりとした他界観がなくても、人は死ぬ。そうすると悲しい。悲しみの中で墓を作ることぐらいはするだろう。それと、きちんとした他界観、本格的に死者があの世で生活をするというような構想をするということは、別だと思う。

有名な話ですが、ヤマトタケルが亡くなります。そうしますと、お后とお子さんが墓を作りますよね。そうすると、最後はどうなるかというと、白鳥になって飛んでいって、それで終わりです。これが日本人の生死観のあり方を非常によく示していると考えるわけです。確かに墓を作るんです。そこには本格的な意味での他界観、辰巳先生は「永遠の命」なんて言いましたが、たぶん生きている人間は、そういう願いをもつかと思います。しかし、それと、死後の世界を構想するというのは自ずと別問題でして、昨日申しました

が、死後の世界を構想するのは、死後についての思想が本格的に入ってきた6世紀以降、もっとはっきり言えば、律令時代に近い頃と言ってよろしいわけですので、どうしても辰巳先生のお話、私には全然説得力がなくて、私は説得されないんですが、申し訳ありません。

司会 この議論では、前提が問題にされています。ですから、とても重大な問題なのは確かですが、しかしなかなか決着がつかない話になるだろうと思いますが……。

辰巳 一言だけ言わせていただきますが、それだったら、なぜ壺形をした特異な形の墓を作るのか。形があるところには必ず、その後ろに形を生み出す知識がなければならない、思想というものがなければならない、そういうことですね。ヤマトタケルの鳥の話をされましたが、それはあくまで、実際に鳥は飛んでいってしまうけれど、どこに飛んでいってしまうか、わからないわけですね。わからないということは結局、こちらの世界とあちらの世界、それはあくまで観念の上の世界なんですから、こちらの世界から、あちらの世界へ飛んでいくということが観念されてのことなんでしょう。ですから、それが結界された古墳の世界、昨日も話した、円筒埴輪を並べ、壺の埴輪をその上に並べ置いたそういう世界の向こう側です。

森田 先生のおっしゃることはわかるんですが、向こう側とおっしゃいましたが、向こう側があるという認識は古代人は持っていると思いますが、しかしその次に、向こう側がどういう構造を持っているか、構成をしているか、ということについては考えはないということなんです、私の言っていることは。つまり、昨日強調したつもりですが、中国人が「黄泉の世界」と構想したものがあります。黄泉は、どこまで本当か知りませんが、黄泉というのは黄土地帯を掘り割っていくと出てくるところの泉だそうですが、非常に具体的なものなんです。その泉のそばに、亡くなった人間は、そこで生活するという非常に具体的なイメージを中国人は伝統的にもっているんです。しかし我が日本人は、それはないわけです。これはやはり大きく、なんていうかな、辰巳先生は中国の影響を受けて、それが入ってきているということをおっしゃってますが、私は全然それはないと考えるべきだと思う。なんか中国

思想を表面的には受け入れていることは間違いないと思いますが、それをきちんと基礎レベルで受けとめるというような具合にはなっていないと思う。それから今、壺云々と、意味するものがあるとおっしゃいましたが、これを聞きまして、これは学問的議論ではないだろうと言わざるを得ません。非常に辰巳先生に失礼なんですけれども、壺形云々ということを昨日伺った時に、私の頭の中をよぎったのは、昔、林屋辰三郎先生が確か前方後円墳は盾形だって言ったんですよね。なんで林屋先生が盾形なんて構想したのかわかりませんけれども、それと同じで、塚田さんの言葉を使えば、思い付きの羅列という、失礼ですが、私はそういう思いを禁じ得ません。

司会 どうしましょうかね。大林太良先生が『葬制の起源』という名著を書いておられます。確か中公文庫で読めるはずですが、墓を作るという行為の背景には必ず他界の観念がある、ということを書いておられます。その結論は辰巳先生と同じですが、大林先生は、古今東西、世界中の民族誌の事例を示されながら、そう結論されています。このことは認めたとしても、他界のイメージは、具体的なイメージの他界観もあるし、曖昧なイメージの他界観もある。イメージの違う他界観をどう評価するか、たぶん今問題になっているのは、そこの評価の違いです。議論されているなかで、一方で森田先生は、他界の観念があったとしても古墳時代には非常に曖昧なかたちでしかなかったとお考えになられるし、他方で辰巳先生は、極めて具体的な他界の観念があった。それは壺のイメージとして観念されていた、というのが辰巳先生のお考えです。

　じつは私も、辰巳先生と同じというか近い考えで、数年前の考古学研究会で、古墳は壺形の世界だ、と話した途端に後の話は聞いてもらえなかった苦い経験をしました。あらゆる学問は必ず、何らかの前提の上に成り立っています。それぞれの学問の内側では一般に前提が問われることはないはずですが、森田先生は文献史学、辰巳先生は考古学、いわば学際的な議論として、ここでは前提が問われているわけです。しかし、このまま続けていても決着がつかないでしょうし、生産的な議論にしていくのはなかなか難しいと思いますので、もう少し具体的な問題に戻したいのですが。若松さん何か。

第二部　仕掛けとしての埴輪―共同討議

若松良一　文献では、スサノオ（素戔鳴尊・須佐之男命）が、お母さんの国である根の国へ行きたくて泣き叫ぶ話があります。黄泉の国の他に根の国という観念が出てくる。はたして、外来的な思想なのか、それとも基層的な古い考え方なのか、そこらへん、森田先生に伺いたいのが一つ。

　もう一つ、前方後円墳と神仙思想の関係だけでなしに、主体部の棺の構造などを見ていきますと、舟の形をした木棺が現実に存在していること。それから、現在、さきたま史跡の博物館で横穴墓の特別展を開催していますが、横穴墓の分布のあり方が海岸沿いに濃厚であることとか、海食洞穴である大寺山洞穴（千葉県館山市）に、実際に丸木舟を使った棺が登場しているというようなことから、他界というのは、一種類だけでないのではないか。民俗学でいうところの、山中他界だけでなくて、海上他界も含めて、いろんな他界が古墳時代にはすでに重層して存在していたと私は見ているのですが、いかがでしょうか。

森田　スサノオが根の国に行きたかった話は確かにありますが、根の国につきましては、確かに中国思想の影響を受けていると言っていいんですが、しかし内容が中国人の構想する黄泉というのは、明白にあるイメージを持っているんです。人間が地下でもって生活している。現世と同じように生活している。だから、俑だとか、ああいったものをたくさん作るわけですが、そういうものとして構想しているわけです。しかし、スサノオが行きたがった世界、根の国は皆目見えない世界なんです。中国思想を受けて他界がある。地下にあるという影響は受けて、受け入れているわけなんですが、その次に、その内容に至るや、ヨミ（夜見・黄泉）の世界、つまり闇の世界。ものは見えない。何も見えない。ということは形象化できない世界です。つまり埴輪にしようと思ったって、埴輪で形作ることのできない世界なんです。私はそう確信しています。それ以外に考えようがないと思いますが。

　それはおきまして、舟が出てくるという話ですが、昨日話したつもりですが、霊を運ぶものとして、舟だとか馬だとか、そういったものが出てきているというのは確かなんです。重要なのはその次なんです。その次にどこへ行くという、それが明快なイメージとして古代人は作っていたか、というとな

いわけです。ですから、他界であったり、海の彼方だったりということになっちゃうわけです。つまり現世ではない世界、積極的な規定ではなくて、消極的なかたちの規定ということになりますが、現世ではない場所。しかし、それは何かというと、真っ暗で見えない世界、黄泉の世界、闇の世界なんです。私はそういう具合に考えています。

　昨日もちょっと辰巳さんの『黄泉国の考古学』をあげて、我が意を得たりと一言言ったかどうか記憶しておりませんが、我が意を得たりと思ったのですが、辰巳先生の本に黄泉の国に行く乗り物まではありますが、行った先のことについては何も書いてないんですよね。これは私は留意しなくてはいけないし、来世観とかを古代人の世界で考える場合には、これを基点にしないと思考方向として間違えていると考えています。

辰巳　繰り返しますが、古墳を築く前提に来世観（他界観）がなければ、さまざまな考古事象を研究したとはいえません。つまり、死者は死んだらどうなるのか。魂は他界へ行っちゃうと、しかし遺骸は残る。その遺骸をいかに処理するか。そこで、現世に他界空間としての古墳が作られた。そういう考えで私はいいんじゃないかと思うんです。具体的な形、あの世のイメージを古代の人たちは持っていなかったんじゃないかとおっしゃいますが、そうではなくて、この世と同じ姿があちらの世界にあるんだ。だからこそ、ホケノ山古墳（奈良県桜井市）を例にあげてお話ししましたように、あの木槨構造は、切妻の家形をしている、ということ。やがて、それはメスリ山古墳（奈良県桜井市）のあの墳丘の上にある、大型の円筒埴輪で観念された家形の空間、あの形はホケノ山古墳の木槨構造をさらに巨大化したものだというふうにしか考えられないものです。それが、墳頂に家形埴輪が置かれてくるという事象が一連の流れの中で理解できるわけで、おそらく森田先生は律令制の下での、天皇陵祭祀のイメージでもって話しをされているような気もするのですが、そうではないですか。

森田　あまりそういう気はなくて、あまり『日本書紀』なんかを読んでいるわけじゃないですけど、私はなんといっても平安朝史が中心ですから。しかしそれでも多少は読んでおりまして、その『日本書紀』を読んだ結果、ある

いはそれ以外の5、6世紀に関わるような文献を読んでいて、どう見ましても、日本人は具体的な来世のイメージを持っていなかったとしか言いようがない。来世のイメージを持つようになったのは、中国の祖先崇拝でありますとか、あるいは仏教の地獄極楽の考え方が入ってきてからと考えざるを得ない。確かに木棺とか、そういうのはあるわけですよ。それは死体を置く場ということであって、死体は生きている人間の連続ですからね。その程度の発想でもって置いたのであって、しかしそれ以降のことは発想、構想していないということだと思います。埴輪の件で、現世のことを写しているんだという岩戸山古墳（福岡県八女市）の筑紫国造磐井の裁判をやっているところの衙頭の例をあげたわけですが、私は埴輪だけでなく、周辺に並べられている建物の類もそれとして解釈すべきだと考えています。岩戸山古墳の裁判の場というのは、文字通り現世の社会における政治の場ですね。それをかたどっているわけですが、家は死者がどうのこうのと解釈すべきではなくて、当時の立派な建物、そういったものとして並べたと考えれば、十分だと思います。大殿祭なんていうのが『延喜式』の中にありますが、そこですと建物を6月と12月の晦のころに、払い浄めるということやるわけですが、その聖別化されたような建物として置いたということで、十分解釈可能だと思います。岩戸山古墳の例がいい例ではないかと、この点につきましては考えております。

辰巳 ちょうど、岩戸山古墳の例が提示されました。私は森田先生のご発表に一言申し上げたいと思っていたのは、岩戸山古墳の石人・石馬についてです。これは考古学研究者も大きな間違いをしておられまして、と私は思っているんですが。岩戸山古墳を磐井の墓だといい、墳丘に付設する別区の情景を裁判の場だといい、そして官軍が石人や石馬を打ち壊したという話は、あくまで『筑後国風土記』が書いていることでして、それは『風土記』の元になった資料といいますか、『風土記』自身かもしれませんが、『風土記』が編纂される時点での当時の人々が岩戸山古墳の別区と呼ばれるところの景観を見ての認識なんです。石人や石馬というものが転がっている。そこからの発想であって、それをすべて、岩戸山古墳が作られた時、6世紀の初めくらい

でしょうか、その時の事実として『風土記』は記載しているのではない。

　古墳というのは、作ってしまえば終わりなんです。だから、円筒埴輪や濠で結界して中へ入れないようにするわけです。古墳に関わる祭祀というものはないのだという話をしましたけれど、古墳というものは、一度作って死者をあちらに送ってしまったら、それでもう終わりの世界です。ですから箸墓古墳（奈良県桜井市）はすぐに濠が荒廃してしまって、沼地状になってしまい、そこに木製の鐙が棄てられていました。ですから、あちらの世界へ送ってしまったら、整備はしないし、毎年毎年の祭祀ということは古墳に対しては行わない。行わないからこそ、いつ誰を葬ったかということが、やがて忘れられてしまう。おそらく数代後には忘れられてしまう。森田先生はこうおっしゃいました。倭の伝統に生きていた人たちは忘れてしまっただろう、と。ですから、律令の時代になって、自分たちの祖先の墓を祀るといった時に、改めて、これは何天皇の墓だ、何天皇の墓だと決めていった時に、間違えて祀りを行っていたということも出てくる。岩戸山古墳についても、そう考えるべきで、あの記録は『風土記』ができる時に当時の人が考えたのであって、岩戸山古墳が本当に磐井の墓かどうか、私はわからない、もう一度再検討すべきだと考えます。あの記述は『風土記』編纂の時の筑後地域の人々の認識でしかない。『風土記』を頭から信じてかかるのは間違いだと思います。

若松　このことに関連して、私の意見を申し上げさせてください。昨日の資料にあった石人の話なんですが、岩戸山古墳の場合には、石獣の小型のものがあって、それが臓物で、跪いている人が盗人、立っている人は解部（ときべ）であると『風土記』に書かれているけれども、これは石の埴輪と見た時に、供犠されるイノシシ（猪）とそれを献上する人の表現だ、と見るほうがよいのではないでしょうか。裁判の状景だという解釈は、ずいぶん後世になっての、本義が忘れられた段階の付会でしかないと私は考えていますが……。

辰巳　石で作った人物や動物、また建物も、土で作った埴輪も、それは同じ造形として理解していいのではないかと考えます。

司会　昨日も少し話しましたし、レジメにもちょっと書きましたが、考古学

はつねに形を扱います。形から説明するわけです。辰巳先生は、『筑後国風土記』、ひろげていえば文献史料に書かれていることも、形から説明しようとする時に齟齬するものについては再検討すべきだ、あるいは採用しない、そういう立場だと思います。結局、古墳の他界観は、形として、どのように説明できるのか、そこにすべて要約できると思うんですね。そのあたりを、森田先生に納得していただけるかどうか、論理的な論証によって説得できるかどうか、なかなか難しいようですが、もちろん立脚する前提の違いがあるわけです。この話を続けてもいいんでしょうが、ここらでちょっと話題を変えていきましょうか。塚田さんどうですか。

塚田良道　発表を聞いていて、私の感想と、質問を合わせて申し上げます。犬木さんの話は非常に勉強になりました。私自身「人物埴輪の形式分類」を書いたのは96年で、そのままでちょっと展開がないままきてしまった。ああいう形で、否定もされ、ある意味で発展的見解にもなりまして、こういう見方もあったんだなあ、ということを知りました。私の分類だと、女子埴輪というのは坐像の外側にあるんだというふうに考えてきたんですが、今城塚古墳（大阪府高槻市）を見ていくと、女子埴輪というのはそうではなくて、家形埴輪につくのもある。今城塚古墳を見た時にそう考えればよかったんですけれど、議論をこねくりまわして、あれも同じだぐらいのことを書いちゃったこともありましたけれど、やはり分けるべきだろう。家につく女子と、坐像に伴う女子と、後者の場合、近くにくる女子とかあるんだろう。そういう意味で見直すと、犬木さんのレジメの資料を見ていくと、神谷作101号墳（福島県いわき市）なんか、一番左に家があって、女子があって、坐像があって、全身立像そして馬があるという流れになっています（本書125頁第11図－3）。私の区切った線だと、みごとに家を除外してますから、無視してますから、ちょっとこれは私自身が視野を広げるべきだなと思いました。また、瓦塚古墳（埼玉県行田市）ですね（本書125頁第11図－1）。上から３番目にあります。これ、若松さんが掘られた古墳ですよね。濠の中に落ちてたやつをそのまま私プロットしていったんですけれども、これなんかもそうかもしれない。一番右側に女子があって、家がある。そう考えていけば、これはそう

1. 埴輪のフィクショナリティ

いうふうに並べていける。特に直線的に並んでいくものの中には、やはりかなりそういうものが入っている可能性があるということを注意しなくてはいけないな、と思いました。

ただ、保渡田八幡塚古墳（群馬県高崎市）のように家形埴輪というのがない、除外されている。そういうのもある。私は形だけで追ってきたんですが、配列をもうちょっと追っていくと配列のあり方、変遷というのも、将来のテーマとして出てくると思いました。

家が非常に重要なキーを持っていると改めて認識したんですが、そこで高橋さんのお話になってきます。中期の古墳には造出、出島などありますが、そういうところに家形埴輪が置かれてきて、だんだん堤の方に家と人物と出てくるというお話でしたが、石山古墳（三重県上野市）の東方外区の話をされてますよね。東方外区に墳頂部と違う家形埴輪がある、内側と外側で違うんだ、外側の埴輪は堅魚木（かつおぎ）はないんだけど、それが堤の方に展開するんだろう、ということを述べられています。ちょっと気になったのは、今城塚古墳の堤の埴輪には堅魚木がありますよね。あれはどうなんでしょうか。

高橋克壽 全体的に、堅魚木というのはだんだん増えてくるものなんです。ちょうどそれが出始めるタイミングの頃が石山古墳です。というと、ずるいように聞こえるかもしれませんが、それ以降は、メインの建物だと堅魚木がたいがい載るようになるんです。逆にそれより前だと、堅魚木というのはどんな家でも載らないのです。ですが、載ってくるのがやはり選ばれた、それ以外とは違うものだ、という差が現れやすい時期だから、石山古墳が使えるわけです。ちょっと補足すると、石山古墳の東方外区の中と外の建物はともに堅魚木は載りません。墳頂の建物だけに載る。同じように、行者塚古墳（兵庫県加古川市）も堅魚木は基本的にないけれど、囲（かこい）形埴輪の中に入っている鶏を載っける家にだけ堅魚木がある。そういう限定的な堅魚木が出て間もない頃に、特殊なものなり一般と違うのを説明する道具立てとして堅魚木が機能していた時代があった。後になってくると、他のにも載っかってくることは事実としてあります。こんなところでいいですか。

塚田 ありがとうございます。もう一つだけ。高橋さんのレジメに、「対象

157

のイメージとしては被葬者の生前を反映した首長居館の複製としての家形埴輪と見られるのである」と書いてありますが、今城塚古墳の家形埴輪というのはどうなんでしょう。そうではないのでしょうか。

高橋 そこでは円柱の家をばんばん使っています。とても生活に便利な住むための、普通の家ではないと思います。今城塚古墳の家形埴輪は、若松さんがずっと注目されている円柱の家。瓦塚古墳だと寄棟造の特殊な家になっています。囲などとともにいろいろなバリエーションが揃って、平面的に展開しているのが石山古墳だと東方外区の内側の一群になりますが、それと比べると、どれだけ種類や、高床、円柱の使い方が偏っているか、などを見たりして、判断している、というくらいです。

塚田 ありがとうございます。

司会 高橋さんどうですか、逆に他の方に。

高橋 僕も先ほどの話で一言言いたいと思いました。考古学には時間の概念がありまして、決して日本人は昔からこういうことしか考えなかったんだ、日本人の発想にはなかったんだ、という森田さんの説明にはとても怖いものを感じます。

　中国も本来は、日本の前期古墳の思想とまったく同じように、遺骸というのは死んでも守らなくてはいけないという発想がありました。行ってしまうものは遺骸とは切れた魂魄の魂の方です。鬼魄（きはく）の鬼は、遺骸としてそこに留まるから、そこを手厚く葬って、朱を塗って、封じ込めて、というのをやります。それは、行ってしまう向こうを想定しての行為で、それをしっかりやらないと、ちゃんと向こうに行かない、あるいは変に戻ってきて鬼となって災いをもたらすと考えられていました。中国で春秋時代以前からあったその発想に似たものが、古墳時代の遺骸と死んでからの世界の基本的な概念だ、と僕は見ています。それが、中国でも戦国時代以降になると、だんだん埋葬施設にその後の墓室につながるような空間が与えられて、いろんな器物や俑が入っていくようになります。それまでの古い神仙思想が、ちょっと変わってきて、地下の世界が現世の延長のような姿に変わっていくのです。

　そうした中国と比較して、日本の中にも、そういう変化があるかな、と調

べてみると、九州とそれ以東で違いがあることがわかります。九州の方だけは、その中に空間を用意する意識があり、棺も開かれて、いろんな壁画が描かれるようになります。大陸的ですが、日本列島では異端のあり方を示しています。これに対して、近畿地方以東の人たちは、封じ込めの思想が最後まで続きます。そこに中国の影響の弱さが見えます。それが仏教伝来や律令期以降大きく変化すると考えるのです。日本人はそもそもこうなんだと考えず、考古学の人たちはもうちょっと柔軟に考えようとしていることを御理解いただければいいと思います。

森田 もちろん私も、今高橋さんのおっしゃった程度の理解はしているつもりです。日本人は昔から全然変わらないなんてことは、考えていません。ただ、日中という日本と中国を対比した場合に、中国と日本の場合の死後の世界をどう捉えるかということに関しましては、構造的な違いがずっと今に至るまで来ているということにつきましては、これは私は否定できない。そして、その間に、それぞれのバリエーションが地域あるいは時代によって、それは当然あるわけです。しかしそれがあるからといって、日本人の死生観に一貫したものがあったと言ってはいけないんだというような発想は、やはりちょっと私の採らないところです。

司会 立場の違い、溝がなかなか埋まらないようですが、ちょっと切り口を変えて、よろしいですか。

犬木努 船に関連した質問なんですが、後期古墳では珍敷塚古墳（福岡市うきは市）に代表されるように石室の壁面に船の絵画が描かれるわけですね。中期では宝塚1号墳（三重県松阪市）で後円部と造出にはさまれた谷状の部分に船形埴輪が置かれている。前期でも東殿塚古墳（奈良県天理市）出土の円筒埴輪に描かれた船の線刻画のような例も出てきたわけですね。おそらくあの世、他界と言っていいのかわかりませんが、死者の霊魂をそこに運んでいくための船であるということで、かなり意見が一致してきているんじゃないかと思うんです。ということであれば、古墳は、他界でもなければ、あの世でもないということになるんですけれども、それにもかかわらず、古墳に他界を表現する、あるいは他界に相当するものを表現する、と考えるには何

第二部　仕掛けとしての埴輪―共同討議

らかの理屈がいると思うんですけれども、そのあたりをどなたかにお聞きしたいんですが……。

辰巳　今のようなご質問は私も何回か受けているんですが、杓子定規に合理的に考える必要はないんじゃないかと思うんです。埼玉稲荷山古墳（埼玉県行田市）の礫槨に包まれた木棺は、丸木舟形であったということ。死者はそこに納められて、そうして壺形の古墳の中に埋葬されるということですよね。私は古墳に東殿塚古墳のような、船を描いた埴輪を置くこと、それから埋葬施設として丸木舟形の木棺を納めることは全く同じ心根のもとに表出されたと理解します。

　私の発表資料の第10図（本書30頁）をご覧ください。高廻２号墳（大阪府大阪市）の墳丘図と埴輪に関係するものです。墳丘図で、外側の線と真ん中の線の間が濠です、一番内側の線は、墳丘の段築を示した図になりますが、その濠の一画に船形埴輪が置いてあったんです。それがその場でコロンと転がった状態で発掘された。この濠は外の世界と内なる古墳世界との境、いわゆる結界を示していると。段築の部分、ちょうど一番内側の線の右よりのところに●の印がいくつか、８つ入れてありますが、それが壺形の埴輪が遺存した地点です。だから墳丘を囲むように壺形埴輪を並べ、その内側にたくさんの家形埴輪や、甲冑や蓋や盾の埴輪を置く、そういう構造になっています。ですから、船というものが、こちらの世界からあちらの世界へ渡っていく、そういう乗り物として意識されていると理解できます。他方では木棺自身も船にしてしまう。さらに横穴式石室や横穴では、その壁に船を描きます。来世空間である家形の横穴式石室や横穴の空間に、船を描くことで、霊魂をそこへ送っていこう。内なる墓室空間があの世だと、そこへ送っていくという、その程度の認識だったのではないか。あまりそこを杓子定規に考えていくと、この話はどこまでも詰まっていかないんじゃないかというふうに感じます。

司会　この問題は、また最後に、古墳の空間ということで議論していただきたいと思います。ここでちょっとだけ言いそえておくと、私は、澁澤龍彦さんの『胡桃の中の世界』の文章を引いて説明したことがありますが、古墳は

黄泉の国のミニュアチュールだ、というふうに考えています。黄泉の国という観念的な世界がある。その観念的な世界のイメージを固定するために、それを具象化したのが古墳で、いわば壺中の天のように古墳はミニュアチュールだけど、ミニュアチュールの黄泉の国も黄泉の国だと考えると、犬木さんが言ったような話は、私も辰巳先生と同じなんですが、他界は、現代的な合理的な解釈というよりは、ずっと多義的で、もっと多層的な世界として観念されていたと理解してもいいのかな、と私などは考えているんですが、犬木さんは二項対立的に考えるわけですか。

犬木 僕自身、二項対立に考えているわけではないんですが、そのあたりの理屈づけについてお聞きしたかったわけです。

司会 辰巳先生、何かございますか。

辰巳 私、塚田さんのレジメを読ませていただいて、口頭発表では出てこなかったんですが、そこに再三出てくる言葉が非常に気になりまして、一言お聞きしておきたいんですが。塚田さんは、人物埴輪というものを分析し研究することを目的とされているわけですけれども、なかで「宗教思想を考古学でどのように理解するか」という見出しを立てられ、「宗教思想」という言葉が何度も出てきます。人物埴輪の背後にある宗教思想の解明が重要だ、と再三おっしゃっているわけです。そして最後のところで、こういう閉じ方をされているんです。ちょっと最後の4行ほどの中で要約しますが、「人物埴輪というのは、古墳に埋葬された人物に服属して、近侍的な奉仕を行う宗教思想を表すため」と。ということは、非常に短絡な理解をして、このまま文章を受け取ると、塚田さんは不本意だとおっしゃるかもしれないですが、何か服属して、近侍的な奉仕を行うという宗教思想のもとに人物埴輪が並んでいるという、近侍的奉仕をそれは行っているんだと、それが宗教思想だ、と受け取れる文章になっているんです。これはあくまで、森田先生の言葉を借りれば、トヨノアカリのような祭事を行っている場面であって、宗教思想そのものではないはずなんです。宗教思想がバックにあって人物埴輪が生まれてくるということをおっしゃりたいんだろうと思いますが、塚田さんの考えておられる宗教思想とは何かをお聞きしたいんです。

第二部　仕掛けとしての埴輪―共同討議

塚田　おっしゃるとおりですね。形と意味という話が最初にありましたが、その形の意味は何かをここでは述べているだけで、宗教思想としての体系ではないかもしれません。ある先生から指摘されたことがあるんですが、大学だと、宗教史の講座の先生と思想史の講座の先生は、別なんですね。お前の意味はわからん、と。ただ、宗教というのは儀礼があり、音楽があり、多様な現象の中にその根幹となる思想というような部分があると、そういう意味として用いています。本来は宗教思想というべき体系があると、その体系の中でいろんな埴輪が出てきて、人物埴輪もその体系の一つでしかないわけですね。ですので、最後の書き方は確かにおかしいと思いますし、他にも別の書き方があるかもしれません。

　辰巳先生の答えから離れていってしまうんですが、我々古墳時代の資料だと、「宗教的」とかそういう言葉はあまり使わないですよね。普通、考古学やられる方は。ただ、人類学の人たちは、こういう墓とかに立て並べられたものを扱うと、やはり宗教というのは出てきますね。まあ、そういう観点から私の問題意識を表すために使っております。

　ただ、本来おっしゃるように宗教というのは体系でございますから、その人物埴輪たちは、その体系の一部でしかない。あとでまた、そういう問題は個々に出てくると思いますが、船を表すとかいろいろな要素があって、その中に人物というのが投影されてくる。さっき他界の概念の話が出てまいりました。合理的に解釈できればいいんでしょうけど、ただ、いろんな要素が埴輪の中に盛り込まれていると、船があったり、人があったり、家が居館だとか、いろいろありますけれども、いろんな現実世界のものが投影されているのが古墳の世界、埴輪の世界なんだと考えられるわけですので、私は、その中の人物だけ取り上げていますけれども、それが現実の何を投影しているのかという形で理解した結果をここに述べているので、宗教思想というのは確かに適切じゃないかもしれません。失礼いたしました。

辰巳　ということは、人物埴輪の配列をはじめ、今回分析されていることが、即、古墳総体に表される当時の宗教世界とか信仰とか、そういうものを人物埴輪がダイレクトにそれだけで反映しているものではない、と。

塚田 そうですね、重要な鍵は握っているとは思います。後期の段階においては……。

辰巳 だから、具体的に人物埴輪から明らかになる。ここの言葉を使えば、宗教思想という、その後ろにある観念の世界というのは何なのかということが、塚田さんは何か人物埴輪から言えるとお考えなんでしょうか。

塚田 それは人物埴輪の意味ということではないですね。

辰巳 そういうこと、意味ということですね。人物埴輪は、なぜ、ああいう形で、近侍的奉仕を行うものを、そこに表さなければならなかったのか。

塚田 ああ、これは質問の答えになるかどうかわからないですけれども、なぜ人物埴輪が現れてきたのか、それはどういう意味を持ってできたのかということですけれども、私自身、個々の埴輪の意味を捉えようとして、形の分析、形の構造から始まって、その意味づけという手順で分析しました。やはりそこに近侍的な人々がいると、女性にしても男性にしても。それが、なぜ投影されるのか、古墳の世界に。やはりそれは、この人たちの職掌そのものが「仕える」というもので共通するところがある。だから、死者に仕えるという形で考えればいいんだろうと思っております。

　それを、なぜそういうことを言うのかということですが、埴輪の展開、私のレジメの最後に、あまり上手くなかったんですけれども、書いておりますけど、やはり埴輪の意味の展開というのは、前期から中期へと埴輪が増えてくる、基本的な意味は変わってこなかったと犬木さんもおっしゃってましたが、やはりそういう意味づけを具体的な形で表現するために、いろいろな埴輪の種類が増えてくるんだと考えられるんじゃないかなと思うわけです。人物埴輪が出る前の段階に、飲食物を表現した土器群とかある。まあ、高橋さんは今そういう考えでないかもしれませんけれども、以前行者塚古墳の土製供物の饗宴を形象化したのが「巫女」埴輪だとおっしゃってますけれども、高橋さんとイコールではないかもしれませんが、そういう埴輪の展開の後に、人物埴輪というのはそれを具象化するものとして出てきたんだろう。その意味づけを考える場合に、土製供物の延長というよりは、人物埴輪の意味から私は考えていっているわけですけれども、やはり死者に仕えるというの

が根本的な観念だろう。まあ、他界を意識している。他界と言っていいのかわからないですけれど、少なくとも古墳の世界において仕える意味だとは思っております。答えになっていますかね。

司会 私が趣旨説明で使った言葉で言えば、部分と全体、人物埴輪がいわば部分であって、それが全体と関わるわけですね。部分と全体の考え方、世界の把握の仕方は、全中全というのか、すべてにすべてがあるという考え方がギリシャ哲学の原子論にあるわけですけれど、そういう考え方が西洋哲学ではライプニッツまでずっとあるわけです。東洋思想でも、たとえば華厳経に「多即是一、一即是多」という考え方があります。そういう考え方からすれば、人物埴輪という部分には、埴輪の全体、さらに古墳の全体の意味が隠されているはずだ考えられるんだろうと思うんですが……。

辰巳 でもそれは一部でしょう。古墳という全体の。だから、人物埴輪があり、横穴式石室など主体部もあり、さまざまな副葬品もあり、葺石があり、濠があり、その他にも多様な形象埴輪があり、そういう世界全体として、当時の人がこれが死者を送るための装置ですよということで古墳を完成させるわけだから、その中にある人物埴輪だけを取り出して、どこまでそれ自身が全体を語ることができるかというと、……。

司会 語っているかもしれないけど、読み取れるかどうか、という問題があるわけですね。

辰巳 そうです。

司会 だから私たちは、読み取りやすい部分を、ことさらに取り上げて証明というか、説明に使うわけですね。

辰巳 古墳という全体が表している思想を表現しようとしているものの一部が埴輪でしかないんだ、ということを我々はよく認識して、埴輪だけの研究ですべてがわかるということはないと考えます。

司会 その通りですね。昨日も、埴輪を考えるだけでなく、埴輪から古墳を考える、という言い方をしたのは、じつはそういう意味なんですが、テープの都合がありますので、ちょっと休憩を入れます。

2．人物埴輪の情景

司会 人物埴輪を対象にお話しされた先生が3人おられますし、森田先生も人物埴輪について文献の方からお話しになられました。そこで少し人物埴輪の問題に絞ったかたちで議論いただければと思います。杉山先生から。

杉山晋作 3人の方に質問したいと思います。まず、塚田さんに伺います。全国の人物埴輪のデータを集め、人物埴輪が立てられた全時期を通じた形態の分類と、さらに時間の経過とともにどういうふうに変化していったかというところまで、大変な労作を発表されました。これからは、個々の古墳においてはどうなのか、という研究をたぶん進めていかれるものと期待しています。先ほどは、共時的・通時的、あるいは構造主義という言葉を使った難しい話がありました。辰巳先生の質問とも関連するのですが、その研究で最後に目指しているものは何でしょうか。坪井良平先生は、木津惣墓という一つの墓地に残る時間幅のある墓石の形態分類をされ、どういうふうに変化したかを明らかにされました。この研究は、ある人がここに葬られているということから出発しましたが、それで終わることなく、墓石の型式変遷を明確にし、さらにその先で検討しなければならない課題まで示唆されている、と思っています。例えば、何十年経つと次の新しい墓石型式が始まるという点は、塚田さんが人物埴輪の男性像・女性像について明らかにされた点に通じるでしょう。次は個々の墓石の下に誰が葬られ、それらがどういう関係にあったのかという視点からの検討、人物埴輪では、この人物像は誰を表し、どういう人のために立てられたのか、という課題を明らかにすることではないかと思いますが、いかがでしょうか。

塚田 えーと、そうでしょうね。我々日常的に発掘とか立ち会う遺跡がありますけれども、そういう状況を正しく理解していくというのが本来の目的、最終的にはそこまでいって、それを歴史上の位置づけをしていくという方向にいくべきものだと思います。まあ私叩かれやすいことをいっぱい言ってしまったので、失敗したなあと思ってはいるんですが、やはり原理原則というものは何なのかという議論が必要じゃないかと思って、そういう議論をした

ところでございます。

　ただもう一つ、私自身はもう一つ調べるべきことがあるかなと思っています。それは個々の遺跡を理解していく時に、杉山先生も昨日の発表で個々のモデルみたいなものがあると、そうやって具体的な造形を見ていく時、じゃあこれは何なのか、着ている衣装とか、持っているスペック、装備ですね、そういうものが何なのかというような、まだまだ分かっていない部分がけっこうあると思います。そういう考証が必要だろうなとは思っています。

　ただ、やはり考古学の人間でそれをやるのは限界がありまして、どうしてもつまずく部分があると思います。私が袈裟状衣は意須比じゃないと言ったら、森田先生は意須比だとおっしゃっておりましたけれども、ああいう研究は、やはりしていかなくちゃいけないんじゃないかなと思っています。それがないと、個々の遺跡で読み解くといっても、やはり本当はわからない部分が多いという気がいたすわけです。辰巳先生が昨日の話の中で、個々のものはこういうものなんだと、きらきら光る円盤のものをここで円形に書いているとか出てまいりましたけれども、人物埴輪においてはもっとそういう研究が必要なのかなと思っております。

森田　今ちょっと意須比の話が出ましたので、私どうも塚田さん非常に苦労なすって、いままで意須比と考えられていたものを、肩巾(ひれ)だという具合に判断されたわけなんでございますけれど、私これに関して疑問感じてまして、今のところずっと抽象的な話が進んでますから、ひとつ具体的な話に進むのも悪くはないと思います。ちょっと私に質問させてください。この意須比説というのは後藤守一さんだとか昔の人が唱えてきまして、ずっと通説みたいな形できているわけです。それに対しまして異説としまして、宮本勢助さんや、増田美子さんという学習院の先生が、どうもあれは意須比ではないんだという考え方を出されてきているわけです。それを塚田さんは踏襲なさっていると思うんですが、私は、宮本勢助氏と増田美子さんの説がどうも私には納得できないわけです。

　まず第一に、宮本勢助さんの出発点にヒレという大和言葉につきまして、漢字で表した場合に、肩巾と領巾と、2つ用字がありまして、それが違うと

2. 人物埴輪の情景

いうことを出発点にしておるわけですが、これはまったく文献解釈として、到底受け入れるわけにはいきません。これは私だけではないと思います。重要なのはヒレという言葉なんでありまして、ヒレという言葉に、肩巾あるいは領巾、適当な漢字を当てたにすぎないんです。ここに注目しまして、両者は違うという議論は、私は暴論としかいいようがありません。したがいまして、肩巾も領巾も、ヒレであります。

ヒレは何かというと、ヒラヒラするものという意味です。高校生が肩にかけている長めのマフラーみたいなものがあたるわけですが、ショールでもいいんですが、これがヒレであります。それと違いまして、埴輪の世界でもって、さっきからあげられている女子像がありまして、女子像でもって、肩から掛けて脇を通って背中にまた持ち上げて縛るんですかね、袈裟状衣というような表現をされておるわけですが、これを意須比ではなくて、肩巾という具合に塚田さんは解釈なさっている。

その根拠として、増田美子さんが、意須比なるものは、これは史料上珍しい例なんですが、伊勢神宮関係の史料の中に出てきまして、伊勢神宮の装束の中に出てきまして、これが非常に長いんですね。2丈5尺もあります。つまり7mもあるわけです。7mもあるようなものが埴輪の女子像にくっついている袈裟状の衣にはあたらないだろうというのが、増田さんの説なんですが。これを使いまして、結局、宮本勢助氏と増田美子さんの批判を両方手際よく使って組み立てられたのが、塚田さんの説、つまりあれは意須比ではなく、肩巾だということなんですが、私それは駄目だと考えるわけです。

それなら御前どんなふうに考えるか、と設問された時の解答なんですが、私は、袈裟状の衣というのは、埴輪におきましては、肩から腋腹を通って、また肩へあがってそれでとめるというそれで終わっておるわけですが、伊勢神宮の装束に出てくる意須比は、今申しましたように7mもあるわけですが、これは常識的に考えると体につけたうえに余裕がでます。少なくとも4、5mの余裕は出るわけでして、この4、5mの余裕は何かというと、これは裳裾で解釈するべきなんです。つまり洋装でいえば、トレーンであります。よく洋装の花嫁が後ろへ引きずっているのがありますね。小さな子供

が持っていたりするあれにあたるわけです。トレーンです。トレーンで解釈していいのかと、その根拠は何かと質問されますと、それにつきましては伊勢神宮の例を見ますと、伊勢神宮装束であります。これを見ますと裳、スカートですね。スカートが埴輪の女子像では足が隠れるだけで終わっています。裳裾を引いているのはいませんね。しかし、伊勢神宮の装束を見ますと、5丈もの裳裾を引いているんです。5丈であります、つまり15mです。非常に長い。伊勢神宮のスカートともなると、15m程も長い裳裾を引くわけでして、それを考えると埴輪の女子像の袈裟状衣が長くなって、裳裾をひきずるような具合になって少しも不思議ではない。むしろ日本の服装、着物というのはどういうわけか一貫して男も女も裾が長くなるんですよね。男の方の衣冠束帯も長くなります。これは皆さんご存知かと思いますけれども、公卿が会議をしている場でもって、下襲の裾というんでしょうか、これがずっと伸びていって、欄干にひっかけているなんていう、ちょっとマンガチックな図がありますよね。ご記憶の方いるかと思いますが、ああいうのを見ますと、この埴輪の女子のスカート、裳ですね、裳の裾が長くなる。それにつれてこの袈裟状衣の裾、裾というかトレーンですね。これが長くなる。両方が平行して長くなったと考えればいいんでありまして、あれはやはり昔ながらの説である意須比と解釈しなくてはいけない。意須比として解釈して少しも不自然ではないというふうに考えております。私の考えはこうなんですが、いかがでしょう。

塚田 まずヒレの書き方の問題があって、最後に着用例の問題があったと思います。書き方の問題は、領巾と肩巾がある、と。私自身は袈裟状衣の問題をヒレと考えたのは、宮本勢助先生の論文を知ってからではないんです。ある時、大東文化大学の宮瀧交二さんに自分の考えをお話ししたところ、こういう論文があるよと教えていただいたんです。読んだら、ああ、私より先に考えていた方がいたんだと思って、よく読みますと考証がすごいので非常に勉強になりました。ただ、宮本先生もいろいろ例があると。領巾と肩巾で違うんだと言っているのではなくて、領巾と書いている中でも肩巾のものもあって、当て字になっているものもあるんだという形で、その2つで分けてい

2. 人物埴輪の情景

るのではないのです。

　もう一つ重要な例として、ヒレ、タスキと出てくる。そういうものがタスキをしていることもあげられていますので、それが一つのセット関係だろう。女子埴輪の袈裟状衣をしているものが、タスキをしている。そういうところから『古代文化』の98年の1月号と2月号に、もう10年くらい前になりますが、それに書いたわけです。

　意須比ではないという理由がもう一つあります。それは2丈5尺、幅2幅という形が出てくるんだ、と。こんなでかいの、どうやって着たんだと思うわけですね。後藤先生の論文を読むと、後藤先生自身はあれが意須比というより、女子埴輪の袈裟状衣の後進が意須比だ、というような書き方をしていると思うんです。で、その中で、いろんな例をあげていますが、先生自身はあれを読むと、やっぱり意須比というものを、こういうふうに考えていたなと思わざるをえないところがありまして、それは2丈5尺をどのように着たのか、体に取り巻いたのではないか、そういうふうに書いています。取り巻いたとしか考えられないと書いているわけですね。別にトレーンだと考えているわけではないんです。さらにその後に意須比の展開みたいな事例で、そういうものが変わっていくんだという予想みたいなことを最後の言葉で書かれています。昭和13年の『考古学論叢』ですね。その中でローマのトガをあげていらっしゃるわけですね。まさに体に取り巻いたもの。そう考えると、先生自身は取り巻いたものとイメージを捉えられているわけで、そうであれば、やっぱり埴輪の実態とは違うと言わざるを得ないと思います。やはり意須比と言っていいのかというと、実態を見る限りは、そうではないと言わざると得ないんじゃないかと思います。

　もう一つ付け加えると、後藤先生のデータは、初期の段階、昭和10年代ですから、資料がまだ少ない段階でしたからああいう解釈、「巫女」だという形でどんどん展開していく。しかも、鈴鏡を持っているとかいろいろ出てくるわけですけれども、やはりこれだけ資料が増えて、実体が増えてきたということを踏まえて、もう一度見直すべきだろうというのが私の本来の趣旨でございます。そういう考えの中での一つの説でございまして、否定される

場合もあって然るべきだと思いますが、やはりそこの考証で、実体の考証というところで、森田先生とは意見を異にしています。

司会 よろしいですか。

杉山 高橋さんは、前期から後期にかけての家形埴輪や器財埴輪などの古墳での配置の変化を追いながら、人物埴輪が出現してくる背景を考えられました。どちらかと言えば、漸移的に人物埴輪の出現条件が整ったと考えておられると思います。私は、古墳時代中期の大王墓の埋葬施設である石棺が長持形石棺という大陸風の石棺に変わったことを考慮すると、葬送儀礼も新しく別の儀礼がもたらされたと考えてもよいと思います。だから、人物埴輪は、ある大王墓に突如出現したと考えています。具体的には、まだ発見されていないので判断できないことです。

　ここで別に伺いたいのは、後の時期になってからのことでしょうか、人物埴輪は葬送儀礼が終わってから立てられたと理解してよい、と高橋さんが言われたことです。墳丘に並べられた円筒埴輪も同じように考えておられるのでしょうか。

高橋 レジメの75頁（本書104頁）でイメージを抱いていただけないでしょうか。行者塚古墳の北東の造出ですが、基本的に墳頂と同じで、埋葬施設を下に持つタイプであれば、もちろん埋葬後であります。葬送儀礼のどこまでを埋葬に絡めておっしゃっているかで変わってくると思いますけれども、古墳が完成して、古墳から人がいなくなる直前までの行為ぐらいに考えていいと思っています。もちろん葺石を葺きながら埴輪を埋める箇所もありますけれども、墳頂の埴輪のセットを置いたり、造出に置いたりする行為は、かなり後の方で、この西造出の場合は、家の埴輪はその前に土製の捧げ物をするわけですから、祭祀の段階で置いてあることになります。けれども、彼らが立ち去った後でないと、囲形埴輪はたぶん置けない。囲を最後に置いて、それより遅れる埴輪の樹立はもうないというくらいのイメージですね。それが、人が死んでからの一連の行為が終わるどの段階かというと議論は別だと思いますが、これらの埴輪を横目で見ながら埋葬していることはないでしょう。造出の家の埴輪を置いて祭祀を行う瞬間は、おそらく墳頂の埋葬も終わ

2. 人物埴輪の情景

っている段階だと思っています。

司会 高橋さん、古墳作りの最終的な工程だと考えていいですか。

高橋 そうですね。たとえば、この西造出の絵以降に行った埴輪を置くという行為は、囲形埴輪を設置することで終わりだというイメージでいいと思います。

司会 それで、古墳作りは完成する。

杉山 例えば、この造出の場合は、墳丘に並べた円筒埴輪の製作時期と同じ時期に造出の円筒埴輪も作り、どこかに置いておいたものを葬送が終わったら並べたのですか。人物埴輪は後で作って置いたのですか。そういう過程は、埴輪の作りが違うなどで検証できるのでしょうか。

高橋 今これは行者塚古墳ですが、この人間が人物埴輪と思って考えると、という話だと思います。それを置く行為が、古墳の建造途中、あるいは埋葬以前かもしれないということを否定できるかということでしょうか。

杉山 行者塚古墳の場合は、人物埴輪が並んでいないから例がよくないと思います。今城塚古墳の場合はどうでしょうか。

高橋 今城塚古墳なら、レジメの97頁〔第1図〕を使うなら、つまり墳丘に全部埴輪が並んでしばらくたってから、人物像を並べるかということですか、杉山先生。

杉山 仮に、墳丘には円筒埴輪が並んでいたのだとすると、中堤の張出(はりだし)に置かれた円筒埴輪は、いつ立てられたのでしょう。人物埴輪などはもっと後に作って立てられたのでしょうか。

高橋 確かに報告が出てないから言いにくいところがあります。ここの部分は後から北側に張り出させて、それで並べてました。最初のプランではなくて、埴輪を並べるために、最後に土木工事で広げた場所へ置いてますから、おそらく最後でいいと思います。埋葬後でいいと思います。

司会 これもまだ報告書が出ていないから確実かどうどうかわかりませんが、内側に円筒埴輪列が書いてありますけれども、その何本かは立て替えられていて、人物埴輪とかを並べるときに通路にした、確かそんなふうに考えられています。この区画は、やっぱり最後になるんじゃないですかね。

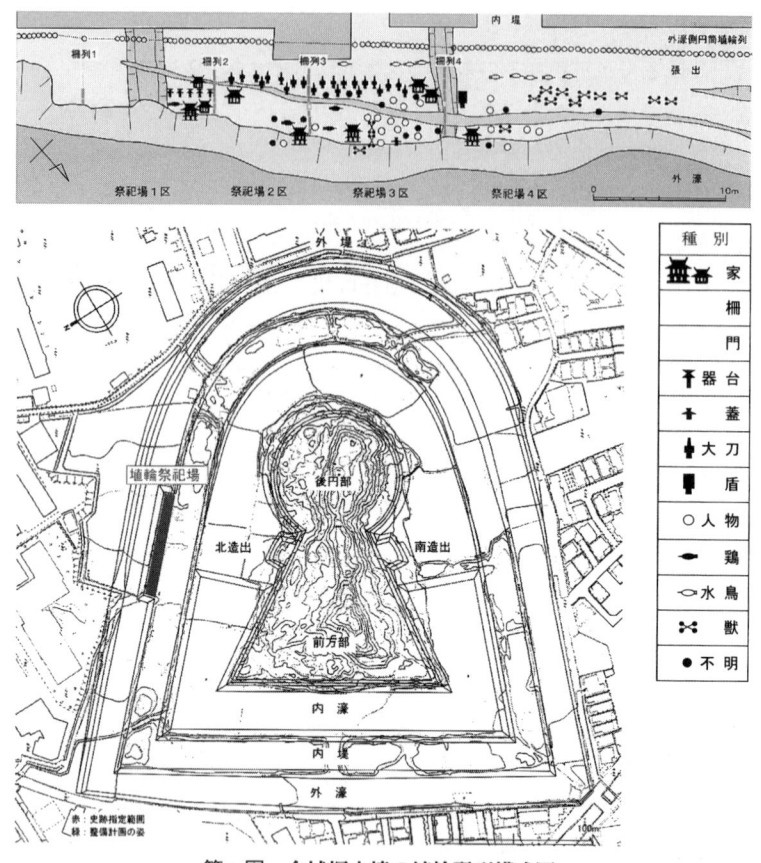

第二部　仕掛けとしての埴輪—共同討議

第1図　今城塚古墳の埴輪配列模式図

杉山　犬木さんが、殿部田1号墳（千葉県芝山町）の人物埴輪群像の間に存在する円筒埴輪が意味あるものであったという解釈を示され、私も認識を新たにしました（本書123頁第9図）。A群の家や女性像がもっとも重要であったと考え得る根拠にもなるのでしょうが、一方で、この人物群像で表そうとしたのはA群であったのか、それとも塚田さんが唱える説の、群像の中心に位置すべきB群あるいはそれにともなうC群であったのでしょうか。

犬木　殿部田1号墳の形象埴輪列を構成するA〜E群の中では、A群が一番重要なエリアだと思っています。これはまさに、今城塚古墳における形象埴

輪配置のあり方と対応していると思うんです。A群から一番遠いところに位置しているE群に馬がいる。その手前のD群に武人がいる。さらに手前のC群には女子が複数いる。これはおそらく今城塚古墳の3区に相当するんでしょうね。同じように女子が配置されているB群も、そういう意味では今城塚古墳の3区に対応するんだと思います。家2棟と女子1体のみが配置されるA群が、おそらく今城塚古墳1区、2区に相当するものだと思っています。

杉山 A群の中に古墳の被葬者となる人物がいると考えておられますか。それともB群やC群の中に古墳の被葬者となる人物がいて、A群の中の人物はその先代であるというようなことは考えられないでしょうか。

犬木 なかなか難しい話なんですが、殿部田1号墳のB群・C群には新旧の首長は入っていないと思います。また、A群にいる人物も被葬者ではないと思っていますが……。

杉山 新旧の首長両者とも含まれていないとしたら、これらは何のために立てられたのでしょうか。形骸化した人物埴輪樹立が流行していたから、人物と家と馬を作って並べてほしいと依頼されたのでしょうか。

犬木 そもそも問題になるのは、今城塚古墳の形象埴輪配置を殯（もがり）の場面ととらえるかどうか。さらに言えば、それを簡略化した構造だと考えられる殿部田1号墳の形象埴輪配置を殯と捉えていいのかどうかいう点です。今城塚古墳に関しては、確実に殯ということでよろしいんでしょうか。この点について他の方々にもお聞きしたいんですが……。

司会 「たてまつる」と「つかえまつる」という言葉がありますね。まつりの語源だという説もありますが、たてまつるのは普通はモノ、酒食をたてまつる。つかえまつるのは人間、誰々につかえまつるというかたちになるんですけれども、そう考えて人物埴輪を見れば、つかえまつる人たちと見るのも一つの見方として可能だと思うんですね。その時には、新たな首長が亡き首長につかえまつる場面を想像しても構わないし、その可能性はあると思いますが、つかえまつる人物埴輪には、亡き首長、被葬者は表されていないと私は考えますが……。

第二部　仕掛けとしての埴輪―共同討議

杉山　どう考えていただいても結構ですが、その場合、被葬者は目の前の古墳に葬られているのだから、殯屋（もがりや）は不要ですね。

司会　今城塚古墳の埴輪の風景、家形埴輪を殯屋あるいは喪屋（もや）と見るのが有力な説かもしれませんが、でもそれも一つの解釈にすぎないわけで、たぶん犬木さんも同じだと思いますが、私は殯屋とは考えていないので。

杉山　私は、4つのゾーンを一括で捉え、殯の期間中に継体という大王となる者が即位している場面など、被葬者の生前の場面が表されていると考えてもよいと思っています。

司会　見方によって違う見え方をするわけですけれども、皆さんの見方は、どうですかね。ちょうどいいですから、若松さん、人物埴輪の描いている場面は何だというふうに考えておられるか、端的な答えを。

若松　それでは、図がたまたま出ていますので、殿部田1号墳の場合に何を表現したのか考えていきます。私も犬木さんの言われるように、Aゾーンは重要と考えています。17番、7番、5番、こういった人物埴輪は踊る姿態をとっているように見えます。塚田さんが踊る埴輪不在論を提唱されていますが、これらは駒を牽く、いわゆる馬子の埴輪ではありません。やはり踊る人と見るのがよいでしょう。そして13番には琴を弾く人物があるんですね。そうしますと、記紀の世界の中に出てくる「遊び」という行動ですね。遊びというのは踊りという意味ですが、亡き人物の鎮魂のために行われる、殯の時に行われる魂振（たまふ）りの遊びの風景をここに再現したものだろう、と分析します。また、18番の建物は殯に用いた建物である喪屋の可能性が極めて高い。閉塞的な構造に加えて、堅魚木の上に霊魂を運ぶ鳥をわざわざ造形していることが根拠です。したがって、この人物埴輪群の中には被葬者の姿はないだろうと考えます。

司会　いわゆる殯説でよろしいですか。

若松　はい、殯説の立場です。

司会　高橋さん、どうですか。

高橋　私、この手の話はあまり関わらないほうがいいだろうと、最近反省しているところです。前に『列島の古代史』に書いたトーンでは、もうこれ以

上続けるつもりはありません。ただ、積極的にその方面の顔付きで言うならば、今若松さんが言ったような行為を含む葬儀に伴う一連の流れが、全体で表現してあっただろうと思っています。それを、どれだけ集約したり省略したりして、この形にもっていったかは別に議論が必要ですが、私はそれらが繰り広げられた舞台が、第三のエリアだろうというふうに考えます。

辰巳 そもそも殯は古墳で行うものではないんです。大王の殯にしても、あれは宮中の南の庭で行うとか、広瀬川の河原で行うとか、そういう場所で殯を行った後、送葬の列が古墳に向かうことになります。殯は、まさに死と生が相半ばする、そういう段階で行われる儀礼で、死が確認された時点で、死者は古墳に葬られる。先ほどの話に戻りますが、古墳というのはまさに、あちらの世界であって、こちらとあちらを相半ばする世界ではないという私の考えに立てば、これは殯の場面ではない。そもそも殿部田1号墳の例も、今城塚古墳の例もそうなんでしょうけど、今は殿部田1号墳の例でお話しされていますので、この例で申し上げれば、結局いろんな変化がある。列状にずらっと並んでいる。だけど、本来その前の段階であれば、家があり、そのまわりに人物埴輪群や器財埴輪などが、列でなくて群で表現されるべき埴輪だったんだろう。それが、横穴式石室が入ってくる段階で、石室が開口する古墳の段がありますから、そこに列状に並べるという変化が起こってくるに過ぎない。殯ではなくて、また後から出てくると思いますが、いろんな王権儀礼の場面をここに再現しようとする。要するに、いろんな首長祭儀を、象徴的に表すものをここに表現している。マツリゴトの情景であったり、狩りの情景であったりということですね。

司会 辰巳先生のお考えは、儀礼説というのですか、さまざまな儀礼の集合ですかね。

辰巳 そうですね。

司会 塚田さん、どうですか。

塚田 私は、儀礼という言葉はあまり使っていません。あえて儀礼と言えば、私は服属儀礼とかになるかなと思いますが……。

　私自身、従来の仮説と違うスタンスに立って分析をしてきたので、そうい

う視点を持ち合わせていないというのが一つの理由ですが、先ほど申し上げたように、個々の構造と個々の要素というのは、近侍的な職掌なんだと私は理解したわけなんです。儀礼というのは政治的なものですけれども、そういう人々ではないのではないんじゃないかなというのが、私の理解です。あえて言えば被葬者と私は言いましたが、特定の人物と、ここで抽象的に言えば、それに仕える人々を構造的に示しているのであって、これが儀礼とか、そういう、もちろん力士があるから何らかの儀礼だという可能性はまったく排除できないですが、だけども基本的な構成要素はそうではない。仕えるということに集約されるのではないか、と考えております。

そうですね、まあ、儀礼って何の儀礼、と逆に教えてもらいたいなと思いますけれどね。

司会 塚田さんは、一つは「仕える」というタームを使うわけですね。もし被葬者が表されているとしますと、被葬者は誰に仕えるのだろうか、という疑問がわいてくるのですが。そのへんは、どうですか。

塚田 墓ですから、被葬者のための施設ですから、その人自身だけでいいんじゃないですか。その人がまた別に誰かに仕えなくてもよろしいんじゃないかと思いますけれども、まあ、解釈の問題でなんといってもしょうがないですけれど。

司会 被葬者の人物埴輪だけは、他とは違う意味を持つということになりませんか。

塚田 あるとすれば、たぶんそうでしょうね。ない場合も、もちろんあると思いますが。

若松 先ほど、辰巳先生から力士埴輪が加わっている例が話に出ましたが、今見た殿部田１号墳の場合だと、魂振りの舞が象徴的に選択されて表現されているわけです。しかし、より大きい規模の前方後円墳の場合には、内容がもっと豊富になりますよね。相撲なんかは、やはり日常生活を表現したものでなくて、鎮魂の祭祀と非常に密接な関わりがあるわけです。同志社大学の森浩一先生は、井辺八幡山古墳（和歌山県和歌山市）の報告書の中で、相撲の埴輪のことを取り上げています。舒明天皇が亡くなった時に、百済から大使

として来日した翹岐(げうき)という人物ですが、滞在中に息子さんが頓死してしまいます。そして、その前で、兵士に相撲をとらせたという記事があります。森先生は、これを取り上げまして、鎮魂の儀礼として、相撲が行われたことを詳述されています。

　埴輪群像が再現する各構成要素として、昨日申しあげた、死者にお供えの獣を供えるための狩りですとか、鎮魂のための相撲ですとか、魂振りの舞ですとかがあり、これらは古墳の規定などによって取捨選択されています。これらは極めて非日常的な葬事に関わる儀礼である、と見るのが適当であると思います。

司会　ありがとうございました。昨日、森田先生は明快にお話しになられたわけですが、こういう話を踏まえて森田先生自身はどういう。

森田　私、伺っていて、辰巳先生とさっきすっかり見解が食い違っちゃったんですけれど、辰巳先生の儀礼という表現をまったく妥当だと思います。ただし、儀礼も内容を伴ってこの判断するのがよろしい、と思っておるわけでございまして。儀も儀、トヨノアカリの儀という具合に私は言いたいところがあるわけです。トヨノアカリの儀というのは、正月元旦の儀でありますとか、大きなおめでたいことがあった時に朝廷の中でやることなんですが、私はそれに相当するような、トヨノアカリをやっているのではないかという考え方です。

　今、鎮魂ということが出ましたが、力士が鎮魂に関係するということですが、私は力士だから鎮魂とすぐもっていくというのは、ちょっと即断しすぎると思っています。儀式の場合では、余興みたいなものをよくやるわけです。トヨノアカリの時に、五節の舞姫が出てきて踊るというのは皆さんよくご存知だと思いますが、それ以外でも剣の舞をやったりします。ですから、ここに出てきていますところの武人の埴輪がありますけれども、武人の埴輪は守りについているというよりも、むしろこれは剣の舞をやっているという具合に考えた方が理解しやすいと考えます。実際、剣を持ってそれに手をかけているような人がね、中心にいるようなことはちょっと考え難いわけですよ。朝廷の天皇に近づく時には、剣は取り上げてしまうというのが常識です

よね。しかし、トヨノアカリの時は、天皇の側でやるわけですけれども、その時にすぐ側で剣を抜いて剣の舞をやるわけです。そういうのを考えると、私は武人の埴輪というのは守備、守衛というよりも、遊戯の世界の像と考えた方がいいと思う。力士なんかも、楽しみということで、朝廷内でよくやるわけです。今でも貴族、朝廷は相撲が好きなようですよね。内親王から始めましてね。古代もそうでありまして、相撲というのは楽しみのためにやるものなんです。その他、サーカスをやったり、そういったことをよくやるわけでして、そういう文脈の中でもって捉えた方が、力士とか、ちょっと変わった像、ふしだらな像が出てきますが、そういったものも、そういった文脈で解釈すれば、まことにスムーズに解釈できるんじゃなかろうかと思います。鎮魂という言葉を使いますと、相手は墓ですから、非常にわかりやすいんだけれども、現代人の発想で判断したらいけないと私は考えています。

辰巳　森田先生に言葉を返すようで申し訳ないんですが、相撲取りの埴輪（力士埴輪）は結構あちこちで出てまいりますが、私の資料の第2図（本書28頁第2図）の黄金塚2号墳（京都府京都市）において盾形埴輪に描かれた反閇(へんばい)の所作をとる力士(ちからびと)の姿がみえます。この反閇というのは、いわゆるマジカルステップだと昨日申しました、要するに力足を踏むわけです。決まった踏み方をする。今でも、いろんな民俗儀礼で行われます。これが結局、土地鎮めになるわけですが、土地を清浄にする。その上で、いろいろマツリを行うわけです。前期の終わりか中期の始め頃の絵です。この盾形埴輪は外向きに立てられるわけです。なぜわざわざこの絵を描くか。しかも手の平は大きく開いておりますし、足は大きくしている。ことさら足を大きくしているということは、やはり足を踏むという意識が、強烈にここに表現されている。これと同じ所作を立体の埴輪に表したものが、力士埴輪と呼ばれるもので、初期の人物埴輪の中にいくつも出てくるものなんです。ほぼ全国的に、褌をしたものもございます。人物埴輪が出現する前の段階に、これがなぜ盾に描かれていたのか、当然古墳を侵そうとするモノからこれをガードすると、そういうことは昨日申し上げました。しかも、立ちはだかっているわけでありますので、まさにそういう意味での鎮魂である。

森田 ちょっといいですか。今、反閇という言葉がでましてね。私ちょっと思い出したんですが、反閇なるものも、確かに地面を踏み固めて、土地の神を封じ込めるという要素を持つわけですが、例えば踏歌の節会というのが、今ではちょうど小正月の行事にあたるものなんですが、その時に反閇をやっておりますよね。遊戯の世界の要素も反閇にはあるわけでして、あえて辰巳さんの解釈に異をたてるわけではありませんが、遊戯的な側面が反閇にもあるんだということも頭の中に入れておいてもよかろうということです。

司会 杉山先生は質問されただけで答えておられないので、杉山先生にも、ご自説をお願いします。

杉山 私はいつもと同じです。殿部田1号墳の人物埴輪群像については、B群かC群かD群の誰がこの古墳の被葬者であるかは言えないでしょう。古墳の埋葬施設や副葬品も含めて考えるべきと思っています。しかし木戸前1号墳（千葉県芝山町）の人物埴輪群像の中で2体だけ大きく造形されている人物は、被葬者であろうと思っています。

司会 どうしましょうかね、会場にも質問したいという方がいらっしゃると思いますが。

坂本和俊 坂本です。船の問題について、ちょっと質問したいと思うんですが、確かに船による他界観を認めても支障はないと思いますが、それを普遍化するというのが的確かどうかということになると、馬や家なんかの方が出土量において極めて多いと思うんですが、大型古墳においてはなかなか発掘した時に全体掘ることはできないわけですよ。小型の古墳の中で、船が出てくるということは、やはりその古墳の数を見た時に、小型古墳から船が出るにしても、トータルした時は決して多くはないと思うんですよね。そのあたりのところが、一つ疑問だということと、やはりそれから舟葬というふうなことを考えた時に、舟形木棺やそういったものの分布的に船形埴輪が出るという対応関係が必ずしもないんじゃないか、こういったところに私自身は疑問を感じておりまして、むしろそうすると、私は生前の被葬者の、埴輪というのは、いろんな場面というものを表しているんじゃないかというふうに、顕彰説的な立場になるんですが。ですから、同じような首長に似たようなの

が何体かあるとしたら、それは絵巻における異時同時図法というか、被葬者のそれぞれのいろんな重要な役割を演じるとか、被葬者が死ぬまでのプロセスの中で見ておいた方がいいんじゃないかなというふうに思っているんです。そういう意味で、船も被葬者の生前の活動と深く関わっていた可能性があるんじゃないか、ということが一つ疑問に思っていて、数の事例というものをお聞きしたい、と。

それから、高橋さんにお聞きしたいんですが、前に導水施設の解釈という中で、どちらかというと、橿原考古学研究所と奈良国立文化財研究所との意見の違いがあったと思うんですが、そのへんは『考古学クロニカル』で解説をされていたと思うんですが、その時に、いわゆる導水施設というのを厠と捉えるのか、水の祭祀と捉えるのか、そのあたりどうなのか。私自身、それは両方の側面があって、黒崎さんは、あれを被葬者を生む時に厠と捉えているんですが、もっともあれが重要な意味で被葬者が、首長が死と誕生という被葬者自身が今までの世界から首長になるために、死と誕生をプロセスを経て生まれかわっていくという、いわゆるイニシエーションを経て首長になるというような場面としての空間で、その時に排便行為や禊ぎをやるような場で、それが極めて重要なんだというふうなことの方が、両方の説を中和していいんじゃないかと思うんですが、そのあたりは、どうですかね。

司会 船の方の質問については、辰巳先生、お願いします。

辰巳 古墳文化、古墳に表されたさまざまな文化表象の理解の問題なんですが、埴輪が、その被葬者の生前の何らかを表すのか、という点に関するご意見だと思います。私は、それは絶対にあり得ない。船が被葬者の生前の職掌に関わるものとは、まず考えられない。例えば松阪の宝塚1号墳のような全長100mの大古墳にも船形埴輪はある。小さな10mそこそこの古墳にも、船形埴輪は置かれる。数は全国で約50、私はほぼ集成しておりますが、丸木舟形の木棺はもっと少ない。それは、数の問題ではなくて、舟葬という観念をお話しましたが、人間に心の奥底にある他界観がポコポコと泡のように出てくる時に、それが埴輪という形で表れる場合もあれば、絵で表れる場合もあるし、実際に木棺の形に丸木舟の形として表れる場合もあるし、また表れ

ない場合の方が多いであろうと考えないと、古墳文化は理解できないのではないかと考えています。ただ、考古学研究者がいう舟形の木棺とか舟形の石棺の多くは槽でありまして、水槽、浴槽の槽、箱のようなもの。槽という字をフネと読みますので、それを舟にしてしまう。それが一人歩きして、船と結びついてしまっていることがありますので、私は極力、丸木舟形の木棺というふうに、誤解のないようにお話を申し上げています。

高橋 以前、平城の報告書でちょっと粘ったところ、船形埴輪の一番集中するのが大和盆地北部となってしまいました。見直せば、船の埴輪の事例は、もっとずっと増えると思います。もちろん、平城宮周辺には、船を浮かべられるほどの川はありませんから、そういうところにあるということも含めて、水運に関係する人だから船の埴輪を並べるということは、もう考えなくていいと思っています。

　もう一つ導水のほうですね。導水の埴輪の意味につきましても、私がいつも否定しているのは、相変わらず、それが王が行う水のマツリだから古墳にそれを持ってきたんだという発想です。王様が生前に行ったことに関係するものを何でもかんでも、古墳の横にくっつけたんだということを言ったら、それは否定も肯定もできないままになってしまいます。それで今回示したように、行者塚古墳のように囲の埴輪1個だけ置いてあるのも、あるいはその囲を中心にいろいろ水鳥などを置いてある巣山古墳（奈良県広陵町）も、あるいは赤土山古墳（奈良県天理市）のようなやつも、やっぱり水などが関係することは確かでしょう。ところが、囲形埴輪というものは、中期初頭以降単独で出土する例が増えていって、その後なくなっていきます。船の埴輪も意外と中期前半でピークを過ぎてしまう。見えなくなっていくんですね、水に関わるものが。それに入れ替わるように、人物とか動物が出てくる。だから、そっちに受け継がれている要素があるんじゃないか、という攻め方をしているのです。単純に導水が排便だとか、殯だとか、葬送のためだとか、結論を急がないように注意してやっているところです。

司会 まだまだ続けたいのですが、テープの都合で休憩します。

3．部分から全体へ

司会 埴輪から古墳を考える、最後のテーマに入りたいのですが、その前に、若松さんが言い足りないということですので……。

若松 昨日お話をさせていただいた、死者のために供犠をする狩りがあったのではないかという仮説ですね。それが埴輪に表現されているという仮説を提出したわけですけれども、それを証明する他の材料として古墳壁画があります。51頁の第4図（本書70頁第4図）、1が五郎山古墳（福岡県筑紫野市）、2が泉崎4号横穴墓（福島県泉崎村）の狩猟場面を描いた装飾壁画です。五郎山古墳の場合には、最上段に馬に乗って弓を引く人物がいます。大きな青い旗を後ろに付けています。鏃の先の方に小動物が描かれている。下の段では左側に電話ボックスみたいな形をした小さな家が描かれており、その右手に祈るような女性の側面図があります。この女性の上には猪らしき四つ足の動物がいて、徒歩の射手が弓をつがえており、狩りの絵を描いたものです。この絵解きはなかなか難しいのですけど、左側の建物に全体として殯屋の可能性、それから天を仰ぐような姿の女性は、死者への祭祀を行うシャーマンの可能性を仮定してみたいなと思います。一方、泉崎4号横穴墓の場合、真ん中に4人の人が手を繋いで正面を向いています。その右側に馬に乗って弓をひく人物。それから、角の生えた四つ足の動物が右手に描かれていて、おそらく鹿のお尻に向かって弓をひいている。面白いことに4人の手をつないだ人物の左側に女性の側面図が描かれていて、なにかを両手で捧げるようにして、やはり天の方を仰いでいます。この姿は五郎山古墳の女性像と非常に構図がよく似ています。横穴墓の所在地は東北地方なわけですが、九州北部とよく連絡をしていて、絵柄にも共通項があり、またそのペインティングの影絵的な表現様式なども非常に似ているなと着目いたしております。

　ここで問題になってくるのが、果たしてどのような狩りを表現したものかということです。私の立場からすれば、これは葬儀と関連して獲物を捕る狩りを表現していると考えたいところなんです。ところが、五郎山古墳の壁画には小さい珠文がたくさんあり、同心円文も伴っています。この珠文が星を

3. 部分から全体へ

表しているという考え方を採ると、狩りの行われたのは現世(うつしよ)ではないという見方も出てくるかもしれません。泉崎4号横穴墓の場合も、天井部には渦文が、そして狩猟図の下部には珠文が描かれていますから、冥界、他界、来世での狩りという見方もありえます。実際、辰巳先生はそういう論を展開しておられると思います。五郎山古墳の報告書には、辰巳先生の一連の壁画解釈が掲げられております。ところで、こういった壁画の中に描かれている珠文とか、天井付近に出てくる渦文、渦巻きの文様は、高句麗壁画における天空を表現するための表現様式です。したがって、大陸から伝来した描法と見られるのですけれど、実際には、早くに図像が崩れて、渦巻き文の意味などは、かなり早い時期にわからなくなっていると思われます。

現在、さきたま史跡の博物館で「吉見の百穴と東日本の横穴墓」という展覧会をやっておりまして、日下八光さんの描いた絵なども借り受けて展示しております。そこに描かれている渦文は、泉崎4号墳の場合には、天井付近に渦巻きがありましたから、あるいは雲を表現している可能性も考えられるのですけれども、羽山1号墳（福島県原町）の場合、その渦文が下の方に降りてきて、二つが結ばれて、さらに十文字が加わることによって、非常に特異で不気味な文様に変化しています。つまり、雲の表現であるということは理解できない状態になっています。また清戸廹（福島県双葉町）の例ですと、人物の肩のところに渦文が付いているため、冥界とつながる意味があるのではないかとも言われています。いずれにしましても、元来高句麗では星や雲を表していた図文が我が国では十分に理解されないままに壁画の中に盛り込まれたのではないか、と私は見ています。

　辰巳先生にご質問なんですが、五郎山古墳などの壁画分析の中で辰巳先生は、これは冥界で行われた狩りとお考えになっておられますね。また王者としてそういった狩りをするということが実は重要なところだと書かれているのですが、今私が申し上げたように、高句麗系の壁画を十分に理解せずに模写した珠文、渦文であれば、冥界を表現したものとはいえないのではないでしょうか。

辰巳　あの、さっきからのお話、古墳というものに表された造形表現という

もの、それが埴輪であれ、絵画であれ、特にこの場合では南は九州、北は東北地方というまったく離れた列島の南と北でもって、同じモチーフが現れる。それは、各地で同じような形象埴輪が出てくることと同じことだと思います。だから、古墳に関して思想的な共通したベースがあって、その理解があって初めて生まれてきた古墳絵画だと思います。ただし、東北地方にあっては、五郎山古墳にいくつか出てくる珠文が二重の同心円文になったり三重のそれになったりします。さらに、この模様は東北地方では渦巻き文に変わるんです。おそらく伝わっていく過程で、そういうふうに変わっていく。それが、なぜわかるのかというと、五郎山古墳の奥壁を絵で、一番上のところに、先ほど若松さんがおっしゃった、馬に乗る人物が弓を射ています。その弓を射ている先に四足の動物がいます。四足の動物の上に、反閇の所作をする人物がいます。その人物の左側に二重の円文があります。この反閇をする人物と、その前にある二重の同心円文、その横にある狩りという、この構図は、東北地方の横穴にも出てきます。ただし、そこでは二重の円文ではなく、渦巻きの模様で出てくるという例がありますので、多少の変化はある。珠文が星だというのは九州、福岡の王塚古墳（福岡県桂川町）ですね。石室の天井や上半部一面に真っ赤な上に、黄色の珠文が点点とある。誰が見ても、星だと判断されると思います。私はそういうところから、星空の彼方に、あちらの世界を表現しようとしたんだと、そこで行われる狩りが表現されたんだ、というふうに見てとりました。

若松 壁画について、質問がもう一つあります。珠文が星で渦文が雲は結構だと思っていましたが、渦巻きは同心円文の変形したものですか、私は別の図文のように思います。それでは、珠文だけ取り上げることにします。朝鮮半島では古墳壁画中、天井部などに雲気文を伴って蓮華文が描かれて、冥界が表現されることが多いのですが、その蓮華文が変容して双脚輪状文という奇怪な図文に化けている状況からすると、私は珠文が本当に冥界を表すという保証はかなり弱いのではないかと思います。いかがですか。

辰巳 結局、形があるところには、それを生み出した何らかの思想的背景がある。それを読み解こうとすれば、私は、この渦巻文を、珠文の変容の中で

考えるべきだと思います。先ほどから申し上げている通り、古墳というものが他界である、来世である、そういう観点から言えば、それでおそらく納得できるだろう。

若松 それから、泉崎4号横穴墓に描かれた壁画についても、辰巳先生は王権儀礼を描いたものとお考えですか。

辰巳 そうです。王権儀礼です。ただし、実際に被葬者が、生前にこういう儀礼をしていたという、また埴輪が各地に並べられますが、その被葬者が同じような王権儀礼をしていたということではありません。いわゆる来世でもって、そういう儀礼を行える場に死者は行くんだ、という。

若松 理想的な世界を描いているということですか。泉崎4号横穴墓に葬られた人物は、王権儀礼を保持するような首長層ではありませんよ。

辰巳 言葉はそういうことです。だから他界の王宮とはそういうことです。

若松 空事を描いている可能性ということですか。

辰巳 空事ですけれど、その背景には現実に行われていたさまざまな儀礼というものが、その造形を生み出すうえに大きく作用したことは間違いありません。ただし、形だけが伝わっていった可能性もあります。

若松 どうも、そのへんが納得しにくい。

司会 よろしいですかね。私たちには対象として、埴輪も、古墳も、いろいろなものが見えているわけですが、ある標準の形があるとすれば、その標準形は目に見えない。見えているのは、すべて標準形の何らかの変形ばかりです。しかも形には、作りとしての構造と、働きとしての機能がありますが、構造は目に見えるモノですから、ある程度、共通に認識しやすいけれど、見えない機能は、何らかの見方によって見ていくわけですね。その場合、機能は、見方によって違う見え方をしてしまう。まさに議論していることもそうですし、先ほど議論していただいた人物埴輪は、どういう機能、働きなのか、結局、どういう見方から見るか。見方が同じでないから当然、見え方は一致しない。じつは当たり前のことです。

辰巳 ですから、古墳に表れているさまざまな造形は、基本的には同じ思想のもとに表れているんだと考えないと、特別な例ばかりピックアップしても

第二部　仕掛けとしての埴輪―共同討議

意味がない。

司会　そうです。その場合、では今度は、形の働きによって、形の作りが十分に説明できるかどうか、ということが問題になるんですね。だから、今の議論も、見えている構造、作りのところだけでいくら議論していても決着はつかないので。

辰巳　もう終わりますが、昨日映像で映された中原1号墳（群馬県吉井町）ですか、あれで馬と曳手が出てきますが、あの組合せは各地で出てくるわけですね。律令期になりますと、4月と8月に駒牽という宮廷行事があるんです。馬を各地の官牧から上進させ、天皇の前で馬を牽いて見せる。そしてその後、人々に馬を与えたり、宴会が行われます。そういう駒牽きの儀礼、だから相撲の儀礼があり、馬曳きの儀礼があり、それが後に伝わっていく。今のところ駒牽きの儀礼は奈良時代までしかさかのぼれません。そういう場面が埴輪にはいろいろあるということも忘れるべきではないだろう、と。

若松　逆にですね、馬の殉葬墓と言われるものが、桃崎祐輔さんの調べによると、100例ほど明らかになっています。古墳の外周に馬の遺体を入れた土壙墓が出てきており、確実に古墳時代の供犠が葬送儀礼の一環として行われている事実を前提にすれば、馬だけでなしに、猪や鹿を対象とする狩猟も葬送儀礼の一環として行われていたことはまったく自然に理解できるのではないでしょうか。

司会　せっかく皆さんに集まっていただいて、もう一つ大きなテーマがございまして、そのテーマこそが古墳と関わるわけです。埴輪は古墳という空間に並べられる。当たり前のことを趣旨説明で話しました。それはどう考えればいいのか、そういう話は、高橋さんがお話しされていますので、高橋さんから、きっかけを作っていただければ。

高橋　ちょっと今の会話にからめて話します。例えば寿命王塚古墳とか、五郎山古墳とか、北部九州の例が出ますけれど、私は、この地域は日本の中では違う所だと思っています。それでも彼らは、6世紀の後半まで墳丘の外に埴輪、人物動物を並べています。ですから、外にある世界と、石室の中に描かれている世界は、違うものだろうと思います。石室の中に描いてしまって

3. 部分から全体へ

いる世界は本来、西日本その他のエリアから東にかけては顕在化しないものです。閉じた棺を使う世界では展開しない場面で、それらと埴輪を同列に扱うことは、まず不可能だと思っています。このことについては今、何も返さなくて結構です。

　それより、私が今日提唱したのは、古墳という立体的な構造物のいろんな場所を考えてみようということでした。何より場所、それぞれの場所に何らかの意味があるはずで、そこに並べられる埴輪は何で、そのどれに人物が絡んでくるかということから考えたわけです。ちょっと言いそびれたことがあるので、私の、もう一回75頁（本書104頁）の図に戻ってください。上の家形埴輪群は下と比べて一目瞭然、器財で囲みません。ですから、守るべき対象ではないんですね。この造出の中で、祭祀の対象として行われるやつは別に守らなくていいんです。たてまつられる対象というか、行為が向けられるものです。ここで論理が幼稚になるんですが、それがすなわち被葬者だろうというわけです。そこに豪族の居館が投影されても、一番自然に理解できる。これに比べると、呪術的要素が多かったり、かつ墳丘下の被葬者の上に並べられ守られるべきものは、もうちょっと違う。観念的なものであるべきだろう。その違いは、さっき申したような埴輪の組成や作りの違いで示せるのです。さらにもう一つ下に出てくる、水絡みのものも、それらとはまた違うはずです。その続きをおっていくと、墳丘際の水を呼び込むものは、だんだん見えなくなります。そしてそれと入れ替わるように、家に絡んでくる人物・動物の場面が、外堤を中心に出てまいります。そこでは水と船というものが、ほとんど見えなくなっているけれども、宝塚1号墳の出島状施設両脇で展開しているような世界が、それにつながっていって、そこに人物が入っていくのでしょう。やがては今城塚古墳のようになる。そういう見方で迫らないと、現状を打開できないのではないでしょうか。こんな人物埴輪が揃っているから、この説明が相応しいという話ばかりやっていると、いつまでも堂々巡りが共存共栄の関係で続くばかりです。

司会　高橋さんの行者塚古墳の図、下の方の北東造出は、この下に埋葬施設があるわけですね。ですから、墳頂部にあるのは基本的には、この景観だと

お考えになっている。そういう理解でよろしいですかね。家が表される場面として、墳頂部という空間と、造出という空間と、隙間というか谷という空間、3つの空間が基本としてあって、谷の空間の延長上に、今城塚古墳の中堤の空間は考える、ということでよろしいわけですね。

　古墳の空間は、幾重にも重なって、入れ子構造になって、極めて重層的に存在しているわけです。木棺も一つの空間、石室も一つの空間、墳頂部も、造出も、そういう空間の話になると思うんですが、犬木さんも、そのへんのことをお話しになっていて、犬木さんは「閉じた空間」をキーワードにされていましたが、犬木さん、どうですか、高橋さんの話にからめて。

犬木　以前に高橋さんは、行者塚古墳のいわゆる谷状部に囲形埴輪を最後に置いたのは、何らかの祭祀行為の終わりを区切るような意味があるんだ、というふうにおっしゃっていたかと思うんです。行者塚古墳では谷状部のすぐ上に位置している造出上面に食い違い部をもった方形埴輪列が検出されているんですよね。この方形埴輪列と囲形埴輪について、相似形というか、一緒のものだという理解をされていたわけですよね。このような以前の見解と先ほどの説明との関係についてお聞きしたいのですが。

高橋　最近、私はコロコロ説を変えるとあちこちから聞くんですが、同じ証拠にいつまでもしがみついているよりも、新しいことに臨機応変に対応して変わっていく方が深いと思います。当初、括部（くびれぶ）における囲形埴輪とか、宝塚1号墳のようなあり方が、行者塚古墳以降これほどまでに増えてくるとは思いませんでした。なので、単独で出てきてしまった囲形埴輪については、積極的にそれだけである場面だというには、ちょっとまだ勇気がありませんでした。それもあって、最初の段階では通路を意識した最後の閉めてしまう、囲う、閉じるという行為との関連を考えたんです。その時は導水施設の破片が出ているのは東側谷部のやつしかなくて、しかもあまり出土状況もよくなかったから、水との関係は頭から抜けがちだったんです。それが囲形埴輪の類例が増えて、もう間違いなく水絡みだ。塞ぐというよりも、水の場という性格が強いことがはっきりしてきました。となると、やっぱり気になっていた景観も、わざと谷地形を投影している、と了解されるわけです。家群が並

3. 部分から全体へ

ぶ世界とは別の水の関係する場所を、わざとここにくっつけているのです。その後もそれに関係するような資料がいっぱい出てきて、とうとう巣山古墳で木造船が出てくるような時代になってきているので、やはり単純に造出の進入路を塞ぐというだけでは治まらなくなっている、というのが実状です。

犬木 今のお話に関連して87頁（本書116頁）の図を見ていただきたいんですが、ここには造出上面の方形埴輪列の食い違い部と囲形埴輪の位置関係を示してあります。報告ではこの図については触れなかったんですが、もっと類例は増えているはずです。これを見ていくと、谷状部に置かれている囲形埴輪の置き方には一定の規則があって、まさに行者塚古墳の造出の場合と同じように墳丘寄りの背面というか、墳丘寄りですよね、そちらに入口が向くように置かれるという共通性があるように思います。造出上面の方形埴輪列の状況が明らかにされている例は多くはないんですが、おそらく造出上面における方形埴輪列のあり方と、谷部に置かれた囲形埴輪のあり方は、決して無関係ではないんじゃないかと今のところ思っています。以前の高橋さんの見解に近い部分もあるわけですが、両者には何らかの関連があるものと考えています。

司会 造出の空間を一つ考えようとすると、この谷の空間は、造出の空間から見ると微妙な部分になって、完全な外部ではない、境界にあたると考えてよろしいですか、高橋さん。

高橋 外に一番近いのが谷の部分で、宝塚1号墳であれば、この低いところに並んだ群が、古墳の中には入ってはいけない世界。古墳とは区別されて、上にのっかりきれないエリアという意識でいいと思います。

司会 こういう空間関係で見ていった時に、古墳全体をある一つの内部空間と考えると、造出とか中堤とか、外部空間に近い境界にあたる空間になるわけですね。埴輪では、最も中心にあたる内部空間として墳頂部の埴輪列があって、その外側に墳丘を取り囲む埴輪列がある。また墳丘に接して造出、さらに外に中堤がある。今城塚古墳の場合は、中堤の埴輪列のさらに外側に張り出して人物埴輪が並べられている空間がある。そうしたさまざまな埴輪の空間があるわけですけれど、そういう空間の理解で、高橋さん、よろしいで

すか。

高橋 それも、時間の経過にしたがって、どんどん外へ追い出される要素が、きっとあるんだと思うんですね。ですから、行者塚古墳の中期前半ぐらいでは、宝塚1号墳も含めて、まだ造出のすぐ近くで低いところにある。あるいは濠の中で巣山古墳の出島状のように、やはり造出とは区別されるし、墳丘とも切り離されるけれども、墳丘に寄せて作る。それが、この後になると、堤に上がってしまうんだろうと思います。

司会 辰巳先生、どうですか、そのあたり。

辰巳 基本的には、私も高橋さんと同じ意見です。ただ、境界と言った場合に、その境界を、今回の囲形埴輪の出てくる場所が境界だという話ですね。

司会 造出を一つの空間と見た場合に、囲形埴輪のある場所が境界になる。境界は、どの空間に対しての境界か。境界は、認知される空間の分だけ、幾重にも重なって存在するわけですね。

辰巳 事実はそうですが、そこまで認識していたかどうかですね。埴輪列、葺石、濠、さまざまな仕掛けがあって、あちらとこちらを境しているわけですから、古墳全部が、まさにあちらとこちらの境界みたいなもんですから、その境に、古墳が作られて、その内部に死者は入れられるということを私は考えています。

司会 極論していけば、古墳そのものが境界、そう考えてもいい。そう考えれば、全体と部分は、境界というキーワードで説明できるかもしれない。

辰巳 そのように考えます。

司会 あの世とこの世の境界、そのあたり、人物埴輪を見ていった場合、構造として話された塚田さんなどは、どうですか。

塚田 今の話を伺ってきて、墳頂、墳丘、造出、堤の方に展開していくという、そういう流れというのは、私は前期、中期の古墳の研究をしたことがないので、あまり例も多く見ていないんですが、そういう流れがあるんだろうと、以前『季刊考古学』に書いたことがあります。あまり正しくないかもしれませんが。そういう流れで、最後に、人物埴輪が出てくるというのは間違いないと思います。前期、中期の埴輪の意味をどう問うかということはとり

あえず置いておくとして、古墳の世界はある意味、確かにマルチイメージなんだなと。現実の世界のものがいろんな形で投影されている。辰巳先生は、他界と言われましたが、あえて他界と言わなくても、ただ単純に古墳の世界と言ってもいいのかなと思います。古墳の世界はマルチイメージだと。現実のものが投影されながら、一つの世界を作っている。それをどう理解するか。私はまあ現実の投影だ、現実のこれがこれだという形で一個一個で線を引いていったんですが、そういう発展の中に、人物埴輪も登場してくるんだろうというふうに思います。あの世は賑やかだというイメージの中に出てくるんだとは思います。

　高橋さんのおっしゃるように、全体的な状況を押さえながら、慎重に理解を進めていくというのが、従来の学史に則った場合、考古学としては正しい方法なんだろうとは思います。ただ、私が人物埴輪のことを考証が必要だというのは、あまりにその前の学史における理解の仕方が、私の目から見ると見直すべき状況にある。森田先生が昨日きつい言い方で書いていましたし、私も以前きつい事を書いていたので少し批判を受けたことがあり、不徳の致すところなので、もう少し柔らかく書くべきだとは思うのですが、やはり方法論を整えて資料を見直していく作業が必要なんだろうなと思います。そういうところが私の感想ですね。

司会　ありがとうございます。若松さん、どうですかね。

若松　私の埴輪の理解について、辰巳さんから一番端的に、埋葬行為が終わった後で、埴輪群像を立てて、どんな効果、意味があるのか、それはほとんど期待できないのではないか、という厳しい指摘を受けたわけなんで。そこらへんで、私は、どういうふうに理解しているかという話をちょっとだけさせていただきます。例えば杉山先生は、効果的に埴輪を見せる場面までお考えになっておられるわけなんですね。ところが私の場合には、埴輪は、基本的には人に見せるためのものではないであろう。被葬者のために立てられたものである、という原点に立ち返ってみる必要があるのではないかと考えています。来世とか、霊魂のことを探ることはなかなか難しいことですが、死者が、その埴輪群像を見て、十分に満足することが一番大事なことで、手厚

い葬儀の様子を、葬儀の一部始終を墓に立てて、死者に満足してもらうこと、これが非常に大切なことで、本義であろうと思います。それから副次的には、共同体の人たちが、ここのお墓は空墓じゃなくて、そういった手厚い葬儀が終了して、その中に旧い首長が眠っておられるということを視認できるという意味でも、この埴輪群像を立てたことの意味はあるんだ、無価値ではないんだ、そんなふうに考えています。

司会 杉山先生、どうぞ。

杉山 今城塚古墳の人物埴輪群像は、死者が眠る古墳の外側にあると考えるべきではないかと思っています。質問は、家の埴輪などを含めてどう捉えるかということでしょうが、一つの古墳に複数の埋葬が行われていた場合、特に新しい時期の人物埴輪群像は、誰のために立てられたのかを考えなければいけないと思います。

司会 森田先生、何かございますか。

森田 特別ないんですけれど、今日のディスカッションの中に出てこないことの一つに、古墳を作るのは生前の段階で作るという、そういう話がありますよね。私は、その方の専門家ではないので、それはどれだけ真実を穿っているかわかりませんが、そういう例は確かにありまして、そういう観点から見たら、また別な解釈が出てくるような気がするんですが、今日皆さんのお話の中に出てこないので……。

司会 たぶん先ほど高橋さんがお話しされた中で、埴輪は埋葬が終わった後、最後に並べるという話が答えになろうかと思います。もし仮に、古墳の墳丘は寿陵として作られたとしても、埴輪は埋葬が終わった後に並べられたのであれば、生前には、埴輪は並んでいないわけですから。そう高橋さんは説明されたのだと思います。そうではないという方もいますかね。それでよろしいですか、杉山先生。

杉山 時期によって違うでしょう。一括して、そう規定してしまうのはよくないと思います。

司会 時期によってというのは、人物埴輪が並べられる段階は違うかもしれない、そういう理解でよろしいですか。その場合、どういう事例の場合は、

3. 部分から全体へ

そうではないとお考えになるか教えていただければ……。

杉山 前期の古墳で後円部頂に並ぶ家形埴輪などは、確かに埋葬が終わってからでないと物理的に並べられません。しかし、後期の古墳では、人物埴輪などは前もって並べていても埋葬には支障がありません。それをどう検証するかだと思います。

司会 追葬でも、竪穴系の埋葬施設で追葬する場合には、埴輪が並んでいる場所に追葬することもあるわけですし、たぶん埴輪だけでなく、さまざまな現象を検証していかないといけないんだろうと思いますが、先ほど高橋さんがお話しになった今城塚古墳を例にして言えば、6世紀前半の古墳でも、埴輪はやはり埋葬が終わった後に並べているし、例えば犬木さんのレジメの図20〔第2図〕、勢野茶臼山古墳（奈良県三郷町）の場合は、石室の入口に並べておりますので、これも埋葬が終わってからでないと並べられないだろうと思います。そういう後から並べている事例は、いくつも例示できると思いますが、埋葬の前に埴輪を並べたということが確認できる例は、もちろん可能性がないと言うわけではありませんが、事例としてあげるのは、なかなか難しいと思っています。

高橋 ちょうど図が出たので、杉山さんに質問なんですけれど、被葬者が表されているとすると、この勢野茶臼山古墳の、この女の子は被葬者ということでいいんでしょうか。

杉山 これは違うでしょうね。

高橋 違っても構わないんですね。被葬者が、そこに並べられた人物埴輪の

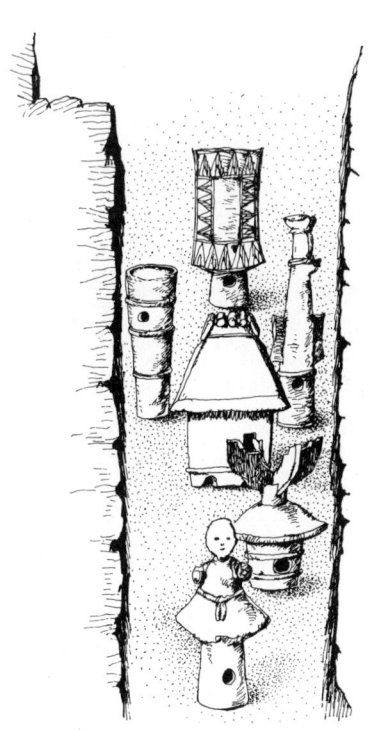

第2図　勢野茶臼山古墳　埴輪配置復原図

どこかにいるという想定はいらない、という。

杉山 この例では人物埴輪は1体だけですので、基本的には被葬者は群像の中で見ていくべきと思います。

高橋 1体だけ入るこの場合は、この人は被葬者ではない、と。

杉山 この場合、周囲に人物埴輪が並んでいなかったということが証明されているのですね。

高橋 証明まではいかないでしょうけども、ないでしょうね。この1体だけですよ。だから、必ず被葬者を表す必要はないということお認めになるということですね。

杉山 そうですね。そういう例もあると思います。例外的な事例として。

司会 よろしいですか。先ほど高橋さんの話でもありましたが、墳頂部で最初に出てくる形象埴輪は、家と鶏でよろしいわけですね。その後、墳頂部で、さらに器財が加わるということですね。次に出てくる水鳥とかは、島ですか、最初は。

賀来さん、どうですか、水鳥は。最初に出てくるのは、島。

賀来孝代 そうですね、少なくとも水辺ですね、濠に……。

司会 濠の水辺に出てくる。

賀来 わかっている限りでは……。

司会 それは、巣山古墳とか、津堂城山古墳（大阪府藤井寺市）とか。

賀来 それに、野中宮山古墳（大阪府藤井寺市）……。

司会 水鳥のような新しい埴輪が水辺に出てくる。その時に、濠の中の島という新しい空間が用意されているということですね。結局、空間が新たに用意されると同時に、埴輪の種類も増えてくるという見方でよろしいでしょうかね。そういうふうに考えてくると、最後に出てくる人物とか、動物とか、埴輪全体から見れば、最後に登場するし、古墳では最も外部に近い境界に並べられるという解釈になるわけですね。そうなると一般論として言えば、中心に位置するものが中核的な意味を持つと考えるのが、ごく一般の考え方ですので、人物埴輪は必ずしも埴輪の中核的な意味を担っていない、そう考えるべきでしょうかね。どうですか、高橋さん。

3. 部分から全体へ

高橋 まさにおっしゃる通りだと思います。じつは造出の例とか囲の例であげた、行者塚古墳とか赤土山古墳とかの時代から、おそらく一世代後には、もう人物埴輪が出るぐらいではないでしょうか。馬が出てくるのも、墳頂でもない、造出上でもない、造出のちょっと外側とか、先ほど言った第三の空間に出てくる。造出の上にも載れないという場所ですね。その延長に、間違いなく人間が出てきますから、三つ目の場所というのができたとたんに人物、動物はほとんど完成形態で出てくるらしい。その一つが、例えば栗塚古墳（大阪府羽曳野市）の濠に落ち込んでいる外堤にあったであろうと思われるセットで、応神陵古墳（大阪府羽曳野市）の段階にはできあがっているんだろうと見込んでいます。

辰巳 同感です。人物埴輪は、形象埴輪の最後の段階で登場する。なぜ人物埴輪が出てきたのかと言えば、その前の段階で、こちらで言えば赤堀茶臼山古墳（群馬県伊勢崎市）の墳頂に椅子形埴輪があります。その椅子形埴輪に坐る人物は造形されません。私の資料の第15図（本書35頁）を御覧いただくと、これは美園古墳（大阪府八尾市）の高殿形埴輪がございます。昨日も申し上げましたが、たかだか1辺7mの方墳であります。この方墳の底辺からのり面をつけていくと上は狭い狭い空間です。壺形埴輪で囲まれた中に置かれていた、高殿形の家形埴輪でありまして、その中に矢印で示しましたようにベットがある。このベットは『日本書紀』や『古事記』に出てくる、「神牀」という神の託宣を受けるベッド以外には考えられない。見えない所にわざわざこういうものを作るんです。しかも、屋内は真っ赤に塗ってある。おそらく床の中央に長方形の穴が開いているのは、そこに木製の梯子が架っていただろう。宮内庁が所蔵する、伝履中陵古墳（大阪府堺市）から出ている埴輪の中に梯子の埴輪がございますから、実際には木で作った梯子が架っていたであろう。しかも、昨日話したように、ミニチュアの蓋（きぬがさ）が取り付けられている。となると、そんな小さな古墳に、なぜこういう立派な家形埴輪が置かれなければならないのか。しかも王権のまつりに関わる埴輪が、なぜ置かれなければならないのか。古墳の大きさと、その上に置かれる高殿形埴輪というものとの落差というのは非常に大きいわけで、それをどのように

第二部　仕掛けとしての埴輪―共同討議

読み取るかというと、死者が行く他界の王宮の他にありません。理想の宮殿、理想の世界、そういうところに生きるという、そういうふうな願いのもとに埴輪は置かれるということ。だから、さまざまな王権儀礼を表した形象埴輪、先ほどの力士とか相撲とか、さまざまな踊りをするとか、そういうこともそうだと思いますが、食物を供献するとか、そういうような儀礼をする埴輪が置かれるのも、同じ視点で見なければならない。そうすれば若松さんの言葉を借りれば、死者は非常に喜ぶ。あくまで、円筒埴輪列で結界されたその中は、死者の世界であって、ある意味見せるためのものではない。本来は人物埴輪というものも、そういう性格を持っていたものだ。それが結局は、一部では見せるような仕掛けをわざわざ見えるような場所に立てるのは、一種の変容であります。

司会　犬木さんはそういう論理の展開で言えば、円筒埴輪の論理、閉じる、結ぶ、中空、そういったタームを使っておられますが、そういうものの延長上で、形象埴輪が出てくるとご説明されたと思うんですが、もう少しそのあたりを、手短に説明していただけますか。

犬木　今ホワイトボードに同心円が書かれていますけれども、やはり古墳というのは、そういうふうに何重にも何重にも入念に器財埴輪を巡らせたり、円筒埴輪を巡らせたりしている点に、本質が隠されているんではないか、と理解しています。また今城塚古墳の話になりますが、今城塚古墳の形象埴輪樹立区画で最も重要な点は、1区と呼称されている人物のいない空間があることだと思うんです。これは一見すると同心円ではないのですが、1区という中心から距離を隔てて、2区、3区、4区と配置されて、擬似的な同心円であると私は考えています。擬似的な同心円をなしているということ自体が、人物埴輪を考える上で重要な意味をもっていて、先ほど仕えまつる者たちという表現をされていましたけれども、やはり今城塚古墳の形象埴輪列は全体としてある者のまわりにいる「仕えまつる者たち」を表現していると考えます。

辰巳　私これ、ものの見方だと思うんですよ。今城塚古墳の中提に、確かにたくさんの形象埴輪、人物埴輪が立ってますけれども、それは、それぞれ仕

切られているわけですよね。だけど、その仕切られた区画を一つのまとまりとして見れば、それは列状の配置と同じことだというふうに認識できるじゃないですか。

司会 そうなると思います。その場合、1区が中核だということには異論はないですか。

杉山 人物埴輪は、埴輪の中でも新しい段階に出てきたもので、私の考えは、その人物埴輪の中でも新しい段階の関東の例を中心にしたものです。人物埴輪は死者に仕え奉ることが本義であり、出現から終末までそれが通っていたとするならば、人物像はどうして墳丘を向かないで外を向いているのでしょうか、伺います。

司会 犬木さんに答えてもらえばいいのですが、円筒埴輪というのは、そもそも器台と壺、朝顔形埴輪は器台と壺が合体したもの、円筒埴輪はすなわち容器ですね。もちろん容器は、中にたぶん何かが入っている。それは先ほどの言い方をすれば、たてまつるという行為、働きを、形として表していると見ていいだろうと私は思っていて、その延長上で、あらゆる埴輪を説明しようとすると、人物埴輪は、つかえまつるという働きの形象化だろうというのが私の論理展開です。もちろんそれが正しいと言っているわけではなく、そういう見方も一つの見方としてある。円筒埴輪を出発点として、基本形として、新たに出現する形象埴輪の機能、働きを説明していくというふうに考えた方が、他の説明よりも説明しやすいのかなというふうに思ったわけで、なぜ外を向くのかと言われても、外に向く人物だけではないですし、どうしてでしょうかね。

辰巳 そもそも埴輪というのは成立の当初から、外に向かって置かれるものでしょう。昨日から円筒埴輪が結界の意味をもつことを申し上げましたが、そこには外と中の区別があり、外に向かう造形思惟を強調しています。

司会 そうですね。結界として見れば、そうなりますかね。

辰巳 意識としては、外に向けよう向けようとしている。

司会 そういう形になるんですよね。それはおそらく、つねに外部と内部という意識があるから……。

辰巳 だからそれは当然こちらにある人間を意識して造形をするのは、当然それはそれで不思議ではないと思うんですよ。あまりそれにこだわる必要がない。

司会 私がこだわったわけじゃないんですが（笑）、おっしゃる通りで、列になった時には、結果、私は垣という表現をよく使うんですが、円筒埴輪の代わりに、並べて閉じていることを示している場合、それは、人物埴輪であると同時に円筒埴輪の働きも兼ねている、そうでないと閉じられないと思うんですね。

高橋 お気づきの方もいらっしゃると思いますが、私は今の一連の話とまったく考えが違っています。墳丘の中、つまり人物埴輪の上がってはいけないエリアを、あの世と思っていません。そこは、ただ遺骸が安置されているだけの場所で、そこに供えるとか、それに向かって、ということをしていないのが実状です。たとえば何度も出てくる岩戸山古墳の別区なんていうのは、墳丘からずっと離して、さらに堤の外側に張り出させて場所を設けています。そんなに墳丘に人物たちを寄り添わそうというのは、後期の中で起きてきた相当変わってしまった姿だと思っています。また、人物が外を向いていくようになるのも、小林先生の頃から明らかなように、後期でもまた下がった時期の話であります。人物が出現してから、体制が整って今城塚古墳ぐらいまでの時期までは、墳丘をあの世と見ようとしていないと僕はずっと思っているんですが、いかがでしょうか。

杉山 後期になると、人物埴輪の本来の意味がなくなり、本義そのものが変わってしまったと、高橋さんは考えておられるのでしょうか。

司会 それは、人物埴輪の本義そのものが変容しているという意味の質問でしょうか。

高橋 墳丘に対する理解が変わっている、と言った方がいいかもしれません。墳丘というのは、あくまでも遺骸を包む聖なる空間であって、我々の近づいてはいけない場所だという意識がくずれていくということで、墳丘へ上がってくる人物埴輪群が意味する葬送行為とか、そういう葬儀の一連の場面という点はあまり変わっていないと思います。

司会 墳丘に対する意識が変わるインパクトの一つとして、横穴式石室の採用、横穴式石室の出入口は、埋葬施設の出入口の場として、墳頂部に埋葬された場合と出入口の場所が変わる。それはたぶん大きなインパクトだと考えるんですが、それはどうですか。

高橋 だいたい、そういう変化が起きているんだと思います。

辰巳 高橋さんの言葉尻で、他界とは考えていなかったというお話ですけれども、そう考えなければ、密封する意味はないと思います。横穴式石室だって、あれは何回も出入りはできるけれど、いちいち閉塞するし、石棺に死者を納める。その意識の中にはそこには閉じ込めるという、死者を入れてしまうという認識があるというふうに考えます。

司会 私もそう思いますが、空間を図式的に表現すると、空間の外部がこの世であるならば、それと境界づけられた内部空間は、向こうの世界、当然あの世になるので、古墳の内部とはすなわち他界であると考えるのですが。時間がなくなってきましたが、会場の方にも少しお話をいただきたいと思っておりまして……、橋本さん、どうですか。

橋本博文 皆さん、それぞれ長所もあれば、欠点ではないけれど踏み込める部分があるなと思いながら聞かせていただきました。ただそれだけですが。

司会 広瀬先生、何か。

広瀬和雄 埴輪って難しいですね。森田先生と辰巳先生の議論を聞いていて思ったんですが、お二人とも文字史料と考古資料を駆使されるから、論点がもう一つ明確でなかったように見えますが、学際研究の難しさみたいなもの、つまりその形を解釈するんだったら簡単だけど、車崎さんがおっしゃるように、部分から全体にいく時には、ある種の解釈というのが入りますよね。その解釈の時には、考古学だと一つアナロジーというのがあると思いますが、塚田さんの言葉を借りたら、通時的なものと共時的なものがある。共時的な類推というのは、たとえば古墳時代と同じような文化体系にあると思われる、論者が思っている、民族儀礼を使うとかあると思うんですが、お二人の場合は、通時的な類推だと思うんですね。つまり『古事記』とか『風土記』がある程度古墳時代のものをそのまま、そのままではないかもしれませ

第二部　仕掛けとしての埴輪―共同討議

んが、残しているということを仮定して類推されているわけですよね。同時代資料ではないですから。ただ、その時、聞いていてわからなかったのは、その時には仮定がいると思うんですね、ある種。文献史学の方だったら、テキスト・クリティークをやりますけど、これをこういうふうに仮定したら6世紀まで解釈できるとかね。岩戸山古墳は、辰巳さんもおっしゃったが、あれはペケだと思っているんですね。岩戸山古墳の方が古いですから。そのへんのことがなくて、応酬されていたので、私にはよくわからなかった、はっきり言って。何が論点なのかということが一つ。

　もう一つ、今聞いていて、他界とか、あの世とか、来世。これは、考古学的に果たして証明されているんでしょうか。というのがひっかかりまして、私も最近少し凝っているんですが装飾古墳、辰巳さんの議論で、古墳が表象している文化要素は皆一緒だ、というのはちょっと乱暴なような気がして、装飾古墳には共同体的なものは表象されていないですね。あくまで個人的なものだと思いますね。前方後円墳というのは大きい墳丘で、いろんな不特定多数に見せますから、共同性が、今日の皆さんの言葉を借りますと本義だと思いますね。装飾古墳の中は、個人性が本義だと思うんですね。それでいくと、装飾古墳、どこから装飾古墳と見るかは問題あるけれども、まあ、石人山古墳（福岡県広川町）からくらいにしておきましょうか。すると、最初は、鏡とか武器とか直弧文ぐらいですかね。一言で言うと、辟邪ですよね。その辟邪が、どんどん変化しながら続く。そこに6世紀前半ぐらいから、船とか馬とか、物の運搬、人の運搬を表象していますよね。若松さんがおっしゃったような、高句麗あたりか、どこか知りませんが、物語風のものとか、蟾蜍(せんじょ)とか、ああいうもの入ってきます。この2つから見ると、馬とか、物を運搬することを表象する絵が入ってくる時に、だいたい須恵器が副葬されるんですね。共同性と個人性からいくと、日本の前期古墳、中期古墳は、東アジアの中で特殊なのは、墳丘の大きさとかいろいろありますが、今日の皆さんの議論にひっかけると、生活財がないということに尽きるということですね。霊肉分離の観念が、いつから成立したかということです。今日皆さんのおっしゃる他界とか、来世とか、そういうものは、霊魂観というものがいつ

私たちの祖先、日本列島で成立したかという問題とリンクすると思うんですが、そのあたりなしにやられたので、ちょっとよくわからなかったというのが、率直な感想ですね。私の考えでいくと、霊魂観というか、霊肉二元論、霊肉分離の観念は、5世紀後半ころに日本列島に入ってきて、それが徐々に広まっていくわけですね。そういう観念が入ってくると、墳丘に対する、先ほど高橋さんがおっしゃってましたが、考え方も変わってくるし、形象埴輪のあり方も変わってくる、と思うんですね。しかし、文化表象としての形象埴輪を並べるという伝統は続いていて、いかにも僕たちの目には連続しているように見えるけれども、中身は変わっているかもしれない。その中身の変わっているのを、車崎さんが言うように、どの部分で読み取るかということだと思うけど、一つは馬曳きと馬だと思うわけですね。あるいは、横穴石室に入っていくことを、どう考えるか。そのへんを、もう少し整理していただいたら、うれしかったんですが、今日は話がいくつかごっちゃになっていて、表象されたものを議論しながら、表象される中身にいったり、そのへんがいったりきたりしたので、ちょっと私は論点がもう一つわからなかった。

辰巳　考古学で、他界とか、まさに観念の世界ですね。それを、どういうふうに証明するのか。私も、いつも試行錯誤の連続で、どうすれば、どういう段階を経て、どういうふうに積み重ねていったら、そういう観念の世界を実証できるかということは、非常に難しいなと感じております。ただ、古墳という特異な造形物が、この列島に登場するという事実、これは大きな宗教的、思想的な革命に近いんだと思います。この段階にこそ、今の霊肉二元論、霊魂観、魂魄なのかもしれませんが、そういうものに対する認識というものが非常にあったんじゃないかと。どうすれば死者を処理できるか、死体を処理できるかといったらいいのかな、死体を処理するということは、その死体のもとにあった魂はどうなったのかなという、そういう問いがいつもあったと思います。あとは横穴式の石室が入ってきた、それからその絵を描くというのも、同じことです。それは個人の問題だけではないと思います。共同体の問題……。

広瀬　すみません、議論するつもりではなかったんです。おっしゃる通りだ

と思います。そこで議論を峻別しなければいけないと思うんです。それこそ学問的には。つまり一つは死に対する観念を人々がいつ持ったかという問題と、死というものを霊魂と肉体の分離、私たちそう考えていますね。霊魂と肉体の分離としての観念を持ち始めたのはいつかという問題と、それからその霊魂の行き先としての他界を成立させたのはいつかという、3つの問題があると思いますね。これは文字史料のない段階は考古資料で、与えられた材料を、どこまで論理的かつ整合的に説明できるかという一点につきると思いますね。誰も見たことないし、聞いたことないわけですから。論理的かつ整合的に説明できることを、どれだけの人間が納得できるかという話だと思いますが。それは、辰巳さんがおっしゃいましたが、まだ古墳の段階から霊魂観あるというのは私は証明できていないと思いますし、高橋さんがおっしゃる魂魄の思想が前期古墳にあるとは、私は思いません。以上です。これは長くなるのでやめます。

司会 ありがとうございます。まさに形の機能は実証できなくて、たぶん論証するしかないわけですね。しかも、論証というのはかなり難しいし、案外わかりにくい議論になりますし、おそらく見方によって論証の仕方も変わってくるだろうと思います。広瀬先生には、シナリオのない討論だったので話があちゃこちゃしてわかりづらいとお叱りをうけましたが、司会の不手際で大変申しわけありませんでした。そろそろ予定の時刻になってきましたが、松島先生、一言。

松島榮治 昨日の基調報告、今日始まりました討議という一連の中で、報告していただいた先生方、討論をしてくださった先生方、本当に真剣に日頃の成果を披瀝していただいて、ありがたく思っています。今日のお話をお聞きして、我々はもっともっと考えていかなくちゃいけないなとつくづく感じたわけです。そしてまた、今日こういうかたちでお集まりいただいた方々にも、今日のお話を深く強く受け止めていただいてよかったかなあと思っております。今回の第12回の研究大会がたいへん意義があった、成功したなと思っています。その陰には、実行委員の方々、いろんな立場でこの会を運営してくださった、そして司会の方、あるいは記録の方、ほんとうに尽くして

いただいてありがたかったなと、ご苦労さまでしたという一言で私の気持ちをあらわしたい。どうもありがとうございました。ご苦労さまでした。

司会 それでは最後、辻先生に閉会のご挨拶をお願いします。

辻秀人 閉会にあたりまして一言御挨拶を申し上げます。昨日から8人の発表者の方、今日はパネラーの方は7人なんですが、なんか8人パネラーがいたような印象があってですね、合計8人のバトルロワイヤルと言いますか、そういうものを聞かせていただきました。結局、埴輪は何か、ということをつきつめて考えていきますと、古墳とは何か、という話に、どうもいってしまいそうなんですね。結局、古墳をどう見るかによって、埴輪の読み解き方も、まったく変わってくる、ということが理解することができました。今日もう一つ面白いなあ、と失礼な言い方かもしれませんが、楽しませていただいた一つの理由は、それぞれのパネラーの皆さまが違う方法で、違うアプローチでやっているんですね。そうすると、アプローチが違うから、別の土俵で戦っているような議論になったり、相手を自分の土俵に引っ張り込んでみたり、そういう感じの議論があって大変楽しく聞かせていただきました。日本の考古学で、論争で、参りましたと言った人は一人もいないんですね。結局、次の段階で私たち会員も含めて、こういう先進的な研究を、誰がどれをとって走っていくかによって、論争はやがて決着をつけますので、私ども会員も、今日の発表者、パネラーの方々のご意見をうかがって、次に私たちの問題として、この古墳、埴輪を考えることを機会を与えていただきましたことに心から御礼申し上げます。ありがとうございました。

　この東北・関東前方後円墳研究会がもう12回になりまして、早いものだと思いますが、今回はかなり変わったスタイルで、たぶん初めてだと思いますが、こういう形もなかなか楽しいなと思っております。来年のことなんですが、今、新潟の方々にお願いをしておりまして、最終的にはまだ御相談が必要なようですが、ひょっとしたら来年は、新潟でお会いできるかもしれません。また来年お会いできることを希望いたしまして、本日の御挨拶といたします。どうもありがとうございました。

第三部
新たな課題
――付論――

シンポジウムその後

森　田　悌

　今回のシンポジウムでは司会者を含む討論参加者8人のうち私のみが文献史学で、他の方はいずれも考古学専攻であった。自ずと私は異分子参加者となるが、以前から文献史専攻ながら埴輪に関心を有してきており、特に人物群像について古代社会の一断面を具象化しているとみる観点から検討を行ってきていたので、それなりに得ている私の理解が、考古学専攻の方の見方とスリあわせた場合どうなるのか、誠に興味深い思いで臨んだのであった。
　私の人物埴輪群像理解は発表要旨で述べたごとく、古墳の多くが生前に築造される寿墓で埴輪も被葬者が生きている段階で樹立されていたことを前提として、豊明、トヨノアカリを象っているとみている。中心部に往々にしてみられる献杯する女子とそれを受ける男子像は正にトヨノアカリを以て解釈するのが相応しく、その隣に置かれた刀剣を手にする武人像はトヨノアカリの余興ともいうべき久米舞、吉志舞等に通じる剣舞を示し、猥雑な男女像や力士像のごときもトヨノアカリの娯楽性を考慮すれば理解しやすいというのが私見の要諦である。墓側で娯楽などというと、奇妙という感を抱く向きがいようかとも思うが、寿墓に思いを致せば分かって頂けるであろう。寿墓ということを措いても、日本の伝統的祭礼では、神聖な要素が有る一方で、猥雑性が伴われていることが珍しくない事実を想起する必要がある。
　この私の理解は、言ってみれば生者の世界を形象化しているということになるが、人物群像について議論してきている多くの考古学研究者は、私見と異なり、死者の世界を象っていると解しているとみてよい。今回のシンポジウム参加者の辰巳和弘氏はそれを徹底した形で述べ、埴輪群像を「他界の王宮」を写しているのだと主張し、埴輪人物群像を構造的に捉えるべきだとの

立場から犀利かつ有益な議論を展開している塚田良道氏も同様に死者の世界を象っていると述べ、他の討論参加者の多くの方も同じような把握をしているとみてよいだろう。埴輪群像即ち死者の世界説が有力な学説として流通している様をまざまざと見る思いがしたのであるが、卑見と異なる見解の持ち主との討論に多大の期待を以って私見を開陳し、意見の応酬に参加したのであった。

もっとも、正直な私の所懐を述べると、討論過程において私の率直な疑問に対し十分な応答があったとは思われず、私がそれなりに展開した卑案の根拠に正面から批判を頂戴した感がなかった、という思いを吐露せざるを得ない。「他界の王宮」説について言えば、埴輪の船形や壁画などの船・馬などの描写が死者の霊を他界へ運ぶものであっても、それは他界そのものではなく、他界以前、即ち此界のあり様に関わっているといわざるを得ないだろう。ここにおいて「他界の王宮」説は頗る曖昧、ということは論理的明晰性を欠いていると言うことになるのである。「他界の王宮」なら主人公の被葬者が象られていて然るべきところ、遂にそれはなく、此界において死者の霊を運ぶ船・馬等を描くことで終始しているのである。

文献史学者である私は『日本書紀』等の記述を根拠に、中国思想や仏教が入ってくる以前の日本では、死者の世界を構想することはほとんどなかった、と考えている。日本史研究者の中には敏達紀10年条に見える、服属した蝦夷が盟にたがい悪をなした時は天皇霊が種族を滅ぼすことになるだろう、と述べた時の天皇霊を、過去の天皇の霊と解す論者がいるが、ここは現に在位している天皇に具わっている霊力に他ならない。天皇の御稜威という言葉があるが、正に生霊(いきりょう)であり、日本古代では死霊より生霊のほうが意識されていたのである。余談であるが、死霊である御霊が恐れられるようになる平安時代にいたっても、生霊がさまざまな働きをなしている様は物語等から知られるところである。死霊が意識されない社会とは、とりもなおさず死霊の活躍する世界である死者の世界が意識されていない世界ということになる。この観点から、埴輪人物群像が死者の世界を象ったり、況んや「他界の王宮」を表現しているなどということはあり得ないと考えるのである。

私の右所見に関わる面白い事実として、死後の世界についての日本と中国との間における見方の相違がある。中国では早くから黄泉(こうせん)を想定し人が死ぬとそこへ行き暮らすと考えていたとされる。黄泉とは地下の泉で、現世とは違ったところではあるが生活可能な場所であり、死者はそこで生前と同じような暮らしをすると観念していたらしい。黄は中原、河北の黄土に関わり、泉は必ずしも水が得やすいとは言い難い中国人にとり、好もしいものだったのであろう。中国の墳墓に置かれた多様な人・物の像や生活に関わるさまざまな場面を描写した壁画の情景は、黄泉における人の有り様を描いたものということになる。ところで、この黄泉なる語を日本へ導入した古代人がそれをどう解釈したかである。討論過程で私が発言したことであるが、ヤミに由来するヨミと訓読したのである。ヤミ、ヨミとは文字通り暗闇であり、視認不可能な世界である。中国人は生きている人の社会と同様の形態のものとして観念したのであるが、日本人は目に見えないものとして捉えたのである。私はこの背景として、日本の古代人は死後の世界を、遂に具体的な人・物を以て観念することをしていなかった、と考えざるを得ないと思うのである。もしそれなりのイメージを彼らが有していたとすれば、ヤミ、ヨミでなく、それを以て和語による表現を行ったはずであろう。私は討論過程で黄泉を古代日本人がヨミと和訓したことに触れた際、他の参加者から賛否いずれにしても見解を頂きたいものと思ったが、発言が無かったことを残念、かつ遺憾としたことであった。既述したごとく、専攻の点で討論参加者の中で異分子は私のみであったが、専攻を異にする者が論を交わすような場合では、それぞれの根拠、またその背景にまで立ち入って意見をぶつけあうことが必要であり、より深い認識に至る所以なのだろうと思う。

　なお、討論過程では、卑見への批判を込めて他界観や死者の世界への認識が無ければ、墓を作ることがそもそも有り得ない、という所見が提示された。広く世界を見渡したところの知見を背景にした大林太良氏の理論的主張に基づくようであったが、他界意識と死者の世界を構想するということが全く別のことであることに注意が向けられねばならない。私も、古代日本人も人が死ぬと此界から他界へ行くという認識を有していたことを否定するつも

りはない。しかし、だからといって死者の世界を構想することには、直ちにはならないのである。死後どこかへ行く、ということと、行く先をこういうものだと構想することとは自ずと別なことであろう。この点、討論過程における私の発言に言葉足らずのところがあったという反省はするが、人が死ねば残された人は悲しみ、丁寧に葬る事があって不思議でなく、此界の存在でなくなった死者を厚葬することがあって異とすることではないだろう。要素としては、神代紀アメワカヒコの葬儀に会葬したアジスキタカヒコネの発言に見るごとく、不浄という観念が関与している余地もあろう。このような要素が働いて墓が作られることを考えてよく、明確な他界観、死後の世界観がなければ墓作りはありえない、との主張を全くの誤断とする必要はないが、それを万能のように持ち出すならば、学問的とは言えないのである。社会科学の歴史では、マルクスの歴史発展に関する理解が一つの金字塔であることは誰しもが認めることだろうが、当時におけるインドやアメリカ・インディアンに関わる知見が論拠となっており、現在から見れば限界があることは、これまた誰しもが認めるところである。歴史、社会についての理論的認識については、常にこのような抑制を以って対処する必要があるのである。なお、私はマルクスについて貶めるような記述をしたが、40余年歴史学徒として過ごしてきた者として、最高の敬意と関心を払ってきているつもりである。『資本論』はどんなに読まれても良い著作である。

　余計なことに筆を滑らせたが、死後の世界と墓作りに関連して、墓のあり方や埴輪の形象、遺物の文様などから、中国の道教的な永遠の生命への願望が窺われ、埴輪群像が死後の世界に関わるとする理解の根拠となるのだ、との主張が参加者から出された。この所見によれば、前方後円墳の形自体が壺形をしており、そこが聖なる空間で死者のいる場所として相応しいと見得る、と捉えているようである。道教の関心事項の一つに長命、永遠の生命があることは疑いないところであるが、私は、古墳時代の人がどの程度まで道教の理念を理解し、体得していたかについては、疑わしいのではないか、と考える必要があるように思うのである。日本と中国との間において共通するいくつかの図像・物品があるからといって、それをもって両者の間において

ある思想なり宗教観念が共有されている、などといったら、矢張り、行き過ぎであろう。やや飛躍するが、津田左右吉氏が強調した論点に、日本が中国の儒教思想を取り入れた様相を有しつつも遂に定着することはなかった、という主張がある。この主張に異論を思う人がいるかもしれないが、儒教思想の根幹をなす「孝」に思いを致せば、反論できる人はまずいまい。現代社会の欧米化にも拘らず、想念の在来性も厳たる事実である。あまり適当でない例をあげたが、古墳や埴輪に見られる若干の道教的要素をもって、葬送儀礼や他界観に中国的なあり方が浸透してきているといったら、論証不足といわざるを得ず、それ相当の論拠を示さない限り、納得し得る所見とはならない。繰り返すが、古代日本人は中国語の黄泉を目に見えないヤミ、ヨミと観念していたのである。付言すると、考古学界では、ある遺物、遺構より壮大とも言ってよい推論を導いていることがあるが、学問として如何かと思うのは私だけではあるまい。ある物について、それ自体に即し分析することと、それについて歴史的解釈をすることとは、別なことであろう。両者の間には慎重な橋渡しが必要なのだろうと思う。私は考古学界の外の人間であるが、ある物、物の集合の分析の彩かさについては瞠目しつつも、歴史的分析との間に落差を感じることが間々あるのである。

　壮大な推論といえば、少し触れた前方後円墳壺形論がある。討論過程でこの解釈が考古学界で有力視されていることを知ったが、私はこれを聞き、反射的に往時の林屋辰三郎氏の盾形論を思い起こし、没学問的思い付きと発言したのであった。失礼といえば失礼な発言であるが、闊達であるべき討論の場でこのような言葉が使われてはならないということになれば、討論を否定するおよそ的はずれな言い様である。壺形論は辰巳和弘氏により説かれ、既述したごとくそこを聖なる空間とみ、死者の霊はそこへ入るという理解をしているらしい。壺に神霊が宿るという観念は普遍的に見られるようであり、それなりに説得的所見と言えそうである。辰巳氏の発言によれば、死者の霊はそこからどこか分からないが、船なり馬で他界へ行くのだと考えているらしい。しかし、これは奇妙な主張ではないか。折角多大な労力を用い築造した聖なる空間を死者の霊が安住の場とせず、どこか他界へ行くというのは誰

しも理解に困しむように思う。死者の霊は前方後円墳の墓室に安住し続けるというのが、辰巳氏の理解に即したあり方だろう。私は若干の道教的要素から壮大な推論を展開した辰巳氏の議論の危うさを思うのである。事は、近年説かれる事の多い異文化交渉というテーマにも関連するのであるが、これは今回のシンポジウムの範囲を越える。

　私は死者の世界、黄泉をヤミ・ヨミの世界と捉えたとのべてきたが、古代人は目に見えない世界を見えるところの顕世、顕事に対比して幽世、幽事と捉えていた。この観点を理論的に整備したのは近世の平田篤胤の神道論であるが、素朴な形ではあったろうが、古代人も目に見える世界と目に見えない神・霊の世界を認識していたとみてよい。ヨミの世界も幽世、幽事と関連し神代紀の記述によれば皇孫に敗北したオオナムチ、オオクニヌシの管掌するところであったと判断される。目に見えないものが形ある物として捉えられなかった日本の伝統は、古代を通じ盛んに活躍する神が描かれたり像として作られなかったことから容易に確認される。僧形八幡像があるではないか、と言う人がいるかもしれないが、これは僧形、つまり仏像の範疇であり、神像ではない。現代においても神祭り等において神を招降することがあるが、榊の枝などを依り代として神を迎えるのみで、形あるものとして捉えることをしていない。日本では、伝統的に目に見えない神・霊を形あるものとして認識していなかったことを的確に示しているのである。

　私はシンポジウム発表要旨で、律令時代に入った常総地方で人の寿命を管掌する国玉神が描かれている墨書土器が検出されていることに触れたが、神・霊を描くことのない、というよりは目に見えないのであるから描くことができない古代日本の状況下において、中国の神観念が日本に導入され、その影響下で描かれるようになったと見なすべきものである。兎まれ、古墳時代の日本において死者が此界から他界へ行くと考えても、他界の具体的なあり様を構想することはなく、ヤミ・ヨミの世界という認識で終始しており、当然のことながら、埴輪人物群像で他界を表現することはなかったのである。

　最後に私が討論の中で岩戸山の石人像に触れ、裁判の光景が生者の世界を

象っていることから、埴輪人物群を生者の世界とする卑見の傍証に用いたところ、生者、裁判の光景とする見方は『筑紫国風土記』の記者の認識に過ぎず、古墳時代のあり方に関わらない、との批判を受けたことに、一言述べておきたい。私は律令時代という、中国思想や仏教により死者の世界を知る風土記の記者が、墓の傍の石人像を死者でなく、生者の世界と見ていることを重視したいと考える。ここに死者の世界を構想することを欠く日本の伝統が、活きづいているのを見るのである。仮に古墳時代に死者の世界を構想し、埴輪人物群像にそれを象る風習があったとすれば、『筑後国風土記』の記者は石人像を生者でなく死者のそれとして記述したとみるのが、常識的理解というべきであろう。葬送に関わる風習・観念は簡単に変容するものでなく、保守的なものである。私は祖霊・死者霊崇拝の観念が日本史では一貫して希薄であるとみているが、葬送に纏わる観念の保守性を示している。即ち8世紀の人の認識を以って古墳時代のあり方の理解の参考にならないとする所見は、一見もっともらしいが、思考不足を露呈しているというのが、私の率直な所感である。墓側なら死者の世界だ、というような発想を8世紀人が持っていなかったことに注意を向ける必要があるのではなかろうか。なお、付言すれば、石人像に見る裁判の光景は、北九州という地の利を得て大陸の先進政治文化に触れていた筑紫国造磐井の置かれていた状況に関わることは言うまでもない。

　以上、シンポジウムに参加して得た私の所懐を述べてみた。私としてはなお、発言し認識を深めたいところが少なからずあったが、それでも異分野の研究者との討議で多々学んだことであった。機会を与えられたことに、深謝する次第である。もっとも異分野間での討論の難しさも痛感した。素養が考古、文献と違えば、議論が難しくなるのは当然であるが、違う分野の者が討議することにより、より深い認識に到ることができるのだと思う。

　なお、討論過程で私が提議した埴輪人物像の着衣であるヒレとオスヒについて、討論者の賛同を得ることができなかったが、卑見への反論は不十分であり、卑見を改める必要はない。論者によっては、いわゆる袈裟状衣をヒレとみているのだが、ヒラヒラするものを意味するヒレの語感にそぐわないで

あろう。この問題は本居宣長以来の課題でもあり、別に稿を作成する必要があると思うので、2007年10月に刊行された『芸林』56巻2号に研究ノートを寄稿している。関心のある向きは参照して頂ければ幸甚である。

参 考 文 献

森田　悌　「埴輪の祭り」『邪馬台国とヤマト政権』東京堂出版　1998年

森田　悌　「埴輪の武人像」『群馬大学教育学部紀要』人文・社会科学編　50巻
　　　　　2001年

森田　悌　「卜部と神事」『釜大史学』30輯　2006年

形象埴輪「列状配置」についての補遺

犬 木　　努

　小文は、筆者による当日の基調報告の中から、「人物埴輪にみる『円筒埴輪の論理』」という節について、若干の補足を行うものである（本書所収の拙論では「形象埴輪「列状配置」の意味するもの」という表題になっている）。
　当該箇所において、筆者は、千葉県芝山町殿部田１号墳を取り上げ、墳丘中段に「列状」に配置された形象埴輪群が、大阪府高槻市今城塚古墳の中堤上に配置された形象埴輪群の「縮小形態」に他ならないことを指摘した。
　当日の基調報告では殿部田１号墳のみを取り上げたが、別稿において、同様な配置をなす可能性の高い事例として、千葉県芝山町小川台５号墳、埼玉県行田市瓦塚古墳、埼玉県鴻巣市新屋敷Ｂ区15号墳、福島県いわき市神谷作101号墳の形象埴輪配置について検討した（犬木2007a）。
　本稿では、上記の諸古墳のうち、小川台５号墳の埴輪配置図のみ掲載した〔第１図〕。小川台５号墳の墳丘中段に配置された形象埴輪は、後円部側から順に、Ａ～Ｄ群の４つにグルーピングできる。Ａ群には家形埴輪と女子（？）半身像が配置され、Ｂ群には多数の女子半身像が配置される。また、Ｃ群には１体の文人男子全身像および４体の武人男子全身像が配置される。Ｄ群には馬子と馬形埴輪が交互に配置されていたようである。
　小川台５号墳における上記のような形象埴輪配置を、今城塚古墳の形象埴輪配置と比較していくと、小川台５号墳のＡ群は今城塚古墳の２区、同じくＢ群は今城塚古墳の３区、Ｃ群・Ｄ群は今城塚古墳の４区に対比すべきものと考えられる〔第２図〕。この小川台５号墳についても、殿部田１号墳と同様に、今城塚古墳の形象埴輪配置の「縮小形態」であると見做すことができる。

215

他の古墳も含めて、今城塚古墳の形象埴輪配置と、各古墳の形象埴輪配置の対応関係をまとめたものが第2図である。第2図に例示した古墳のうち、形象埴輪の「列状配置」を円筒埴輪で区分しているのは、殿部田1号墳のみであるが、他の古墳についても、形象埴輪の配列およびグルーピングが、概ね今城塚古墳と共通していることが読み取れる。

今城塚古墳の4区では、馬形埴輪は内濠寄りに、武人埴輪は外濠寄りのやや「奥」側に配置されているが、両者は一直線上には並ばず、ほぼ並行するような位置に樹立されている個体もある。これに対して、他の古墳の場合、今城塚古墳4区に対応するブロックでは、どの古墳においても、武人埴輪を「奥」に、馬子と馬の埴輪を「手前」に配置するという共通点が認められる。今城塚古墳において「群構成」（「隊配置」）をなす形象埴輪群が、「列状配置」として再構成されることによって、つまり「群」（ないし「隊」）を「列」状に"展ばす"ことによって、殿部田1号墳や小川台5号墳のような形象配置「列状配置」が成立すると考えられるのである。「列」として再構成される際の配列の順番が各古墳で共通しているということは、「縮小形態」の方式について、各地域で独自に策定されたというよりも、地域を越えたレベルで規定されていたと考えるのが自然であろうと思われる。これは形象配置「列状配置」の意味を考える際に重要な視点である。

一方、殿部田1号墳〔本書123頁第9図〕と小川台5号墳〔第1図〕を比較すると、同じ前方後円墳でありながら、形象埴輪の樹立位置が全く「逆」であることがわかる。殿部田1号墳では後円部から見て「左側」に、小川台5号墳では同じく後円部からみて「右側」に形象埴輪が樹立されている。ちなみに殿部田1号墳は南西に前方部を向ける前方後円墳で、形象埴輪は墳丘の東側側面のみに配置されている。また小川台5号墳も同じく南西に前方部を向ける前方後円墳であるが、形象埴輪は墳丘の西側側面のみに配置されている。埋葬施設が横穴式石室であれば、石室の開口方向なども斟酌すべきであろうが、小川台5号墳では後円部墳頂に設けられた木棺直葬が確認されているのみで、また、殿部田1号墳では墳頂部にもくびれ部にも埋葬施設は確認されていないので議論の材料は乏しい。

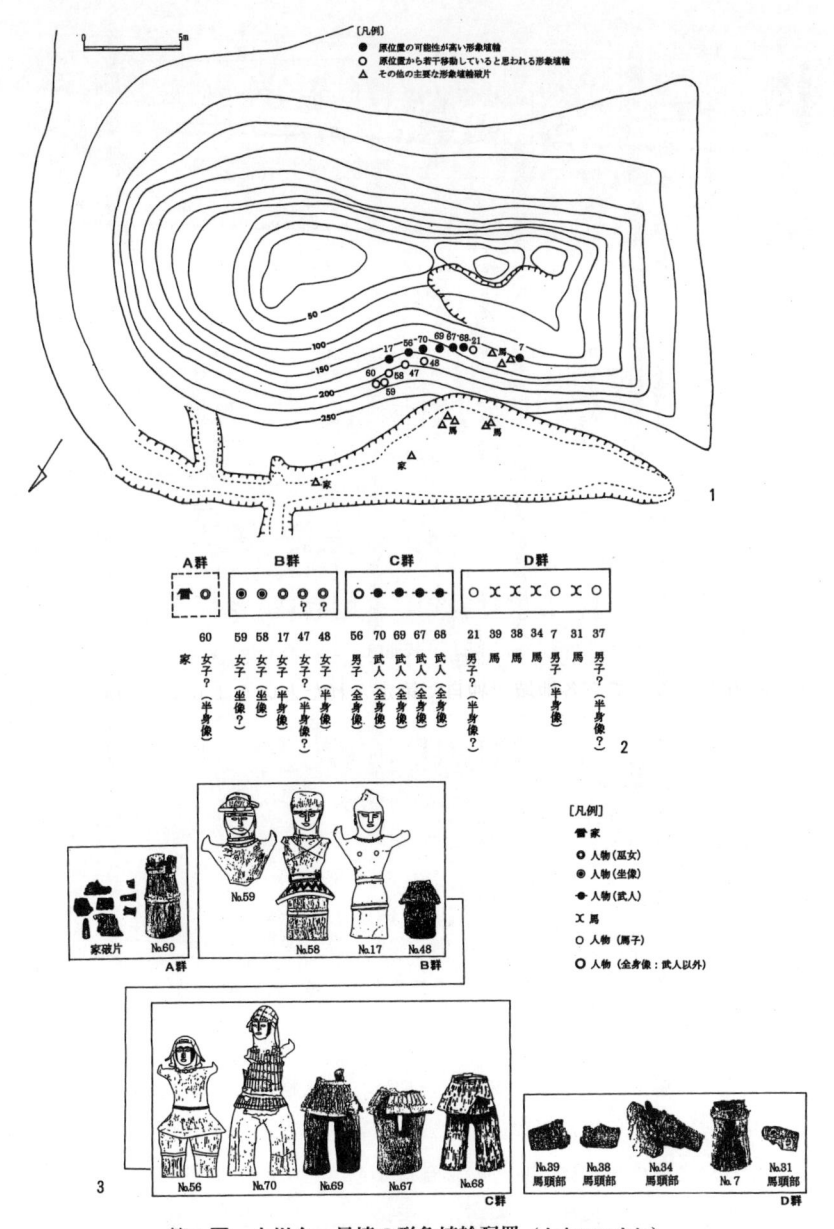

形象埴輪「列状配置」についての補遺

[凡例]
● 原位置の可能性が高い形象埴輪
○ 原位置から若干移動していると思われる形象埴輪
△ その他の主要な形象埴輪破片

A群	B群				C群				D群				
🁢	●	●	●	●?	●?	○	○	●	●	○	×	×	○	×	○
60	59	58	17	47	48	56	70	69	67	68	21	39	38	34	7	31	37
家	女子	女子	女子(坐像)	女子?(半身像?)	女子(半身像?)	男子(全身像)	男子(全身像)	武人(全身像)	武人	武人(半身像)	男子?(半身像?)	馬	馬	馬	馬	馬	男子?(半身像?)

[凡例]
○ 家
● 人物（巫女）
● 人物（坐像）
● 人物（武人）
× 馬
○ 人物（馬子）
○ 人物（全身像：武人以外）

第1図　小川台5号墳の形象埴輪配置（犬木2007より）

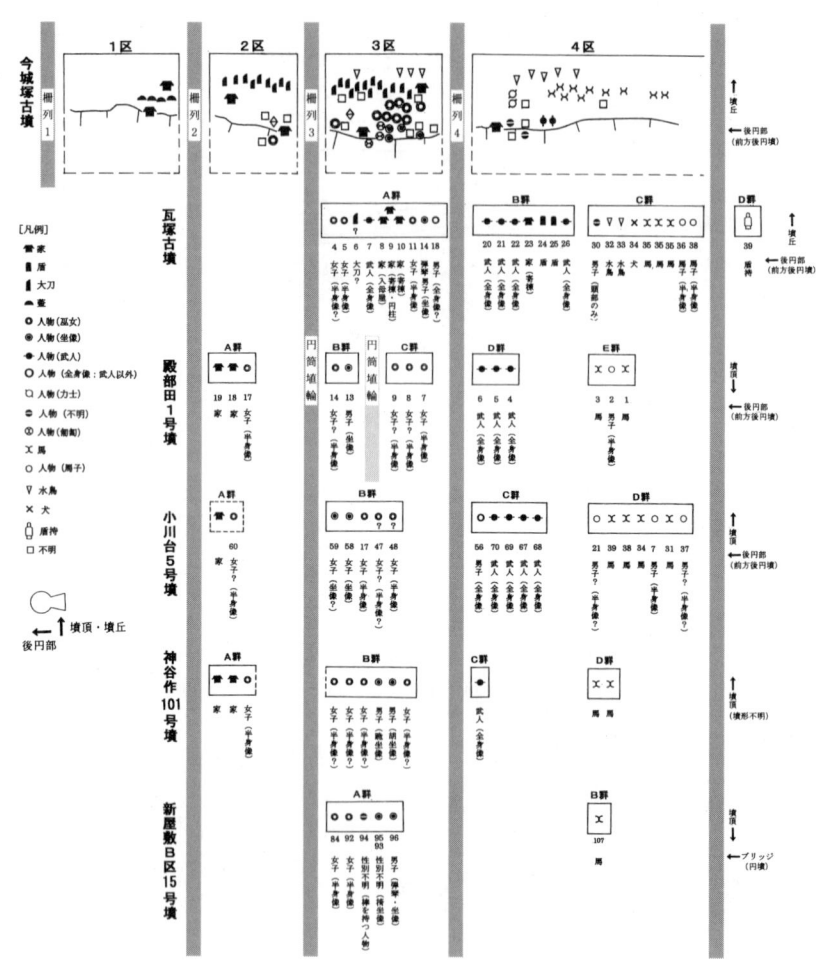

第三部　新たな課題―付論

第2図　「今城塚類型」とその変異形態（犬木2007より）

　そこで、古墳群の中での両古墳の占地について検討しておきたい。まず殿部田古墳群は、高谷川左岸の低平な樹枝状台地に立地しており、第3図に示したように古墳の多くは台地の縁辺部に築造されている。殿部田1号墳も台地の北西縁辺部に立地する。殿部田1号墳では、形象埴輪が樹立されている「左側」斜面（南東側斜面）は、台地中央に面した側であり、台地中央に「墓

道」や「広場」があったかどうかは確認できないが、台地中央から見えやすい側にのみ形象埴輪を樹立していることは間違いない。

一方の小川台古墳群は、栗山川左岸の舌状台地に立地しており、第5図では周辺地形との関係が若干わかりにくいが、第4図に示すように各古墳は台地の縁辺部あるいは縁辺に近い位置に築造されている。小川台5号墳の場合も、形象埴輪が配置されている「右側」斜面（北西側斜面）は台地中央に面した側であり、殿部田1号墳と同じく、台地中央から「見えやすい」側にのみ形象埴輪を樹立していたということになる。

両古墳で明らかなことは、第一に、前方後円墳の向きにかかわらず、今城塚古墳2区に対応するブロックを後円部寄りに、今城塚古墳4区に対応するブロックを前方部寄りに配置している点である。これは形象埴輪配置の方向性が、後円部との位置関係によって決定されていることを示唆している。

第二に、台地中央から見えやすい側——恐らくこれが、いわゆる古墳の「正面観」ということになるのであろうが——のみに形象埴輪が配置されていたという点である。ただし、この事実のみをもって、形象埴輪を「見せる」目的で樹立されたものと見做すのは、あまりにも一面的・短絡的である。確かに、墳丘の反対側に形象埴輪が配置されていないのは事実であるが、これらの形象埴輪群は、あくまでも、円筒埴輪列とともに何重にも囲繞している"状態"を全体として「見せている」のであって、複数あるいは特定の埴輪のみを、見るべき"対象"として「見せている」のではないと考えている。

前掲の拙論でも触れたが、柵形埴輪や鰭付円筒埴輪の出現などが示すように、円筒埴輪列においても、特定の時期に「具象化」の方向性が看取されるようになる。殿部田1号墳や小川台5号墳において、外から見えやすい場所にのみ形象埴輪が配置されるという上記のような事象についても、周囲から「見る者」との平面的な布置が意識されている点において、上記の事例とは別の準位で「具象化」された「表示」意識が看取できることを付記しておきたい。

なお、基調報告の内容については、小文で補足した以外にも論じ足りない

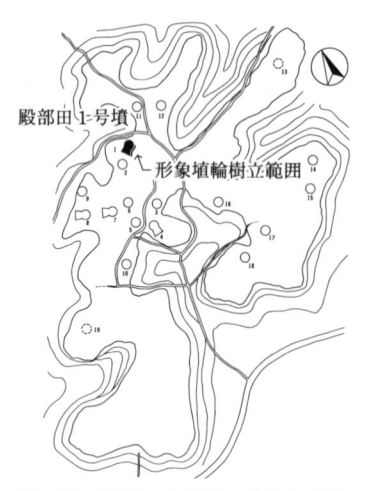

第3図　殿部田古墳群の分布と立地
（芝山はにわ博物館1980より、一部改変）

第4図　小川台古墳群の分布と立地（1）

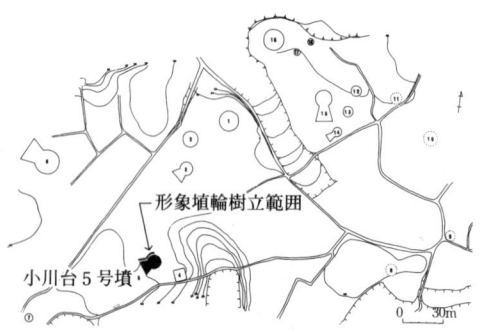

第5図　小川台古墳群の分布と立地（2）
（芝山はにわ博物館1975より、一部改変）

点が少なくないが、紙幅も尽きたので、必要な部分については、あらためて、別稿で詳細に論じたいと考えている。

参考文献

犬木　努　2007　「形象埴輪列状配置の本義──「今城塚」から東国の埴輪を考える」『志学台考古』第7号　大阪大谷大学文化財学科

芝山はにわ博物館　1975　『下総小川台古墳群』芝山はにわ博物館研究報告1

形象埴輪研究の今後

塚田　良道

　古墳に樹立される形象埴輪がどのような展開を遂げていくのか、シンポジウム「埴輪の構造と機能」では、いくつかの視点が示された。とりわけ人物埴輪の成立と展開について愚考を重ねてきた筆者にとっては、人物を含めた埴輪の構造理解について新たな展開を見ることができ、その意味は大きかったと言わねばならない。少なくとも従来の人物埴輪の意味をめぐる議論のような「神々の論争」からは抜け出た成果があったと思われる。

　当時、筆者は『人物埴輪の文化史的研究』(塚田2007) という小著の刊行準備の最終段階にあったが、残念ながらここで得た成果を推敲して盛り込むまでには至らなかった。「人物」という狭い領域から抜け出ることのできない限界性を含みつつも、形象埴輪研究の今後についての考えをいくつか述べ、発表と小著の欠を補いたい。

1．人物埴輪の成立と家形埴輪の展開

　本シンポジウムのテーマにも掲げられている「構造」という用語は、筆者の人物埴輪研究における一つのキーワードでもあった。多様な現象を理解しようとしたとき、多様なまま読み解きを繰り返すことは結論のない「神々の論争」をもたらす (と筆者は思うし、そのようにも書いてきた)。その前に、多くの現象の背後に存在する共通パターンを見出すことが必要であり、この視点から人物埴輪には5つの種類が一定のパターンで配置されることを指摘し、この形態と配置の脈絡を「構造」と呼んで使用してきた (塚田2007)。

　上記の構造認識にもとづきこれまで筆者は、大阪府高槻市今城塚古墳にお

いて中堤上の2区に家形埴輪とともに1体存在する女子について、例外的な配置として評価してきた。

しかし、シンポジウム席上において犬木努氏は、人物埴輪群を仕切る円筒埴輪の存在から、今城塚古墳例と同様、多くの人物群とは別に女子埴輪が家形埴輪に伴う事例を明らかにした。この指摘により、筆者の人物埴輪の構造理解には修正が必要となったのだが、埴輪研究を新たなステージへと進めた氏の見解には喜んで従いたいと思う。

さて、その後犬木氏は今城塚古墳の埴輪配置を「今城塚類型」と呼び、類例をまとめている（犬木2007）。その中で人物埴輪を含む形象埴輪配置の中心にあるものは、人物ではないことを指摘している。これはシンポジウムの席上でも議論になったことであり、今城塚古墳で言えば2区のさらに奥にある人物埴輪のない家形埴輪のある1区、これが中心になる。

このような議論の流れから自然と注目されるのは、家形埴輪の「構造」である。墳裾部における家形埴輪の配置は中期に流行するが、片流れの屋根の家形埴輪を一方に置き、高床建物の家形埴輪を多数配置する今城塚古墳における構成は、三重県上野市石山古墳東方外区の家形埴輪群にも共通することを高橋克壽氏が指摘し（高橋2006）、本席上でも同様の発言をされている。

必ずしも高橋氏と同じ論点ではないが、筆者自身小著において家形埴輪の「居館景観」の続きに人物埴輪の成立があると述べ、家形埴輪の展開と密接に関係していると考えてきた。その意味で家形埴輪の「構造」に人物埴輪の「構造」がどのように関っていくのか、お互いの「構造」の展開を時間的に辿って追求していくことが、今後人物埴輪の成立を議論する上で重要な課題になったと思われる。今後の家形埴輪の「構造」研究に注目したい。

また、そのように考えるならば、犬木氏も指摘しているように、「今城塚類型」の祖型は今城塚古墳に先行する大王墳において成立していた可能性が高いであろう（犬木2007）。後期にまで至る家形埴輪の構造の連続性を踏まえれば、人物埴輪成立当初の時点で今城塚古墳の形象埴輪の構造が成立したと理解するのが自然だからである。

2．1区、2区のない埴輪配置

　ところで、以上のような意見を言いながら、反対のことを言うようだが、犬木氏も指摘するように、たとえば群馬県高崎市保渡田八幡塚古墳例のように、今城塚古墳における1区、2区を伴わない形象埴輪群像もある。家形埴輪を別置する例となるのかもしれないが、群馬県高崎市綿貫観音山古墳例も列状配置ではあるが同じパターンである。

　1区、2区が重要な場所というのは理解できるが、このように往々にして省かれる区画が形象埴輪の本義を示す場と言えるのか、筆者には疑問が残る。そうした発言をシンポジウム席上では行わなかったものの、少なくとも関東地方の後期古墳における形象埴輪の配置を見れば、同じ群像中に家形埴輪を伴わない例の多いのが実情であり、多くの場合、人物と馬形に形象埴輪製作の努力を投じていると思われるからである。

　これを関東地方の変異として簡単に済ませて良いかは、近畿地方の例も見ながらさらに時間的、空間的検討が必要と思われるものの、この点については、その後の論文で犬木氏が「中空の同心円構造」という視点から、今城塚古墳の「1区を中心とした同心円構造」に対比して、「後円部（埋葬施設）を中心とした同心円構造」を示す形象埴輪配置とする理解を当てはめて考えるのが妥当かもしれない（犬木2007）。

　少なくとも人物埴輪群像を「構造」として見てきた筆者の立場で説明すれば、一定の構造を構成する各要素は、個別の古墳に適用されるとき適宜削除される場合がある。それは大古墳においても例外ではなく、今城塚古墳においても片腕を上げる男子半身立像は削除されており、要素によってはしばしば欠落が指摘できる。

　本来構造を構成する各要素はそれぞれに意味を付与されていたはずであり、少なくとも各要素の相対的な関係性から「構造」が成っている以上、やはり往々にして省かれ空洞化される要素を以って形象埴輪の構造の中心的意義とする見解は筆者には支持しがたい。中心的な一部を過大評価するよりも、構造の関係性が持つ意味に注目することが、埴輪全体の意味を理解する

223

には重要ではないだろうか。

　構造の通時的展開という視点から、古くは中心的意味を担っていたものが、時間の経過により空洞化もしくは他によって取って代わられ、副次的な意味を担っていたものが中心になる現象として理解することが可能かもしれないが、中期から後期における埴輪群像の「構造」の通時的展開を議論してから、形象埴輪の本義云々の議論をしても遅くはないと思う。

　なお、席上での発表でも述べたように、形象埴輪の展開の過程で関東地方独自の配置や造形の変異はあったのはまちがいない。関東独自の配置や造形を評価していくこともまた、必要な視点であることを付記しておきたい。

3．おわりに

　筆者は今回のシンポジウムで、今城塚古墳の埴輪配置の資料的意味を改めて見直すことができた。5年ほど前発掘現場を見学させていただいた時には全体は見ながらも、おもに人物埴輪を中心とする3区、4区に目が行き、1区、2区を重視する目はなかった。おそらく、家形埴輪を中心とする今城塚古墳の1区・2区・3区の埴輪は中期の埴輪との関係を追及する上で、また人物埴輪によって構成される2区・3区・4区の埴輪は後期との関係、とくに関東地方における人物埴輪を理解する上で重要な資料となろう。

　いずれにせよ現在の考古学において、形象埴輪の構造をどう評価するかは、とりあえず意味の問題は横に置き、目的と方法を吟味し、多様な資料群の背後にある「構造」を議論していく姿勢が重要であると筆者は考える。その意味で、このシンポジウムによって形象埴輪研究の新地平が開かれた思いが私にはあり、同席して御教示を得た各氏に感謝したい。

参考文献

犬木　努　2007　「形象埴輪『列状配置』の本義」『志学台考古』第7号
高橋克壽　2006　「埴輪——場から群像に迫る」『列島の古代史』5　岩波書店
塚田良道　2007　『人物埴輪の文化史的研究』雄山閣

魚形埴輪の出現背景

若松 良一

はじめに

　人物埴輪を含む形象埴輪群像は何を物語っているのか。研究者の間で意見が分かれている。筆者はそれを解き明かす鍵が狩猟を表現した埴輪にあると考え、既に二つの論文（若松2003・2004）を発表し、前方後円墳研究会においても口頭発表（若松2006）を行った。それは埴輪の狩猟表現が死者に供犠する目的で挙行された狩猟の再現であったことを論証したものであり、日本古来の葬俗であるモガリにつながる重要な要素となる。

　ところで、こうした狩猟は猪と鹿を対象とするものが一般的であったが、山林原野から離れた地域ではどうであったのか。利根川沿いの千葉県を中心に分布する魚形埴輪をとりあげ、その出現の背景を探ってみたい。

I.「魚形埴輪」の概要

　魚形埴輪は円筒台部の上に魚を表現したもので、7遺跡から9点の出土が知られている。出土遺跡の種類が明らかなのは古墳3例、祭祀遺跡とされるものが1例である。

分布　魚形埴輪の分布は千葉県北部を中心としている。河川や湖沼との位置関係に注目すると、東深井7号墳、原1号墳、正福寺1号墳は利根川本流の下流域にあり、手賀沼や印旛沼にも近接している。茨城県の2遺跡は鬼怒川下流域にあるが、ここは利根川の旧本流筋にあたる。

　これに対して、白桝遺跡は九十九里浜に流れ込む中規模河川である栗山川

流域に立地している。また、さいたま川の博物館所蔵品は、旧所蔵者に対する聞き取り調査[1]によって、埼玉県の荒川中流域にある古墳から出土したものであるという。

表現　魚体の全長は最小18.5cm、最大36.8cm（復原）あり、粘土を貼り付けて、尾鰭、尻鰭、背鰭、胸鰭を作り、ヘラ切りによって口を、棒刺突によって眼を表現するのが一般的である。表現の細やかな例では、さらにヘラ描きによる鰓、鰭条と鼻孔を示すものがある。また、逆に、背鰭や眼の表現を省略する個体も存在している。彩色は1例のみあり、赤色の縦帯によって婚姻色を表現したとみられる。

なお、大型の1例に魚体部を中空製作とするものがあるが、他はすべて中実製作である。これらはすべて円筒台部を伴うことを通例としている。

II．魚形埴輪の出土遺跡

1．「白桝祭祀遺跡」千葉県山武郡芝山町白桝字宿
　祭祀遺跡とされるが、小円墳の周堀跡であった可能性がある。
2．「東深井7号墳」千葉県流山市東深井中ノ坪・外鴻巣
　直径18mの円墳で、主体部は削平されていて不明であった。築造年代は、報告者によって6世紀末と推定されている。
3．「正福寺1号墳」千葉県成田市南羽鳥
　2重周溝を持つ直径20.5mの円墳であった。主体部は失われていて不明であった。築造年代は6世紀前半期の新しい段階とされている。
4．「原1号墳」千葉県東葛飾郡沼南町手賀字埋田
　周溝の4分の1ほどの部分調査によって、円墳ないし後円部径が20mほどの帆立貝式古墳の可能性が指摘されている。古墳の築造年代は、出土した土師器坏から6世紀後半頃が考えられるとされる。
5．「神子女古墳群」茨城県結城郡石下町篠山神子埋
　土地開発時の不時出土であり、記録が残されていない。この地には円墳66基からなる神子女（埋）古墳群がある。

魚形埴輪の出現背景

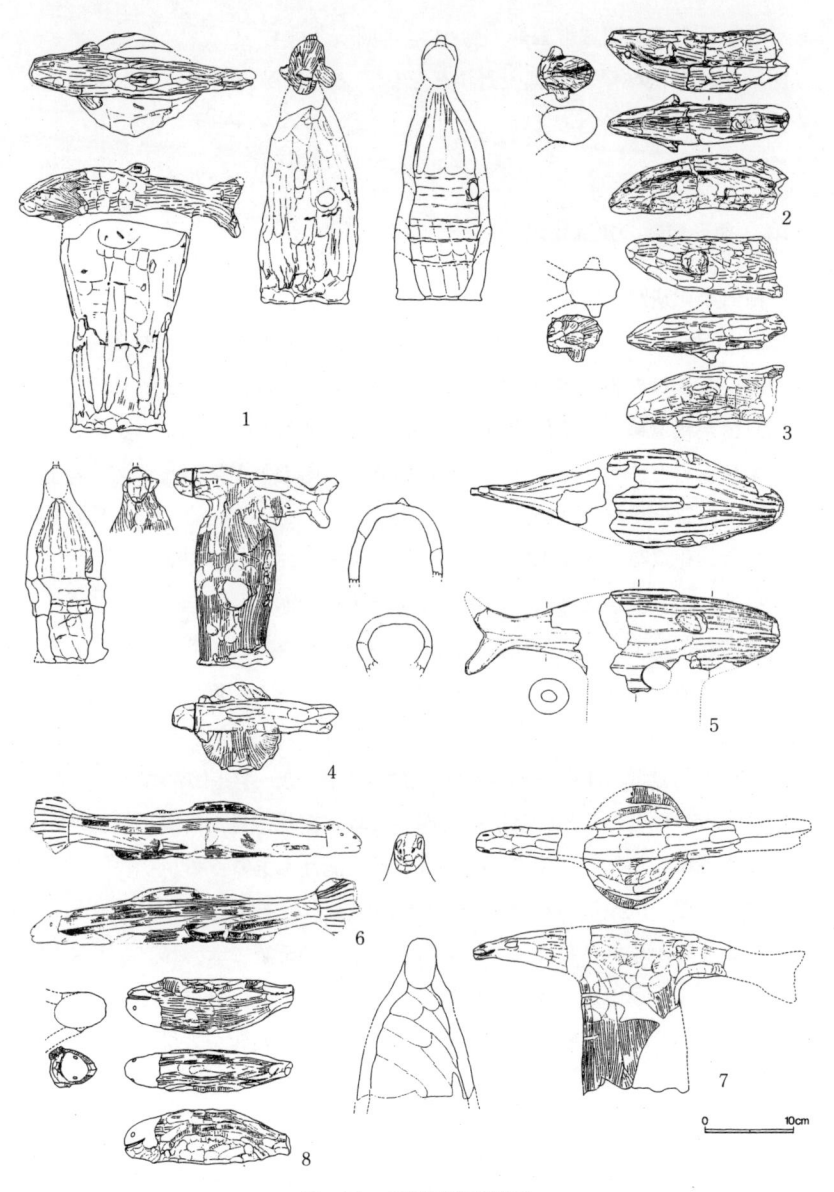

第1図　魚形埴輪実測図

227

6．茨城県真壁郡関城町上野

明治10年に茨城県真壁郡上野出土と伝える2例が、調査によらず偶然の機会に発見されているという。

III．魚形埴輪の魚種比定

1．白桝祭祀遺跡出土魚形埴輪A（芝山はにわ博物館蔵）第1図－1
　体形と背鰭の特徴がサケに近似することを確認したが、アブラビレの表現のない点と口の表現が小さい点には相違も認められた。
2．白桝祭祀遺跡出土魚形埴輪B（芝山はにわ博物館蔵）第1図－2
　3条の赤彩と体形から、オレンジ色の3条の婚姻色を帯びたウグイとよく一致することが確認された。
3．白桝祭祀遺跡出土魚形埴輪C（芝山はにわ博物館蔵）第1図－3
　手掛かりが少ないために、魚種の比定は困難である。
4．東深井7号墳出土魚形埴輪（野田市郷土博物館蔵）第1図－4
　魚体と尾鰭の形状から、ボラまたはウグイにもっとも近似すると判断された。
5．正福寺1号墳出土魚形埴輪（成田市教育委員会蔵）第1図－5
　円筒形の体形とたたんだ状態の背鰭の形状、縞状に見える鱗の特徴からボラに近似することが確認された。コイの可能性もありうる。
6．原1号墳出土魚形埴輪（沼南町教育委員会蔵）第1図－6
　細長い体形からコイ科カマツカ亜科との近似が確認でき、ニゴイがその候補となろう。頭部がしゃくれる特徴、胸鰭が水平位にある点でも、その比定に矛盾がない。背鰭が長く、低いのはたたんだ状態を表現したものであろう。このほか、頭頂のこぶから雄サケのはなまがりを表現したと見ることも可能であるが、魚形が著しく異なっている。
7．伝埼玉県出土魚形埴輪（さいたま川の博物館蔵）第1図－7
　口器の発達した状態と大きめな鼻孔の位置関係から見れば、アユを候補とすることが可能である。アユは水から上げると、鰭をたたんでしまうの

で、背鰭表現が省略されたのかもしれない。
8. 出土地不詳魚形埴輪（芝山はにわ博物館蔵）第1図-8
体形がコイ科フナ属に近似することを指摘しておく。関東地方にはギンブナとキンブナが自然分布している。ゲンゴロウブナは移入されたものである。

IV. 結 語

　魚形埴輪を考古学、魚類学そして文献史学（紙面の都合で割愛した）の成果を用いて再検討してきたが、魚形埴輪は分布範囲が極めて限定的で、資料数も寡少である。製作時期は6世紀前半の新しい時期から後半に限られ、同一系統の埴輪製作集団が製作した可能性が高い。それは下総型埴輪といわれるローカリティの強い埴輪を製作した工人集団と目される。
　また、体形や鰭、口、眼の位置、彩色などの特徴を総合した上で、魚類研究者とともに種の比定を行ったところ、その候補は単一ではなく、ウグイ、サケ、コイ、ニゴイ、フナ、アユ、ボラなど多岐にわたることが判明した。このことは従来、サケの祭祀と関連するという固定観念が強かっただけに意外な結果であった。ここで、これらの魚が共通して、古来、好んで食料利用されてきた種であったことに注目してみたい。
　いっぽう、検討資料を出土した古墳4基は、いずれも直径20m内外の円墳または帆立貝式古墳で、所属する古墳群においてもとくに傑出したものではない。被葬者像はその立地環境からすれば、通常の農耕民というよりも、漁撈民の地域集団におけるリーダーの可能性が高いであろう。
　ところで、これらの魚形埴輪の性格は、白桝遺跡を祭祀遺跡と見なした滝口説（浜名・滝口1965）を敷衍することによって、初物を祭る祭祀に基づくとすることは解釈上、特殊に過ぎ、他の資料が古墳から出土していることからみても、困難である。また、大型前方後円墳に伴う鵜飼の表現を王権儀礼の再現とする見解（若狭ほか2000）もあるが、今回検討した魚形埴輪出土古墳はいずれも小型墳であり、同列に考えることはできない。

第三部　新たな課題―付論

　筆者は、古墳の墳丘上に立てられていた魚形埴輪は、古墳が葬送儀礼の場である以上、恒例の神への供物とするより、死者への生け贄（供犠）と考えるのがもっとも合理的と考える。近畿地方に例のある魚形土製品も全く同じ意味を持つものであろう。魚を鵜に捕えさせる漁を再現した埴輪の存在から、死者のために行う漁が存在したことを想定してみたい。また、河川や湖沼周辺に暮らす人々にとって、もっとも身近でたやすい獲物が淡水魚であったことは間違いないであろう。

　ところで、魚形埴輪がなぜ東国の限られた地域に製作されたのかという問いに対しては、被葬者が香取海の海夫集団と密接な関係を有していた[2]と仮定した上で、香取神宮へ御贄を供進する厨長のごとき階層に属していたことを想定してみたい。そうした場合、これらの魚形埴輪は被葬者にとって特別な意味を持つのであって、その希少性と分布特性についても説明が可能となる。つまり、彼らにとって最も神聖で根源的な食物である魚が、死を契機として、自分の拠って立つ海夫集団がこぞって行う葬送のための特別な漁によって捕獲され、初めて自分のための贄として供えられたことをこれらの埴輪は物語っているのではないだろうか。

おわりに

　本稿は準備中の論文の要点を短文に纏めたものである。したがって論証や解釈手続きを省略しているため、引用に堪えず、実測図版の転載もお控えいただきたい。最後に、調査・資料実測でお世話下さり、掲載をお許しくださった各所蔵機関の皆様に心から御礼申し上げます。

注
1)　筆者が埼玉県立博物館の常設展示課に勤務していたとき、当該資料の借用更新のため、旧所蔵者を訪問し、出土事情を伺っている。
2)　『千葉県の歴史』通史編　古代2　千葉県　2001

参考文献

宇田敦司　1996　『南羽鳥遺跡群Ⅰ』財団法人印旛郡市文化財センター
斎藤　忠ほか　1974　『茨城県資料　考古資料編』古墳時代　茨城県史編さん原始古代部会
佐藤武雄ほか　1988　「東深井古墳群」『東葛上代文化の研究』古宮・下津谷両先生還暦記念祝賀事業実行委員会
下津谷達男　1964　「流山町東深井古墳」『千葉県文化財調査報告書』千葉県教育委員会
白井久美子ほか　1992　『房総考古学ライブラリー　古墳時代』(2)　千葉県文化財センター
滝口　宏・久地岡榛雄　1963　『はにわ』日本経済新聞社
中村　勝　1996　「手賀沼──江戸物流の道」『沼南町史研究』第4号
浜名徳永・市毛　勲　1965　「鮭の埴輪」『古代』第44号　早稲田大学考古学会
若狭　徹ほか　2000　『保渡田八幡塚古墳』史跡保渡田古墳群八幡塚古墳保存整備事業報告書　群馬町教育委員会
若狭　徹　2002　「古墳時代における鵜飼の造形──その歴史的意味」『動物考古』第19号　動物考古学研究会
若松良一　1992　「動物埴輪」『古墳時代の研究』第9巻　古墳Ⅲ　埴輪　雄山閣出版
若松良一　2003　「猪鹿埴輪論」『法政考古学』第30集　法政考古学会
若松良一　2004　「狩猟を表現した埴輪について」『幸魂』増田逸朗氏追悼論文集　北武蔵古代文化研究会
若松良一　2007　「形象埴輪祭祀の構造と機能──狩猟表現埴輪を中心として」『第12回東北・関東前方後円墳研究会大会発表要旨資料』東北・関東前方後円墳研究会
渡辺健二　1996　「原1号墳出土の魚形埴輪」『沼南町史研究』第4号

シンポジウムを終えて

車崎　正彦

　趣旨説明で述べたようなさまざまな概念を自在にあやつって議論するほど機は熟していなかったかもしれないし、考古学には分析概念の整備が要請されているという気分がきえさったわけではない。しかし、2日間にわたっておこなわれたこのシンポジウムは、フィクショナルな物語が埋蔵されている〈埴輪の風景〉を読むというメンタリスティックな問題、それゆえ考古学では敬遠されがちな問題にたいする、最新成果の発表の場になったと思うし、確実に一歩、新たな地平に踏み込むことができたと思う。

　埴輪を読む、埴輪という形のイメージが発表者それぞれに異なっていたという現実は仕方がないと思う。イメージは、誰でも自由に持つことができるいわば主観だから。イメージが異なっていれば、当然のことに埴輪の見方が違ってくるし、あたりまえのことに埴輪は違う見え方をする。当日の報告を文章化して構成した、第一部を「さまざまな解読」と題した第一の理由は、埴輪という形にたいする、さまざまなイメージを大事にしたいと考えたからである。他の人からみれば素朴な思い込みのようにみえるかもしれないが、どんな研究も最初の出発点はつねに素朴な思いつきだったはずである。あのアルベルト・アインシュタインの相対性理論の革命も、十代のとき出会った「光を光の速度で追いかけたらどう見えるか」という問題を、どんなふう、なぜ、どうして、不思議だなあ、という素朴な問いを執念深く求め続けて、素朴な疑問にたいする素朴な思いつきを大事に育てたからこそ成し遂げられたのである。どんな思いつきも大切にしたい。思いつきから確固たる理論へじっくりと熟成されていくにちがいない。どこからサプライズが生まれるかわからない。だからこそ考古学は面白い。

233

もちろん今回の報告はどれも思いつきにとどまっていない。すくなくとも理論へ昇華されている。しかし埴輪のイメージが異なるので、埴輪の見方は異なっている。だから当然、さまざまな解読がなされるわけである。
　森田悌先生は、目に見える＜顕事＞と目に見えない＜幽事＞を出発点にすえる。その見方から、目に見える埴輪群像は、不可視の死者の世界をふくむ＜幽世＞の表現ではありえず、可視の生者の世界の＜顕世＞の主人公に巫女が食膳奉仕する神宴、トヨノアカリ（豊明）をかたどったものと解読する。抽象化されている言葉、文字史料を駆使した、この解読にたいして考古学が答えるためには、具体的な事物をできるかぎり＜形＞として抽象化し、概念を強固に制度化して挑まなければならない。すくなくとも学際的に論じあう対象は、具体的な感覚世界の＜事物＞よりも抽象的な概念世界の＜形式＞の方がいい。より主観を排除して、情報を伝達できるからである。
　辰巳和弘先生は、自説の「他界の王宮」論を徹底して論じた。古墳祭祀不在論は、＜儀礼＞と＜祭祀＞という概念を区別する感覚の鈍さ、ひろげれば考古学が概念のルール化にルーズすぎることにたいする糾弾である。ただ、祭祀を繰り返される行為と定義するならば、古墳が作られるたびに繰り返された行為を、古墳祭祀と規定することもできなくはない。ある古墳の行為を見るか、あらゆる古墳の行為を見るか、これも見方の違いである。それより圧巻だったのは、該博な知識に裏づけられた＜象徴＞＜結界＞＜壺の世界＞＜見えざる造形＞＜失われた造形＞等々の概念を縦横無尽に使って、考古学のメンタリスティックな問題に毅然と立ちむかう姿勢である。新たな研究はつねにマイノリティーの自由な想像力から生まれる。マジョリティーの楽園を打ち捨てて、マイノリティーの冒険の夢を追い続ける強靭な精神力こそが新しい地平を切り拓いていく原動力のようである。
　杉山晋作先生は、＜表現＞と＜情景＞から＜効果＞を読みとる見方を大切にする。どちらかといえば、埴輪の表現を読むときには遺物論的に読むし、埴輪の情景を読むときには遺構論的に読む。あらゆる埴輪は古墳にならべるために作られた。だからあらゆる埴輪は、遺物としての性格と遺構としての性格をあわせもっている。この二重の性格をもっている埴輪は、どんな効果

が期待されている＜仕掛け（device）＞として＜デザイン＞されたのか、というふうに考える見方である。あらためていうまでもなく、あらゆる埴輪はすでにできあがっている、完成されたものとして、考古学の目の前に与えられている。なるべくしてそうなっていることは論じるまでもない。考古学の課題は、ある埴輪が、どのようにしてできあがったのか（起源・発生）、どういうふうな経過を辿ってきたのか（編年・進化）、考えることである。科学は19世紀以来、事実に即して証明された客観的真理を追究してきたし、科学的客観性を信じてきた。もちろん考古学も同じだった。しかし、科学の客観主義は、科学における自己の隠蔽、真理はどちらかといえば対象の方にあるという信仰を生じがちだった。対象のみを純粋に扱っているふりをする方が客観的にみえるからである。自己の意識、すなわち主観を無視できるからである。なぜ、という問題の立て方は、対象と自己が一致する客観的な真実があるという見方を信じていないとできないかもしれない。

　若松良一さんは、猪・鹿と狩人・犬の埴輪は狩猟の風景であるという見方を出発点にする。埴輪の＜構造（つくり）＞から＜機能（はたらき）＞を考えていくうえで基本となる方針は＜部分＞から＜全体＞へと要約される。狩猟表現埴輪という部分だけではなく、あらゆる部分の解読が大事である。ただ全体と部分の論理を想定するならば、部分を読もうとする場合、ある部分の特性を観察しつつ、全体的な状況を認識する、という態度が要請される。

　塚田良道さんは、考古学における＜構造主義＞の実践として、人物埴輪の構造化をおこなう。その方法は、どちらかといえば遺物論的な見方だけど、事物から形式へ、考古学の思考の転換を要望する姿勢は、頑固すぎるくらい強固である。＜共時的構造＞から＜通時的構造＞へ、静態的構造の解読から力動的構造の解読へ、という基本の方針は、あらゆる埴輪の解読に求められている課題である。

　高橋克壽さんは、埴輪が置かれている＜場＞、古墳の中の埴輪の＜空間＞の構造から、埴輪の機能を考える。まず、メスリ山古墳の高杯形埴輪の伝統を再評価しつつ、墳頂の方形壇の形象埴輪で埋め尽くされた空間に護るべき＜世界＞をみいだす。また、造出を墳頂とは別の場所として説明する。さら

に、水の流れる＜谷の地形＞に読みとる＜第三の場所＞に、水まつりの場としての囲形埴輪、水鳥や船の舞台（出島状遺構・島状遺構）を考える。そして第一、第二、第三、3つの場所を家形埴輪の構成から相対化し、そのうえで人物・動物埴輪がならぶ空間を第三の場所の延長に位置づける。古墳と埴輪をつなぐ＜空間＞という概念はきわめて重要である。古墳を最も単純な空間構造として説明する概念は＜山（墳丘）＞と＜谷（濠）＞である。第一の空間が山ならば、第二の空間は谷、第三の空間は谷の中の谷である。谷の地形は幾重にも重なる＜境界＞としての性格をもつ空間である。

　犬木努さんは、円筒埴輪の論理を＜閉じる＞という概念によって考える。＜連続帯＞としての＜円環＞、＜結節（結び）＞、＜交差（交わり）＞等々の概念を使いつつ、円筒埴輪、方形埴輪列、家形埴輪、器財埴輪、人物埴輪、あらゆる埴輪を要約する円筒埴輪の論理は＜中空の同心円構造＞の＜閉じた場＞であると解読する。埴輪の空間は確かに閉じられている。しかし透孔を＜閉じた空間＞に孔を穿ち＜開いた空間＞を実現する仕掛けとみて、閉じると同時に開く、両義的な空間と考えてもいい。これも見方の違いである。

　小根澤雪絵さんは、群馬の小古墳における豊富な形象埴輪の配列の事例を報告してくれた。際立つ＜方言＞から、どんな＜標準語＞をみいだせばいいのか。現象（事物）はつねに構造（形式）よりも過剰だから、あらゆる現象がいつも考古学に問題を投げかけ続けている。

　埴輪をさまざまに解読する報告をうけておこなわれた、討議の一部始終を文章化した、第二部は「仕掛けとしての埴輪」と題した。このシンポジウムではすくなくとも、埴輪の風景も、埴輪群像の風景も、つきつめて考えていくと、古墳の風景を問わなくてはならなくなる、という意識は共有されたと思う。いいかえれば、埴輪とは、古墳の風景をいっそう鮮やかに際立たせ、より感動的な風景として演出する＜仕掛け（device）＞と考えられる。ならば、埴輪から埴輪を考えるだけでなく、埴輪（部分）から古墳（全体）を考えることもできるはずである。古墳の仕掛けとしての埴輪の風景を読むときには、つねに古墳の風景を念頭におかなければならない。古墳の風景のない埴輪の風景などありえない。こんな思い入れが強すぎたせいかもしれない。

討論の話題が右顧左眄したきらいもあった。話があちゃこちゃしてわからなかったという批評もいただいた。その責はひとえに司会の私にある。

3つのパートに分けておこなわれた討論を「埴輪のフィクショナリティ」「人物埴輪の情景」「部分から全体へ」とそれぞれ題した。

第1パートでは、埴輪の風景を「他界の王宮」と読む辰巳説と、埴輪群像の風景を「顕世のトヨノアカリ」と読む森田説のあいだに、対立軸が明確になった。その背景に、他界のイメージの違いがある。もっと根柢に、埴輪の風景と埴輪群像の風景という、分析対象の相違があると思う。

第2パートは、際立つ埴輪の部分として、埴輪群像の風景が議論された。イメージの違いがあるから、さまざまな見え方をするのは仕方がない。それより今後の展開を考えたとき大事なことは、遺物論的な解読から遺構論的な解読へ、という基本の方針が共有できたことである。

第3パートは、部分から全体へ、埴輪から古墳へ、という方針にもとづく議論をしようと考えていたが、時間の制約もあって十分に討議できなかったことは悔やまれる。けれど、このシンポジウムが、部分から全体へ、という意識が共有される契機になれば、それだけで十分成果はあったと思う。議論で使われた、＜空間＞＜場所＞＜内部＞＜外部＞＜境界＞＜結果＞＜場面＞＜景観＞等々の諸概念が、今後いっそう整備されることを望みたい。

事物としての埴輪と形式としての埴輪をつなぐ論理は、かならずしも共有されてはいない。構造（つくり）から機能（はたらき）を読み解き、機能から構造を説明するためには、事物と形式の関係を制度化しなければならない。今城塚古墳の中堤北張出という、一つの具体的な埴輪の風景のイメージさえ一致できなかったと悲観してみても、何もはじまらない。賽は投げられた。やるしかない。決意の一歩が第三部の「新たな課題」ならば、どんなに残された課題が多くても、このシンポジウムは成功だったと思う。

無謀なテーマと知りつつ、一度くらい夢をみてみようかと計画した、このシンポジウムは多くの方々の尽力の賜である。また、この本は、六一書房の八木奬一社長に出版を快諾いただき、こおろ社の小迫俊一氏に編集の実務を担当いただいた。お世話になった皆さんに、感謝します。

執筆者一覧

森田　悌

辰巳　和弘　（同志社大学）

杉山　晋作　（国立歴史民俗博物館）

若松　良一　（嵐山史跡の博物館）

塚田　良道　（行田市郷土博物館）

高橋　克壽　（花園大学）

犬木　努　（大阪大谷大学）

小根澤雪絵　（吉井町教育委員会）

車崎　正彦　（早稲田大学）

志村　哲　（藤岡市教育委員会）

考古学リーダー 13
埴輪の風景〜構造と機能〜

2008年2月25日　初版発行

編　　　者	東北・関東前方後円墳研究会
発 行 者	八　木　環　一
発 行 所	株式会社 六一書房　　http : //www.book61.co.jp
	〒101-0051　東京都千代田区神田神保町 2-2-22
	電話 03-5213-6161　FAX 03-5213-6160　振替 00160-7-35346
印刷・製本	藤原印刷株式会社

ISBN 978-4-947743-57-2 C3321　　　　　　　　　　Printed in Japan

考古学リーダー8

黄泉之国 再見
〜西山古墳街道〜

広瀬和雄 監修　　栗山雅夫 編

2006年11月5日発行／A5判／185頁／本体2800円＋税

〈文化財を活かした町づくり　その確かな道筋を照らし出す〉
2004年9月、富山県福岡町（現高岡市）で行われた、ふくおか歴史文化フォーラム『黄泉之国　再見〜西山古墳街道〜』の開催記録。フォーラム、遺跡展示と体験学習を三本柱としたイベントを再現する。

―― 目　　次 ――

はじめに
　概説　西山歴史街道へのみち　　　　　　　　　　栗山　雅夫
第I部　古墳を知ろう
　対談　『前方後円墳国家』を読む　　　広瀬　和雄　片山あさの
　特報　キトラ古墳を覗いてみると…　　　　　　　井上　直夫
第II部　西山歴史街道をゆく
　報告　西山古墳街道　　　　　　　　　　　　　　西井　龍儀
　討議　遺跡＋整備＝魅力
　　　　　　　　　広瀬　和雄　谷本　亙　栗山　雅夫　片山あさの
第III部　古世紀再訪
　展示　考古資料にみる西山古墳街道　　　　　　　栗山　雅夫
第IV部　たくみのトびら
　体験　勾玉づくり・火起こし・土器復元・拓本・クラフトワーク
　　　　　　　　　　　　　　　　　　　　　　　　栗山　雅夫
第V部　フォーラムから見えるもの
　歴史のストックを活かしたまちづくり　　　　　　広瀬　和雄
　文化財写真のデジタル記録と保存　　　　　　　　井上　直夫
　文化財を活かしたまちづくり　　　　　　　　　　谷本　亙

===== 推薦します =====
「黄泉之国」とは、死んだ人間が行く世界。すなわち「死後の国」だ。それを「横穴墓」にみたて、町おこしに活用するイベントが、富山県西部にある小さな町で行われた。町は小さくても「西山丘陵」に遺る「横穴墓」は、全国的にも特筆に値する。それは、群集の密度や副葬品の豊富さだけではない。保存顕彰や研究の長い歴史を持っているからだ。それだけ古くから地元の関心が高かった。また丘陵には豊かな自然も共存している。文化財と自然、それに住民の関心の高さ、この三者が一体になってこそ初めて、遺跡を活用した町おこしは成功する。本書はその確かな道筋を照らし出した、一大イベントの記録である。

富山大学人文学部教授　黒崎　直

Archaeological L & Reader Vol. 8

六一書房

考古学リーダー 9

土器研究の新視点
～縄文から弥生時代を中心とした土器生産・焼成と食・調理～

大手前大学史学研究所 編

2007年3月1日発行／A5判／340頁／本体3800円＋税

2005年11月に開催された大手前大学史学研究所オープン・リサーチ・センターシンポジウムの記録集

―― 目 次 ――

Ⅰ 食・調理
縄文時代から弥生時代開始期における調理方法　　　　　　　　　中村大介
弥生土鍋の炊飯過程とスス・コゲの産状　　　徳澤啓一　河合忍　石田為成
韓国原三国時代の土器にみられる調理方法の検討
　　―中島式硬質無文土器を中心に―　　　　　　　韓志仙　庄田慎矢訳
同位体分析による土器付着物の内容検討に向けて
　　―自然科学の立場から―　　　　　　　　　　　　　　　　　坂本稔
同位体分析による土器付着物の内容検討に向けて
　　―考古学の立場から―　　　　　　　　　　　　　　　　　　小林謙一
土器圧痕からみた食と生業　　　　　　　　　　　　　　　　　　山崎純男
討論「食・調理」　　　　　　　　（司会：深澤芳樹・長友朋子）

Ⅱ 土器焼成と生産
土器焼成失敗品からみた焼成方法と生産体制　　　　　　　　　　田崎博之
弥生早期（夜臼式）土器の野焼き方法　　　　　　　　　　　　　小林正史
東北地方における覆い型野焼きの受容　　　　　　　　　　　　　北野博司
韓国無文土器の焼成技法
　　―黒斑の観察と焼成遺構の検討から―　　　　　　　　　　　庄田慎矢
胎土分析から推測する土器焼成技術と焼成温度との関連性
　　―弥生土器・韓半島系土器の比較研究―　　　　　　　　　　鐘ヶ江賢二
討論「土器焼成と生産」　　　　　　（司会：若林邦彦・長友朋子）

Ⅲ シンポジウムを終えて
調理する容器　　　　　　　　　　　　　　　　　　　　　　　　深澤芳樹
弥生土器焼成・生産をめぐる諸議論
　　―討論のまとめとして―　　　　　　　　　　　　　　　　　若林邦彦
土器に残された痕跡から読み解く縄文、弥生文化　　　　　　　　長友朋子

―― 推薦します ――

　1世紀を越える土器の研究は、これまで型式学や層位学を頼っての編年研究、年代研究や交流様相の追求に偏重してきた感がある。本書は旧来の土器研究の動向を根底から打破し、土器製作の根幹とも言える焼成の技術やそれを支えた生産体制の問題と取り組み、さらに徹底した使用痕分析から、調理の場の実態や方法解明の究極に迫ったものであり、多くの実験データや民族誌にも裏打ちされた探求の視野は果てしなく広い。
　本書は、韓国を含めたそれら最新の研究成果が一堂に集められただけでなく、二日間に及ぶシンポジウムの全記録を収め、その議論の到達点を披露し、今後の課題と指針を示している。土器研究はまさに新しいステージに立っている。真の社会復元によりいっそう接近するための必読の書であることを確信する。

芦屋市教育委員会　**森岡秀人**

Archaeological L & Reader Vol. 9

六一書房

考古学リーダー 10

墓制から弥生社会を考える

近畿弥生の会　編

2007年4月5日発行／A5判／288頁／本体 3,500 円＋税

近畿地方の弥生墓制研究に関する最新の研究成果をもとに行われた研究発表・討論会の記録

――目　　次――

I. 研究発表編
　「近畿における方形周溝墓の基本的性格」　　　　　　　　　　　　藤井　整
　「近畿北部の弥生墓制の展開」　　　　　　　　　　　　　　　　　肥後弘幸
　「方形周溝墓制の埋葬原理とその変遷―河内地域を中心に―」　　　大庭重信
　「方形周溝墓の系譜とその社会」　　　　　　　　　　　　　　　　中村大介

II. 討論会
　第1回テーマ討論会「墓制から弥生社会を考える」討論

III. 論考編
　「北陸地域における弥生墓制ならびに北陸地域から見た近畿における
　　弥生墓制に対する意見」　　　　　　　　　　　　　　　　　　　赤澤徳明
　「伊勢湾岸地方と近畿地方の弥生時代墓制」　　　　　　　　　　　宮腰健司
　「大和地域における墓制および墓制研究の実態と課題」　　　　　　豆谷和之
　「紀伊地域における弥生時代の墓制およびその研究の実態
　　―近畿弥生の会テーマ討論会「墓制から弥生社会を考える」で、思うこと―」
　　　　　　　　　　　　　　　　　　　　　　　　　　　　　　　　土井孝之
　「西摂地域における弥生時代墓制および弥生墓制の実態と課題」　　篠宮　正
　「吉野川河谷(阿波地域)における墓制度および墓制の実態と課題」　中村　豊
　「香川における弥生時代前期の墓制―佐古川・窪田遺跡を中心に―」信里芳紀
　「山陰における弥生墳墓の検討」　　　　　　　　　　　　　　　　中川　寧

IV. 資料編
　第1回テーマ討論会　参加者の希望する討論議題・意見

V. 総括編
　「方形周溝墓と弥生社会研究―近畿地方を中心に―」　　　　　　　若林邦彦

―― 推薦します ――

本書は、やや沈滞気味かと思える弥生墓制研究の動向の中で、近畿を中心とする各地域の方形周溝墓などを集成し、検討した画期的な本だ。方形周溝墓をはじめとする区画墓には大・中・小があり、区画内の墓壙・木棺にも大・中・小がある。大きな家に住んでいた人たちは大きな墓に入り、小さな家の人たちは小さな墓に入ったのか？　同じ区画内に埋葬された人々は同世代の家族なのか、複数世代の主要人物たちなのか？　など未解決の課題について各墓群の分布状況や区画墓内の墓壙の重複状況などから類型化し、討議されている。
　その上で、墓制から弥生社会を復元しようとする大胆な視点は示唆に富んでいるとともに、最新の資料にもとづく研究の到達点を示していて魅力的である。

徳島文理大学文学部教授　奈良県香芝市二上山博物館　館長　石　野　博　信

Archaeological L & Reader Vol.10

六一書房

考古学リーダー 11
野川流域の旧石器時代

「野川流域の旧石器時代」フォーラム記録集刊行委員会　監修
（調布市教育委員会・三鷹市教育委員会・明治大学校地内遺跡調査団）
明治大学校地内遺跡調査団　編

2007年10月10日発行／A5判／172頁／本体2800円＋税

現在の東京都調布市に位置する野川流域の人びとの暮らしは後期旧石器時代にはじまった。多くの遺跡が密集する野川流域は、日本の旧石器時代研究、ローム層研究の出発点でもある。「月見野・野川以後」と称される研究史上の一大画期となった野川遺跡を扱う本書は、旧石器研究の新たな一歩を踏み出すきっかけとなる。

―― 目　次 ――

第1部　講演会記録
　「旧石器時代の研究 ―野川から日本、そして世界へ―」
　「月見野・野川」の画期と日本列島の旧石器時代研究　　　鈴木次郎
　旧石器時代の日本列島と東アジア　　　安蒜政雄
　〈コメント〉　　　小田静夫

第2部　公開シンポジウム基調報告
　1. 野川流域の旧石器時代遺跡 ―最近の立川面における調査から―
　　下原・富士見町遺跡における石器群と遺跡の変遷　　　藤田健一
　　調布市野水遺跡第1地点の調査　　　小池　聡
　2. 野川・多摩川中流域の地形・古環境
　　多摩川水系発達史異説 ―武蔵野変動仮説・古東京湖仮説から―　　　上杉　陽
　　多摩川の流路変遷と野川・多摩川間の地形の変遷　　　久保純子
　　下原・富士見町遺跡の立川礫層　　　中井　均
　3. 旧石器人の生活空間 ―遺跡分布から分かること―
　　野川流域の旧石器時代遺跡の分布と変遷　　　下原裕司
　　立川面の旧石器時代遺跡 ―その分布と古地形―　　　中山真治
　　武蔵野台地北部の旧石器時代遺跡　　　加藤秀之

第3部　公開シンポジウム総合討論記録
　「野川流域の旧石器時代 ―地形・環境の変遷と人びとの生活―」

== 推薦します ==
　野川流域は、列島で最も細緻でかつ今日も基軸となり続けている「武蔵野編年」を構築したフィールドとして、常に日本の旧石器時代研究を牽引してきた。その野川の地で、Geoarchaeologyという斬新で今日的な研究戦略を導入した明治大学校地内遺跡の調査を契機として、なぜ旧石器時代人が生活拠点として野川に参集し活動したかという根元的な問いに答えようと試みている。革新された旧石器研究の知的営為に関心をもつ多くの読者に、本書を推薦したい。

東京大学大学院教授　佐藤宏之

Archaeological L & Reader Vol. 11

六一書房

考古学リーダー 12
関東の後期古墳群
佐々木憲一　編

2007年12月25日発行／A5判／229頁／本体3,000円＋税

　関東各地における後期・終末期古墳群のあり方を集成し、その独自性、個性ゆたかな地域性に注目しながら、当時の関東地方における地域社会の自立性を再評価するとともに、その意義を検討する。また、地域首長間交流もあきらかにしながら、根強く残るヤマト王権による一律・一元的な全国支配という考え方に一石を投じる意欲的なシンポジウムの記録集。シンポジウム開催後、非公開で行われた討論会の模様も再録し、これらの検討を通して、関東の古墳時代後期における国家形成過程を理論的に検討し、枠組みをあたえる試みを提示した必見の1冊。

―― 目　　次 ――

はじめに　　　　　　　　　　　　　　　　　　　　佐々木憲一
例言
第Ⅰ部　基調講演
　古墳群の分析視覚～群集墳を中心に　　　　　　　　和田晴吾
　関東の後・終末期古墳群の特性　　　　　　　　　　白井久美子
第Ⅱ部　各地からの報告
　下野における後期・終末期古墳の地域設定と動向　　草野潤平
　上野地域における群集墳構造の推移　　　　　　　　深澤敦仁
　北武蔵における後期古墳の動向　　　　　　　　　　太田博之
　多摩川流域および周辺における後・終末期古墳群の特性と地域構造　　松崎元樹
　下総地域における後期群集墳　　　　　　　　　　　萩原恭一
　上総における古墳群構成の変化と群集墳　　　　　　小沢　洋
第Ⅲ部　シンポジウム　関東における後期・終末期古墳群の諸相
　7世紀東国を考える一視点　　　　　　　　　　　　川尻秋生
　パネルディスカッション　第Ⅰ部
　パネルディスカッション　第Ⅱ部
　国家形成期における関東―まとめにかえて　　　　　佐々木憲一
おわりに　　　　　　　　　　　　　　　　　　　　　吉村武彦

── 推薦します ──

　古墳時代の研究は、地域に根ざした事例分析から多くの成果をあげてきた。本書には、古墳時代後期・終末期の関東の古墳群にかんする最新の考察や討論の記録が収められていて、この地域の古墳時代の特性と多様性を臨場感豊かに知ることができる。加えて、古墳群分析の方法論、文献史からのアプローチ、国家形成論の比較などを扱った論考も盛られており、日本列島そして世界まで視野に入れた内容となっている。
　古墳だけで国家形成を論じることに無理があるというのは、そのとおりである。しかし、この複雑で多様な古墳のあり方を説明できない国家形成論なら、考古学にとってはいささか魅力を欠いたものになるかもしれない。
　たかが古墳、されど古墳。列島の東西南北の違いに留意した複眼的な古墳時代研究の視点を養うためにも本書から学ぶことは多い。

　　　　　　　　　　　　　大阪大学大学院文学研究科教授　福永伸哉

Archaeological L & Reader Vol. 12

六一書房